"北京市支持中央在京共建项目基金"资助出版

# 双边投资条约研究
## 中国的视角

杨卫东◎著

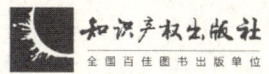

**内容提要**

本书为作者博士学位论文。全书对我国与其他国家签订的几乎全部双边投资保护协定逐条进行了比较研究，结合ICSID仲裁实践对双边投资保护协定的若干重要条款及法律问题进行了深入研究，并对修订和完善我国对外签订的双边投资保护协定、国内相关立法提出了建设性的意见。

责任编辑：蔡 虹　　　　　　　　　　　责任出版：刘译文

**图书在版编目（CIP）数据**

双边投资条约研究：中国的视角/杨卫东著. —北京：知识产权出版社，2013.11

ISBN 978-7-5130-2412-9

Ⅰ.①双… Ⅱ.①杨… Ⅲ.①对外投资—涉外经济法—研究—中国 Ⅳ.①D922.295.4

中国版本图书馆CIP数据核字（2013）第267730号

## 双边投资条约研究
### 中国的视角

**SHUANGBIAN TOUZI TIAOYUE YANJIU**
ZHONGGUO DE SHIJIAO

杨卫东 著

| | | | | |
|---|---|---|---|---|
| 出版发行： | 知识产权出版社 | | | |
| 社　　址： | 北京市海淀区马甸南村1号 | 邮　编： | 100088 |
| 网　　址： | http://www.ipph.cn | 邮　箱： | bjb@cnipr.com |
| 发行电话： | 010-82000860 转 8101/8102 | 传　真： | 010-82005070/82000893 |
| 责编电话： | 010-82000860 转 8324 | 责编邮箱： | caihong@cnipr.com |
| 印　　刷： | 北京中献拓方科技发展有限公司 | 经　销： | 新华书店及相关销售网点 |
| 开　　本： | 787mm×1092mm　1/16 | 印　张： | 15 |
| 版　　次： | 2013年11月第1版 | 印　次： | 2013年11月第1次印刷 |
| 字　　数： | 250千字 | 定　价： | 45.00元 |

ISBN 978-7-5130-2412-9

**出版权专有　侵权必究**
如有印装质量问题，本社负责调换。

# 内容摘要

本书分为前言、本论和结论三大部分。

前言主要分析研究双边投资条约的理论意义和实践价值,简短评述国内外关于双边投资条约的研究现状以及本书采取的研究方法、基本结构和提纲。

本论包括六章。

第一章作为导论,重点探讨双边投资条约的概念、特征、性质、分类及其在国际投资法中的地位和其制度与经济绩效。作者认为双边投资条约包括双边投资保护协定和双边投资保证或保险协议和换文,虽然自由主义的国际投资制度很难从其中孕育产生,其对潜在投资者的最终投资决策也不具有决定性影响,同时与国际资本的供给方向和数量的经济关联性亦无法检验,但仍然是国际投资法中颇为重要的一类法律渊源。

第二章讨论双边投资条约的属物效力、属人效力、属地效力和属时效力,结合《关于解决一国和他国国民投资争议的国际公约》、《多边投资担保机构公约》及国际投资争端解决中心的仲裁实践和美、加等国海外投资保险制度,对中外双边投资条约的"投资"定义条款和对"投资"概念的处理方式以及由此可能引起的法律问题进行了分析和评述,认为双边投资条约的客体主要是但不限于私人直接投资,还包括某些国际间接投资形式;同时,就投资者国籍发生冲突时,如何确定求偿国和从哪个协定受益的潜在问题提出了自己的见解。

第三章对双边投资保护协定规定的绝对待遇标准的适用范围及例外进行了全面的梳理,明确了绝对待遇标准的具体指标,并结合国际投资争端解决中心的仲裁实践,讨论了绝对待遇标准与侵权法上的严格归责原则之间的关系。

第四章分别就双边投资保护协定在投资准入、投资和收益的汇回以及履行要求等具体事项上的待遇条款进行了分析,通过与其他国家的国内法相关规定以及缔结的同类协定相同条款、《与贸易有关的投资措施协议》的比较研究,对国内法及中外双边投资保护协定的修订提出了建议。

第五章在区分东道国的征收行为与管理性或规制性措施的基础上,着重论述了实施征收的前提条件以及征收补偿标准和评估征收财产价值应考虑的因素。

第六章分析了双边投资条约规定的解决两类不同性质的投资争议解决条款,并对争议解决中可能面临的几个重要问题,如用尽东道国救济和国际程序,国际仲裁庭的对物、对人管辖权,在解决争议时国际法和东道国国内法适用的顺位关系以及国际仲裁裁决的承认和执行,国家及其财产豁免等进行了较为深入的探讨。

结论部分对全书的主要观点进行了简短的归纳和总结。

# 前　言

（一）双边投资条约研究的重要性

双边投资条约可区分为实质意义上的双边投资条约和形式意义上的双边投资条约，前者泛指两国间缔结的一切确立、变更、终止国际投资法律关系和可能影响国际投资活动的书面协议。由于国际投资活动具有广泛牵联性，其所涉及的主题极为分散，其中最为常见的是"友好、通商、航海条约"（英文缩写为 FCN）、"相互鼓励、促进和保护投资协定"（国际投资法文献所称"Bilateral Investment Treaties"，英文缩写为 BITs）、"双边投资保险或保证协议"、"避免双重征税协定"（英文缩写为 DITs）等；后者特指"相互鼓励、促进和保护投资协定"（BITs）。考虑到 BITs 双边投资保险或保证协议的紧密相关性，本书所指双边投资条约兼及二者，同时考虑到在我国缔结的双边投资条约中，仅与美国、加拿大签订了两个双边投资保险和保证协定，因此，对 BITs 的探讨不可避免地要占用本书的绝大部分篇幅，只是在探讨 BITs 中有关概念和问题时，将双边投资保险协定的相关规定引为参照或佐证，但本书的章、节、目的标题仍使用双边投资条约的统称。前言论述研究双边投资条约的重要性时，仅关注 BITs。为行文简便起见，书中出现的"BIT"或"BITs"即为双边投资保护协定，至于出现频率很高的"协定"，绝大多数时候系指"BITs"，在讨论双边投资保险或保证协定时，则需要结合上下文确定其具体指代。

研究 BITs 的重要性是由其在国际投资法律规范系统中的特殊地位和作用决定的。

国际直接投资、国际间接投资（包括国际证券投资和国际借贷等）并称国际投资，与国际贸易同为现今国家（地区）之间最主要的经济交往和合作形式。国际直接投资与国际间接投资及国际贸易相比较而呈现出来的特点，要求对之予以规范的相关法律制度更具稳定性和可预见性。一方面,其作为一种中长期跨国投资活动,与同样逾境的国际货物买卖和绝大部分服务贸易的交易双方不同,无论是东道国政府抑或海外投资者均不大可能"即时"地实现各自的预期目标,因而始终会存在着两者利益的冲突与协调问题,因而,私人投资者在承受一般商业风险的同时,极有可能遭遇更多的非商业风险;另一方面,国际贸易较国际投资的历史远为悠久,各国商人在长期跨国商事交往的实践中,自发培育起了相当成熟的法律制度环境,货物销售、运输、保险、争议解决等无不置放于精巧而完备的国际贸易法网络之中。况且,国际贸易法属私法范畴,依据私法自治原则及某些国际贸易条约的明文规定,只要当事人合意或不明示拒绝,总能选择到确定的法律和规则(或为一国国内法,或为国际条约、习惯、惯例)借以调整其相互间权利义务关系。❶国际直接投资在第二次世界大战后才开始迅速发展,其超过国际间接投资一跃而为资本国际流动的主要形式也还只是20世纪80年代以后的事情。西方发达国家的国家实践和法理学说奉为习惯国际投资法的原则及规则,只不过是对于外国人人身及其财产的伤害和损害引起的国家责任等传统国际法制度在国际投资领域的延伸,由于与广大发展中国家要求建立国际经济新秩序的普遍呼吁及内容相抵牾,日益招致怀疑和反对。跨国投资活动通常终须在资本接受国以某种形式的持久存在(permanent presence)表现出来,❷因而,理所当然处于东道国的属地最高管辖权之下,但长期以来,投资者及其母国政府对东道国的法制和法治水平及状况一直怀有歧视性的偏见;另一方面,从各国立法及司法实践来看,法律、政策的制订、修改、废除、调整原则上是一国的国家行为(the

---

❶ 如根据欧洲共同体成员国缔结的《关于合同义务法律适用的公约》第2、3、4条,合同当事人有通过合同条款明确选择法律的自由,在当事人未作明示选择时,适用与合同具有最密切关系国家的法律,为预防该原则的滥用,该公约对最密切关系作了明确限定,即使导向非缔约国的法律,也不得排除适用。《联合国国际货物销售合同公约》第7、9条的规定表明,除非当事人另有协议,否则应视为默示同意适用双方已知或应知的为同类合同当事人普遍知悉且经常遵守的惯例。至于属于该公约范围但公约本身未明确解决的问题,应按照公约依据的一般原则来解决,在没有一般原则的情况下,则应适用按照国际私法规则指引的准据法。

❷ 当然,也有少数投资形式并不通过某种"永久存在"(permaent presence)进行,如在某国股票市场上购买股票或在外国股票市场上购买该某国企业的股票(所有的BITs将这种形式列为投资)。就中国而言,境外投资者在我国股票市场上购买B股,在香港、新加坡、纽约、巴黎股票市场上购买我国股份公司的H股、S股、N股、P股,即属此类;另外一种情形是MIGA董事会为担保目的自主决定的直接投资形式(如商事安排、租赁合同)。See Patrick Juillard. Freedom of Establishment, Freedom of capital Movements, and Freedom of Investment [J]. ICSID Review, 1995 (10): 329.

act of state),任何国家和国际组织均不得对其"国际合法性"(international legality)进行司法审查(judicial review),这就决定了投资者不可能像从事国际间接投资和国际贸易那样,甘愿直接适用或自主选择纯粹地适用东道国国内法。况且,任何一国的国内法都不足以圆满解决跨境直接投资所涉及之种种复杂的法律问题。

第二次世界大战后,由于国际直接投资在世界经济中的重要地位日益凸显以及为了增强投资者投资海外的信心,刺激投资,尽快恢复和发展世界经济,保护投资者权益,国际社会在全球及区域性层面企图缔结内容广泛且具普适性的国际投资法典,但均徒劳无功。国际社会成员之间法律制度和经济结构的异质性在相当长的时期内不可能发生较为重大的改变,国家经济主权的原则要求国际投资法典必须建立在对于国家自由和多样性尊重的基础之上,企图消弭各国经济和法律制度之间差异的国际投资秩序,已经被多次证明很少有其实践价值或根本就是乌托邦。❶ 欧洲经合组织(以下均简称 OECD)鼓吹的"多边投资协议"(MAI)的流产即为明证。目前与国际直接投资有关的四个条约或机构(ICSID、MIGA、TRIMs 协议、GATS)远不敷对之予以全面规制之用。

相对而言,资本输出国和输入国更愿意也更容易在双边场合达成共识。早在 1954 年联大就意识到了私人海外投资对于资金缺乏的发展中国家的重要性,通过了一个关于鼓励外国私人投资的决议,建议资本输出国与输入国之间签订鼓励私人海外投资的协定。20 世纪 50 年代末 60 年代初,非殖民化运动蓬勃兴起,新独立国家纷纷对外国私人投资采取征收、国有化或类似措施,一些主要资本输出国在国内投资者的敦促下,开始与发展中国家签订 BITs。随着对国际直接投资之于本国经济增长和经济发展所起作用认识的不断理性化,以及对发展所需海外资本的渴求,越来越多的发展中国家积极地参与 BITs 的缔约实践。自 1959 年前联邦德国与巴基斯坦签订世界上第一个现代新型 BITs 以来,截至 2012 年,超过 180 个国家相互间缔结了 2860 个

---

❶ 关于这些国际"立法"活动及失败原因,参阅陈安,曾华群. 国际投资法学[M]. 北京:北京大学出版社,1999:533-569。also see A. Fatouros. Government Guarantees to Foreign Investment [M]. Columbia University Press:1962; Ernst-alrich Petersmann. Constitutional Function and its Problems of International Economic Law [M]. University Press Freiourg Switzerland 1991:18.

BITs（不含避免双重征税协定以及其他与国际投资有关的条约、协定，如自由贸易协定、经济合作协定等），庞大的条约网络覆及几乎所有的资本输出国和绝大多数发展中国家，❶成为东道国外资法规最为有效的重要补充。

(二) 国外关于 BITs 的研究现状及简单评价

日趋活跃的 BITs 缔约实践，激发了包括从事国际投资和国际法研究的学者浓厚的研究兴趣，成为某些学者所谓的"BITs 运动"中相当重要的组成部分。联合国系统内世界银行和联合国跨国公司中心最早开始研究此类条约。20 世纪 70 年代中期，前世界银行高级副总裁、总理事，投资争端解决国际中心（ICSID）秘书长依卜拉希姆·希哈塔（Ibrahim Shihata）率先动议在世界银行系统内对 BITs 进行研究，投资争端解决国际中心以及多边投资担保机构（MIGA）做了许多基础性的工作，❷藉此指导发展中国家签订此类条约，联合国贸易和发展会议秘书处为便利发展中国家谈判、协商、签署、批准双边投资条约和避免双重征税协定举行了多次会议。❸

一些重要的区域性国际经济组织（如 OECD、EC 等）也充分认识到了 BITs 的重要作用，并将推动和促进成员国之间缔结 BITs 作为其主要职能之一，❹缔约双方通常在条约序言中更是将 BITs 对刺激相互间私人投资及促进各自经济繁荣之功效的共识作为缔约的重要动机。20 余年来，

---

❶ UNCTAD. International Investment policymaking in Transition: Challenges and Opportunities of Treaty Renewal [EB/OL] [2013-10-9] http://unctad.org/en/PublicationsLibrary/webdiaepcb2013d9_en.pdf.

❷ 如国际投资争端解决中心搜集、汇编、各国国内投资法和 BITs、出版"中心报告"（ICSID Report）。

❸ 1999 年 1 月，联合国贸发会议秘书处与 G15 国集团、UNDP 在日内瓦附近举行了 15 国集团有关国家的双边投资条约谈判的第一次会议，缔结了 3 个此类条约，另有两个条约在关键问题上已经达成一致；2000 年 11 月，在日内瓦举行了新一轮关于此类条约的谈判，6 个发展中国家和经济转型国家缔结了 8 个此类条约。

❹ 附属世界银行的《多边投资担保机构公约》第 23 条"投资的促进"（b）（iii）就将"推动和促进成员国之间缔结有关促进和保护投资的协定"作为其一项重要职能；欧共体与非加太国家在第 4 个洛美公约中提出研究 BITs 以便相互间签订同类协定；亚非法律咨询委员会甚至拟订了三个条约范本指导发展中国家的缔约实践。近来，联合国贸发会议多次举行会议为发展中国家提供协商、签订双边投资条约的机会。

从世界范围来看，经过众多学者和国际组织的共同努力，❶ BITs 的研究取得了相当大的成就，但仍存在比较明显的"粗放式经营"的遗憾，主要表现在以下方面。

（1）绝大多数研究成果体现为论文形式，专门性的著作凤毛麟角。目前仅见的专门性著作只有德国学者鲁道夫·道尔采和马格瑞特·史蒂文斯（Rudolf Dolzer、Margrete Stevens）合作的专以 OECD 成员国为研究对象的《双边投资条约》以及联合国跨国公司中心的同名专题研究报告、新加坡学者 M. 索纳拉雅（M. Sornarajah）在其名为《关于投资的国际法》的著作中也只是为 BITs 专辟一章，且均只浓墨重彩于条约的结构和重要条款，对条约（尤其是一国所缔结的条约）之间、条约与相关国内法及国际法的比较对照则轻描淡写或根本不予涉及，如被广泛引用的前述鲁道夫·道尔采、马格瑞特·史蒂文斯一书仅粗略地勾勒了 BITs 的轮廓，而对许多有争议的问题缺乏深入探讨。

（2）几乎不涉及 BITs 的适用和实施问题。BITs 中大多数条款并不直接规定当事双方具体而确定的行为模式，而仅仅充当导向双方国内法规和政策（借助相关条款的直接规定和国民待遇原则的引领）、其他 BITs 某些条款（由于最惠国待遇条款的"转致"）和双方均参加的处理同类事项的国际协定及普遍公认之国际法原则（尤其是通过争端解决条款）的媒介，当事国之间及投资者与东道国政府之间的权利义务关系最终也主要通过东道国国内法规、政策、其他 BITs 及相关国际条约及普遍公认之国际法原则才能有明确的指称，由投资引起的法律争议及因 BITs 的解释和适用而导致的条约争端方可较为妥善地解决。同时，国内国际政治、

---

❶ 国外学者对 BITs 评论和研究主要有：F. A. Mann. British Treaties for the Promotion and Protection of Investment [J]. BYIL, 1982 (52); M. Bergman. Bilateral Investment Protection Treaties [M]. NYUJ Int'L & Pol: 1983; E. Denza & S. Brooks. Investment Protection Treaties: United Kingdom Experience [J]. ICLQ, 1987 (36); J. Salacuse. BIT by BIT: The growth of Bilateral Investment Treaties and Their Impact on Foreign Investment in developing Countries [J]. Int'L, 1990 (24); A. Akinsanya. International Protection of Direct Foreign Investments in the Third World [J]. ICLQ, 1987 (36); M. Sornarajah. State Responsibility and Bilateral Investment Treaties [J]. JWTL, 1986 (20); K. Scott Gudgeon. United States Bilateral Investment Treaties: Comments on the Origin, Purposes and General Treatment Standards [J]. Int'Tax & Bus. l., 1986 (4); W. Sachs. The "New" US Bilateral Investment Treaties [J]. Int'Tax & Bus. L., 1984 (2); P. McKinstry Robin. The BIT Won't Bite: The American Bilateral Investment Treati Program [J]. AmUI Rev., 1984 (33); K. Vandevelde, The bilateral Investment Treaty Program of the United States [J]. Cornel ILJ, 1988 (21); K. Kunzer. Developing a Model Bilateral Investment Treaty [J]. L. & Pol'y in Int. Us, 1983 (15).

经济、法律诸制度的变迁必然在条约中有所反映,同一国不同时期缔结的条约之间不独在文字上表现出一定的差异,而且即使措辞相同,其实质内涵却因制度的变迁可能已然发生变化。除了 BITs 的国内实施问题之外,条约本身规定的当事国之间就条约解释和适用发生争议时以及投资者与东道国政府之间产生投资争端而诉诸国际仲裁程序时的自身适用以及适用其他相关国际法的问题,都需要深入研究,予以明确范围,厘定解决争端所适用之"准据法"及其相互间的关系。❶ 绝大多数著述在这个方面也同样并不令人满意。

(三) 我国双边投资条约的缔约实践及研究状况

中国利用外资并非始自改革开放的新时期。实际上,自鸦片战争被西方列强的炮舰非自主地纳入世界资本主义体系之后,中国就已成为国际资本输出的重要场所之一,尤其是马关、辛丑条约签订之后,西方资本在境内大肆投资设厂,疯狂攫取路政、矿权。之后旧中国历届政府均在不平等条约的基础上,以拱让经济甚至政治主权的惨痛代价,被迫对外资开放。当时,外国在华投资的形式主要有外国私人直接投资、国际间募债、外国银团垫借、中外合资经营和以华资为主的技术合作五种。❷ 这种在半主权历史条件下的利用外资的弊端是不言而喻的,但同时在一定程度上弥补了国内资金的先天性不足,引进了先进的技术设备和生产工艺,培养了一大批管理人才和技术工人。在这个意义上说,"它是推动社会进步的一种手段"。❸

新中国成立伊始,人民政府将帝国主义在华企业收归国有,使之成为国营经济的重要构成部分。随后 30 年间,我国利用外资的对象国主要是前苏联、东欧国家及少数西方国家。上述各时期我国利用外资规模狭小,形式单一,主要是国际银团借贷、友好国家政府援助及贷款等间接

---

❶ ICSID 在适用英—斯(里兰卡)双边投资协定裁决 Asian Agricultural Products Ltd. (AAPL) 诉 Republic of Sri Lanka 一案时便遇到了两个富有争议的问题:①协定中个别条款的实际解释(actual interpretation);②协定未明确选择适用法律时,协定本身与习惯国际法、东道国国内法之间的优位关系。

❷ 郑友揆、张仲礼. 历史上外国在华投资的几种形式和经验教训 [M]. 转引自曹均伟,方小芬. 中国近代利用外资活动 [M]. 上海:上海财经大学出版社,1997:16.

❸ 《中国近代经济史研究资料》(8) [M]. 上海:上海社会科学院出版社,1987:38. 关于中国近代利用外资的实践及其利弊,详见曹均伟,方小芬. 中国近代利用外资活动 [M]. 上海:上海财经大学出版社,1997.

投资，国际直接投资比例极小。❶

我国大规模吸收海外私人直接投资是在十一届三中全会自主开放之后，❷ 与外国签订双边投资条约则还要稍晚一点，如果从1980年10月30日的《中美关于投资保险和投资保证的鼓励投资协议和换文》算起，缔约实践也才21年。虽然东道国的法律环境并不是海外投资者尤其是实力雄厚的跨国公司进行投资决策所考虑的决定性因素，而且作为东道国法律环境构成之一的BITs对于东道国吸引外资的实效不太容易确定，但我国是世界上缔结BITs数量最多的发展中国家，与我国缔结条约的国家法律传统有别，基本政治经济制度不尽相同，经济发展水平和阶段参差不齐。既有西方发达的资本输出国、新兴工业化国家，也有前苏东转型国家以及硕果仅存的社会主义国家。同时，我国自1993年起，吸纳的国际直接投资量连续数年仅次于美国，在发展中国家中独占鳌头，无论如何也不应简单地将此现象视为纯粹的巧合。

与我国活跃的缔约实践相比，国内学界对中外投资条约的研究显然过于沉寂。倒是国外学者曾发表过专门研究我国缔结的BITs的论文❸；或者在其著述中偶尔提及中外BITs，如前述鲁道夫·道尔采和马格瑞特·史蒂文斯和M.索纳拉雅之著作。国外学者在BITs的研究中存在的问题，在我国学界同样表露无遗，虽然国内也有以《双边投资条约》为题的著作，但并不单以中外BITs为研究对象。❹ 至于国内有关讨论国际投资法律管制的论著，中外BITs是必然触及的内容，但尚多停留在一般描述的水平上，少有比较深入的研究。造成这种现状的主要原因可能在于大多数学者认为中外BITs从基本结构到主要条款的措辞、内容，甚至条款的排列次序与其他国家缔结的同类条约没有太大差别，无专门加以研究的必要。姑且不论中外BITs是否与其他国家缔结的同类条约几近雷

---

❶ 关于我国在新中国成立以后直至改革开放前利用外资的概况，参见李岚清. 中国利用外资基础知识 [M]. 北京：中国对外经济贸易出版社，1995；邹立刚. 国际投资法学 [M]. 北京：中国法制出版社，2000：3；卢进勇. 入世与中国利用外资和海外投资 [M]. 北京：对外经济贸易大学出版社，2001：1-2.

❷ 关于我国改革开放之后利用外资的发展阶段的划分，参见邹立刚. 国际投资法学 [M]. 北京：中国法制出版社，2000：3-4；卢进勇. 入世与中国利用外资和海外投资 [M]. 北京：对外经济贸易大学出版社，2001：2-10.

❸ 如《中国对外国投资的保护：中日双边条约——与早期BITs和美国立场的比较》(Bates Larenee, 1988)、《澳中投资保护协定的若干问题》(Mo John S., 1991)、《双边投资促进和保护协定：中国的实践》(Shishi L., 1988) 等。

❹ 徐崇利. 双边投资条约 [D]. 国家图书馆博士学位论文库：1996.

同,倘若考虑到 20 年间国内国际政治、经济、法律等领域的深刻变化,即使外在表现形式相似,但其内涵必然随之演变。国际投资并不是孤立的经济现象,它与贸易、货币、金融、知识产权等有着难以割裂的关联。围绕以建立社会主义市场经济体制为价值取向的制度创新实践,我国对涉及国际投资的诸种体制进行了前所未有的调整和变革,国内立法活动异常活跃;与此同时,我国缔结和参加了许多国际条约,成为众多国际条约的当事国和国际组织的成员国,尤其是自提出"复关""入世"之后,按照 GATT/WTO 的要求,全面清理了有关的法律法规、规章、制度,其中相当一部分与中外 BITS 的规定有所不同。因此,几乎所有中外 BITs 都面临着根据我国现行有效法规及国际法制重新谈判磋商,加以修订的问题。最近国内有学者注意到中外 BITs 之基本结构和内容与其他国家签订的同类协定相同的同时,也看到了中国对外签订的投资协定之间具体内容不近相同,有的差别较大,建议国际法学界认真加以整理并深入研究。❶

本书的写作目的即在于对所有中外双边投资条约文本本身进行整理分析,结合现行有效之国内、国际相关法律制度及国际仲裁或司法实践,探讨其国内国际实施问题,当然,我国缔结 BITs 达 128 个,与我国缔约的国家超过 130 个,❷ 不可能对这些国家有关的国内法进行全面考察。笔者主要从中国作为东道国的角度来研究,只是在某些问题上涉及典型国家的典型制度或规定,希冀为改变当前国内外学界在此领域的研究思路及现状竭尽绵薄之力。当然,笔者更希望本书的终极价值在于能以资已有协定的修订及将来协定的谈判和缔结。

(四) 本书采取的研究方法

本书主要采用理论分析、文本分析和案例研究以及比较研究的方法。国际投资法是第二次世界大战以后兴起的一门新兴学科,与国际公

---

❶ 曾华群.国际经济法刍论 [G] //陈安.国际经济法论丛.第 2 卷.北京:法律出版社,1999.

❷ 根据联合国贸发会议官方网站公布的数据,截至 2013 年 6 月,我国(不包括香港、澳门、台湾地区)缔结 BITs 数量达到 128 个,see: http://unctad.org/Sections/dite_pcbb/docs/bits_china.pdf,2013 年 10 月 9 日访问。由于某些 BIT 是和区域性经济组织签订的,比如中国—比利时、卢森堡经济联盟 BIT,中国—东南亚国家联盟的《全面经济合作框架协议投资协议》,因此,缔约国的数量超过 BIT 数量。笔者曾通过各种渠道希望掌握我国缔结的全部 BITs,由于可以和难以理解的原因,我国自 1998 年以后缔结的 BITs 文本无从获得,只能依据外经贸部的《国际投资条约汇编》(警官教育出版社 1998 年版)。但愿这种遗憾能尽快弥补。

法、国际私法及国际经济法有着广泛而紧密的联系。双边投资条约作为国际投资法的国际法方面的法渊，考虑到国际投资法律制度资源的缺乏和不确定性、含糊性，其所欲解决的问题及可能产生的问题的解决，尤其需要追溯至国际法基础理论和某些具体制度。研究双边投资条约，在很大程度上是对条约文本的解读，作者依据《维也纳条约法公约》确立的条约解释规则，主要采取文义解释、系统解释、逻辑解释、历史解释的方法澄清一些概念或术语的含义和指代。尽管在国际法法理上，仲裁裁决和司法判例作为普遍性法律渊源的价值有限，但当前述解释方法难以奏效时，借助案例仍是具有说服力的。

本书在分析中外 BITs 中的核心条款时，通过将其与某些重要国家缔结的 BITs、相关多边性、区域性国际条约以及"软法"性质的决议、指南、守则等国际文件的比较研究，以期同样达到上述目的；同时，把握 BITs 发展的总体趋势，为已有 BITs 的修订和将来谈判缔结 BITs 提供参考性建议。将比较研究的方法用于中外 BITs 相互间的对比关照，还在于所有中外 BITs 均规定在某些事项上适用最惠国待遇。其实，只要有一个 BIT 载有最惠国待遇，如中—比卢经济联盟 BIT 第 11 条规定"对本协定所管辖的所有事项，缔约一方投资者在缔约另一方领土内享受最惠国待遇"，就必然至少要求对所有中外 BITs 进行全面考察和比较，以厘定我国政府和外国投资者之间的权利和义务，便于我国忠实履行条约义务，保护投资者权益。

（五）本书基本架构及提纲

本书正文分为导论（第一章）、本论（第二至第六章）和结论。

第一章作为导论，一般性地分析双边投资条约的概念、特征、性质及分类，BITs 在国内法律体系及国际直接投资法律规制中的地位，BITs 与国际习惯法和国际法渊源之间的关系以及双边投资条约的（国际投资）经济制度效益和经济效益（引资效果）的评价。

第二章在分析中外 BITs 的序言之后，重点讨论其适用范围即属人效力（application ratione personae，即适格投资者）、属物效力（application ratione materiae，即适格投资）、属时效力（application ratione temporis）和属地效力（territorial application）。

第三章主要讨论中外 BITs 中有关投资的一般待遇，即公正和公平待遇、最惠国待遇、国民待遇。

第四章则将投资准入、投资及收益的转移和履行要求作为讨论的重点。

第五章专门讨论国有化的前提条件及其补偿问题。

第六章最后论述国际投资争端解决。

# ABSTRACT

This dissertation is divided into three parts: preface, text and conclusions.

In the preface, the author concentrates on analyzing the practical value and academic meaning of conducting on researching bilateral investment treaties, making comments briefly on the present researching situation carried out by domestic and overseas scholars, and outlines the researching methods taken in this thesis, basic framework and the structure of this thesis.

The main part of this thesis conprises six chapters. As an introduction, the first chapter focuses on the concept, characteristicses, nature, classifications of bilateral investment treaties, its status in international investment laws and its institutional and economic efficiency as well. The author points out that bilateral investment treaties include bilateral agreements on reciprocal promotion and encourage investment and agreements (or exchange notes) on investment insurance (or guarantee). Although liberal international investment regimes cannot be developed from them, the prospective investors seldom regard them as the sole and final element during their decision-making process. In the meanwhile, it is impossible to testify whether there exists some kind of positive relation between bilateral investment treaties and the flowing direction and the quantity of international capital supply. However, bilateral investment treaties are still an important category of legal source of international investment laws.

In corresponding to the arraying order of several core and important clauses in Chinese bilateral investment treaties, from the second chapter to the sixth chapter, the author in turn analyzes the applying scope clauses, investment treatment clauses, expropriation and its compensation clauses and investment disputes settlement clauses. Based on analyzing bilateral investment treaties and combining with reference to domestic laws and regulations of some developed and less-developed countries, international treaties, international legal documents and arbitral or judicial precedents, the author puts forth some constructive suggestions with a view to providing some guidance to amend pertinent stipulations in domestic laws and regulations and present bilateral investment treaties.

Key words: bilateral agreements on reciprocal promotion and encourage investment、agreements on investment insurance (or guarantee); International Center for the Settlement of Investment Disputes (ICSID); the exhausation of local remedies.

# 目 录

前 言 ·············································································· 1
第一章 导论：双边投资条约的概念、地位和作用 ············· 1
  第一节 双边投资条约的概念、特征及分类 ·················· 1
    （一）双边投资条约的概念 ········································ 1
    （二）BITs 的特征 ··················································· 2
    （三）BITs 的性质及分类 ·········································· 5
  第二节 BITs 的法律地位分析 ···································· 10
    （一）BITs 在国内法上的地位 ································· 10
    （二）BITs 在关于投资的国际法中的地位 ················ 14
  第三节 BITs 的实效 ··············································· 27
    （一）BITs 与自由主义的投资制度 ··························· 27
    （二）BITs 与投资决策 ··········································· 28
    （三）BITs 与外资流入 ··········································· 33

第二章 中外双边投资条约的概况和适用范围 ·················· 36
  第一节 概述 ··························································· 36
    （一）约名 ···························································· 39
    （二）序言 ···························································· 41
  第二节 BITs 的适用范围 ········································· 44
    （一）属物效力（ratione materiae） ······················· 44
    （二）属人效力（ratione personae） ······················ 60
    （三）属时效力、属地效力 ····································· 73

第三章 中外双边投资条约中的投资待遇条款（一）：一般待遇
    条款 ································································· 77
  第一节 绝对待遇标准 ·············································· 78
    （一）绝对待遇标准的类型及立法体例 ····················· 78

　　　　（二）绝对待遇标准的指称与严格责任原则 …………… 79
　　第二节　相对待遇标准 …………………………………………… 85
　　　　（一）最惠国待遇的概念及效果 ………………………… 86
　　　　（二）最惠国待遇条款的适用范围及例外 ……………… 88
　　　　（三）国民待遇的适用范围及例外 ……………………… 97

第四章　中外双边投资条约的投资待遇条款（二）：投资准入、投资和收益转移、履行要求 ……………………………………… 104
　　第一节　投资准入 ……………………………………………… 104
　　　　（一）中外 BITs 中有关投资准入的规定 ……………… 104
　　　　（二）改革我国投资准入制度的建议 …………………… 106
　　第二节　投资和收益的自由转移 ……………………………… 109
　　　　（一）立法体例 …………………………………………… 109
　　　　（二）主要内容 …………………………………………… 110
　　　　（三）两点建议 …………………………………………… 120
　　第三节　履行要求 ……………………………………………… 122
　　　　（一）如何理解 TRIMs 协议第 2 条两款之间的关系 … 122
　　　　（二）现行外资法中与 TRIMs 协议不符的规定 ……… 125

第五章　中外双边投资条约中的征收及其补偿条款 …………… 132
　　第一节　概说：什么是征收 …………………………………… 132
　　第二节　实施征收权利的条件 ………………………………… 141
　　　　（一）公共利益 …………………………………………… 142
　　　　（二）非歧视 ……………………………………………… 144
　　　　（三）适当法律程序和行政或司法审查 ………………… 145
　　第三节　国有化补偿 …………………………………………… 149
　　　　（一）补偿数额 …………………………………………… 150
　　　　（二）补偿价值的评估时间起算点、利息、汇率 ……… 154
　　第四节　战乱损害和征用补偿 ………………………………… 158

第六章　中外双边投资条约中的争议解决条款 ………………… 161
　　第一节　缔约双方间的争议 …………………………………… 164
　　　　（一）争议发生之前的磋商 ……………………………… 164
　　　　（二）外交或政治途径 …………………………………… 165
　　　　（三）混合委员会 ………………………………………… 166

（四）专设仲裁庭 ……………………………………… 166
第二节　缔约一方与另一方国民之间的争议 …………………… 170
　　（一）友好协商 ……………………………………………… 171
　　（二）当地救济 ……………………………………………… 171
　　（三）专设仲裁庭 …………………………………………… 173
　　（四）"中心"条款 …………………………………………… 176
第三节　投资争议解决中的若干重要问题 ……………………… 178
　　（一）用尽当地救济原则与国际解决途径 ………………… 178
　　（二）国际仲裁庭的管辖权 ………………………………… 182
　　（三）国际仲裁庭适用法律的顺位关系：国际法与东道国
　　　　　国内法 ………………………………………………… 195
　　（四）国际仲裁裁决的承认和执行与国家豁免 …………… 198

**结　论** ………………………………………………………………… 204

**参考文献** ……………………………………………………………… 208

**后　记** ………………………………………………………………… 217

# 第一章 导论：双边投资条约的概念、地位和作用

## 第一节 双边投资条约的概念、特征及分类

（一）双边投资条约的概念

双边投资条约是双边国际经济条约的一种，业已成为调整和规范跨国投资法律关系最为有效和较为全面的国际法制度，是在国际投资法律管制中居于主体支配地位的资本输入国（或地区）投资法律体系的重要补充，在一定程度上调和了资本输出、输入国及投资者的利益，因而为各国所乐于接受。

双边投资条约是条约的属概念，欲对其进行界定，必然要追溯到1969年《维也纳条约法公约》第2条1（a）关于"条约"用语的说明，该公约认为"条约"是指"国家间所缔结并受国际法支配的国际书面协定，不论其载于一项单独文书或两项相互有关的文书内，也不论其特定的名称是什么"。有关论述国际投资法的著作通常并不直接定义双边投资条约，偶尔也有对其进行说明的，但很难说是严格的定义。实际上，国内有学者对该《公约》关于"条约"的解释提出了质疑。[1] 如果考虑到双边投资条约的缔约实践及其内容，这种定义有三点需要更加明确：第一，缔约主体并不限于主权国家。第二，缔约目的也不止于对投资的保护。双边投资保护协定（BITs）在20世纪六七十年代的出现和成长的确是由当时主要的资本输出国在本国海外投资者的压力下推动的，其缔约意图旨在保护投资者的利益，这是问题的一方面；资本输入国通过BITs

---

[1] 李浩培. 条约法概论 [M]. 北京：法律出版社，1987：1；万鄂湘，等. 国际条约法 [M]. 武汉：武汉大学出版社，1998：2-3.

的法律工具,吸引国外资金并对其进行监管,使其服务于国内经济发展目标和优先次序,而且素质优良的外资对资本输入国国民经济发展的整体综合效应非常显著,这是问题的另一方面。同时,BITs中设有"代位"条款,承认投资者母国投资保险机构的代位权。许多资本输出国更是与投资东道国专门签订双边投资保险或保证协定,为各自在对方境内的投资可能遭遇的政治风险或非商业风险提供担保或保证。还应该看到,发达国家和发展中国家越来越认识到全球经济的繁荣离不开其各个组成部分的繁荣,无论是经济增长还是经济发展,资本都是一种不可或缺的生产要素,有些国家将鼓励和促进本国国民向发展中国家投资作为缔结BITs的动机之一。一些资本输出国的投资保险公司如澳大利亚的出口融资和保险公司、丹麦国际发展机构、加拿大的出口发展公司及荷兰的相关机构均要求被保险的适格投资必须对东道国的社会经济发展有所帮助,❶另一位作者认为双边投资条约是"投资东道国与投资母国之间签订的,旨在鼓励、保护、保证及促进国际私人直接投资的双边条约"❷,显然已经注意到了双边投资条约近年来的发展趋势及现状。第三,从国际仲裁实践对"投资"的定义或解释来看,条约客体还及于某些间接投资形式。

因此,笔者认为定义双边投资条约的概念必须将上述因素考虑在内,先不妨将其作如下界定:两个国际法主体主要就保护、鼓励、促进和保证国际直接投资而缔结的以国际法为准的旨在确立其相互间权利义务关系之国际书面协议。至于其主要内涵,将结合其法律特征在下文予以阐述。

(二) BITs 的特征

一般意义上的条约之特征当然也表现于 BITs,因而本书仅从条约主体、客体两方面分析其主要特征。

1. 缔约主体主要是主权国家

同时经负责其对外事务的主权政府正式授权的特定领土和特定的地方行政区域,以及闭锁性国际经济组织甚至民间商会,在一定条件下亦有权缔结 BITs。

受 BITs 所涉客体的特殊性和复杂性之限制,其缔约主体种类较一般

---

❶ See Adeoye Akinsanya. International Protection of Oirect Foreign Investments In The Third World [J]. International and Comparative Law Quarterly, 1998 (36): 70-71.
❷ 丁伟. 国际投资的法律管制 [M]. 上海: 上海译文出版社, 1996: 77.

意义上的条约为狭。

联邦制国家宪法或许会允许其组成单元在有限的范围及权限内对外缔结条约，但从其宪法规定、宪法实践和 BITs 的缔约情况来看，BITs 是不包括在其中的。

由于历史的原因，某类特定领土经负责其对外事务的主权政府的正式授权，也可同其他国际法主体缔结 BITs，如香港回归之前在1992—1996年就以自己的名义先后与澳大利亚、奥地利、比利时—卢森堡经济联盟、丹麦、法国、德国、意大利、荷兰、新西兰、瑞典、瑞士、日本等国缔结了 11 个 BITs，这些协定的序言明确提到了香港缔结协定的权源，如与荷兰的协定序言就提到："香港政府在已经得到负责其对外事务之主权政府缔结该协定的正式授权后，与荷兰王国政府……"❶在回归前夕（1997 年 5 月 15 日）签署的香港—日本 BITs 序言也作了同样的交代。❷香港回归之后，作为特别行政区，经中央政府正式授权，仍可继续对外缔结此类协定。根据《中华人民共和国香港特别行政区基本法》（以下简称《基本法》）第 151 条的规定："香港特别行政区可在经济、贸易、金融、航运、通讯、旅游、文化、体育等领域以'中国香港'的名义，单独地同世界各国、各地区及有关国际组织保持和发展关系，签订和履行有关协议。"从 1997 年 7 月 1 日至今，中央政府依据《基本法》，授权香港特区政府在包括投资保护在内的经贸领域及司法协助等方面签订了 40 多个双边协定。香港特别行政区自由市场经济体制相当成熟和发达，在国际资本流动格局中所处地位与大陆相比有着显著差异。我国在现有的与其他国家的双边投资协定的基础上增加"领土延伸"条款，从而将此类协定机械延伸适用至香港地区，显然极不现实。因此，《中英解决香港问题的联合宣言》附件 I 第 6 部分和《基本法》第 153 条规定，在香港实施的中国不是缔约方的国际协定继续有效，澳门特别行政区也是如此。而且完全可以预见，特别行政区（即前文所说的特定的地方行政区）根据宪法和宪法性文件（如香港、澳门基本法）作为缔约主体对外签订 BITs 必然而且应该继续存在。

必须指出的是，所谓的"中华民国"自新中国成立后，便不再具有独

---

❶ See Rudolf Dolzer & Margrete Stevens. Bilateral Investment Treaties [M]. Martinus Nijhoff Publishers，1995：25.

❷ See 36 ILM (1997)，p. 1425.

立的国际法律人格，不能以"国家"或"政府"的名义对外签订国际条约，尤其是与另一独立主权国家缔结"双边"条约。但目前中国台湾当局与新加坡、印度尼西亚、菲律宾、巴拿马、巴拉圭、尼加拉瓜、立陶宛等国缔结了"BITs"，其中新加坡、印度尼西亚、菲律宾、立陶宛与我国建立了正式外交关系并缔结了 BITs，我国应通过外交途径表明态度和立场，敦促与我国订有 BITs 的国家废除其与台湾当局缔结的所谓"BITs"。

由于 BITs 的双边性及受其管理事务的特殊性，多边、开放性的国际组织一般不会作为此类条约的缔约主体，但并不意味着国际组织就绝对不能签订 BITs，BITs 也不仅限于在两个国家之间缔结，闭锁性国际经济组织根据其赖以成立的国际条约也可由一成员国行使缔约权，比利时—卢森堡经济联盟即为适例。截止到 1996 年年底，比利时—卢森堡经济联盟已经对外缔结了 38 个双边投资保护协定，一般由比利时王国政府来行使缔约权。我国也在 1984 年 6 月 4 日与其签订了双边投资保护协定，在序言中清楚地提到了这一点，"中华人民共和国政府和比利时王国政府以它自己的名义，并依照建立比利时—卢森堡经济联盟的专约，代表卢森堡大公国政府……达成协议如下……"此外，和一国缔结有关投资保护协定的组织还有安第斯共同市场，在布依诺斯艾利斯协定缔结之前，该组织就与组织外的委内瑞拉签订了贸易和投资保护协定（该协定第 9 条专门处理投资问题）。

两国未建立正式外交关系之前，往往通过民间组织就相互投资事宜签订协议，但双方是将其作为两国间的官方协议对待的。就我国而言，典型的例子是 1992 年 5 月 2 日由中国国际商会和大韩贸易振兴公社签订的协定，该协定因中韩两国政府缔结的 BITs 而失效。❶

2. BITs 的客体——投资，主要是但绝不限于国际直接投资

几乎所有论著均认为 BITs 仅仅调整规范缔约方因国际直接投资而产生的权利和义务关系，明显与 BITs 本身对于"投资"的定义、多边投资担保机构公约的规定以及解决投资争端国际中心的仲裁对"投资"的解释不符。实际上，只有少数 BITs 明确规定保护仅及于国际直接投资，如前德国与以色列缔结的协定。❷（详细讨论见第二章）。

---

❶ 见中韩协定第 15 条。
❷ 陈安，曾华群. 国际投资法学 [M]. 北京：北京大学出版社，1999：412.

## (三) BITs 的性质及分类

### 1. 性质

第一，兼具特殊性和一般性。所谓特殊性，是指其排他地与一缔约方的投资者在另一缔约方境内的投资保护有关，亦即它所保护的投资来源地是特定的缔约对方；所谓一般性，是指 BITs 普遍适用于获得东道国准入的所有投资，而投资在协定中的含义通常极为宽泛，换句话说，除非条约明确将某种类型的投资排除以外，其适用不限于特定的项目或经济部门、行业。只有在缔结一般性的投资条约被证明为不可能或既存的一般性投资条约对特定项目、经济部门、行业提供的保护被认为不足时，才会考虑去签订这种特殊的 BITs。1979 年，欧共体成员国与非（洲）加（勒比区域）太（平洋沿岸）国家间就发表过《关于保护矿业投资的联合宣言》，1985 年，亚非法律咨询委员会为便利亚非发展中国家谈判磋商此类投资协定，专门起草过协定范本，但迄今并未见此种条约的缔结。

第二，既有实体性规则，又有程序性条款。例如，对于"投资"、"投资者"、"投资地域"、投资的准入、投资的待遇、投资本金及收益的汇兑、征收和国有化及类似措施的保证和补偿、国家契约的效力、战乱等的损害赔偿、代位权的承认等均体现了缔约双方的义务范围；同时，缔约双方之间的争议以及缔约方和缔约对方国民投资争端的解决条款规定了双方在某些事项上应享有和负担的程序性权利和义务。

第三，权利的实际享有者和义务的承担者地位具非对称性。每个时代国际经济关系的规则都肯定会符合当时最强大国家的观点，❶ 在国际资本市场上，发展中国家无疑属于弱者，其与发达国家谈判缔结 BITs 时，往往处于被动接受的地位，最后的协定文本几乎就是发达国家单方面拟订的 BIT 范本，极少有所变动。从缔约主体来看，BITs 是两个国际法主体或经其授权的地方行政单元缔结的主要导向对方行政法规的"公法"意义上的条约，但分析其具体规定，却带有一定程度的"私法"性。除"缔约双方关于条约争议的解决"及"磋商"、"会谈"等少数条款确立的法律关系主体均为缔约双方外，其他义务的承担者为缔约一方，与此相对应的权利享有者却是缔约另一方的投资者。BITs 对私人利益产生重大影响，除"缔约

---

❶ 转引自 A. W. Sijithoff Leider. National and Multinational enterprises [M]. 1997：76.

一方与缔约另一方国民投资争端解决"条款外,却并不直接规定私人的权利义务。然而必须指出,尽管 BITs 规定的某种权利的实际或潜在的享有者为私人,但却是通过条约的合意由缔约双方的国家自愿承担义务实现的,私人并不因此而获得条约主体的地位。正如奥本海所言:"虽然可能说个人的权利,好像这些权利是条约本身所产生的,但这不是通常的情形。这种条约并不创设这些权利,而只是缔约国负有义务,以国内法产生这些权利。"❶

第四,大多数条款并不直接明确规定缔约双方的权利义务,只是充当"转致"双方有关国内法、其他 BITs、相关国际条约和一般国际法原则的"联结点"。例如,"投资准入"涉及东道国关于投资审批的行政法规和实践及其他外商投资法、"国民待遇"和"最惠国待遇"必然将参照有关国内法和其他 BITs 的规定、优先适用较 BIT 更为优惠的国内法和一方或双方均参加的国际条约、解决两类不同性质争议时往往还要依据一般国际法,等等。

第五,缔约双方以及投资者和东道国的利益冲突导致一些相对不确定规范的存在。例如,投资准入某些问题的善意和同情考虑、公正和平等的投资待遇,投资的充分保护和完全保障、投资本金及收益和国有化补偿、损失赔付的"不应不合理的拖延"对于投资者将投资争端提交"中心"仲裁的同情考虑等,就缔约技术而言,不失为良策,但容易引发争议,减损条约效益。

第六,具有可"自动执行"的性质。将条约划分为"自动执行"与"非自动执行"是美国司法实践的独创,但为其他国家所借鉴。除了那些规定必须把条约转换为国内法的国家以外,凡是把条约一般地接受为国内法的国家,实际上都会对条约做这两类区分,从而使相当一部分条约无须繁复琐碎的国内宪法程序而生效,由国内行政、司法机关直接适用。BITs 因其闭锁性和导引至双方国内法的中介性,不必经由国内立法机关的补充立法,直接为东道国和投资者创设权利和义务,当然具有可"自动执行"的性质。同时,根据美国的经验,含有最惠国待遇条款的条约是"自执行"条约。❷

---

❶ 詹宁斯,瓦茨修订. 奥本海国际法 [M]. 第1卷,第2分册. 王铁崖等译,北京:中国大百科全书出版社,1998:292.

❷ 李浩培. 条约法概括 [M]. 北京:法律出版社,1998:389.

## 2. 分类

两个国家（地区）缔结的与相互间投资事宜有关的双边协议为数甚众，但BITs有其特定的指称，学者和有关国际组织之间对其所作的分类不尽相同，联合国跨国公司中心和世界银行仅将双边投资保护协定称为BITs（bilateral investment treaty，BIT），而联合国贸发会议（UNCTAD）则将避免双重征税协定也囊括其中。学者们一般依据内容，将BITs区分为三种。

第一种，友好通商航海条约（简称FCN）。此种类型的条约是美国、日本及一些欧洲国家保护其海外投资的主要法律工具，尤以美国最为典型，因其后来多为"美国型"BITs——"双边投资保证协定"所替代，所以有学者称之为"美国型"BITs的前期、原型或先驱。顾名思义，此类条约主要涉及缔约双方的商业及航运事宜，并非调整和规范投资事务的专门性条约。但由于投资与其他经济活动有广泛的关联性，实际上，从中硬性区分某些"独立的、自我定界的投资条款"相当困难，故而有学者认为，从严格意义上来讲，此类条约就是投资条约。❶分析其有关投资保护的内容，明显表现出两个阶段的划分。第二次世界大战以前，主要是便利发展双方间商务交往和友好关系，虽有关于外国商人及其财产和投资保护的条款，但重点在于保护从事货物贸易的商人，而非工业投资者，即不以保护投资为条约宗旨和目的。第二次世界大战以后，以美国为首的国际投资迅速发展，为适应保护海外投资的需要，美国对前期的友好通商航海条约的内容和结构作了比较大的调整，增加了投资保护条款的比重。友好通商航海条约覆盖的事务非常广泛且规定十分具体，主要条款有：外国人的入境权、利用当地法院的权利、仲裁裁决的执行、雇用技术专家的权利、有关土地租赁、税收、商人的关税待遇、产品待遇以及有关限制性商业实践的协商问题等，单就投资保护而言，此类条约的缺陷是显而易见的。❷

国际投资的迅猛发展使得具有"兼职"性的友好通商航海条约在保护投资方面捉襟见肘，其中处理的大部分事项，如货物贸易、货币金融、税

---

❶ 曾华群. 国际经济法刍论 [G] //陈安. 国际经济法论丛. 第2辑. 北京：法律出版社，2000：356.
❷ 关于美国"友好通商航海条约"重要条款及其作用的评析，参见徐崇利的博士论文及曾华群国际经济法刍论 [G] //陈安. 国际经济法论丛. 第2辑. 北京：法律出版社，2000：354－386.

收、仲裁裁决的承认与执行等,由于战后频繁的国际立法活动,都有专门性的多边或双边国际条约予以调整和规范,特别是贸易问题为 GATT 吸收和取代;加之此类条约中散发出来的帝国沙文主义气息,日益引起致力于维护国家主权,发展民族经济的广大发展中国家的反感,美国推行友好通商航海条约的计划遭遇强大的阻碍,自 1966 年和多哥、泰国签订最后两个友好通商航海条约之后,便没有再缔结此类条约,转而代以易为发展中国家接受的双边投资保证协定及促进和保护双边投资协定。然而,友好通商航海条约并不像有些学者所言已经成为历史陈迹,在讨论 BITs 时,只是把它作为双边投资保护条约的萌芽,这不仅是因为还有许多友好通商航海条约尚未失效,而且近来某些发展中国家仍在缔结此类条约,如秘鲁和厄瓜多尔于 1998 年 10 月 26 日就签署了通商航海条约。❶

第二种,双边投资保证协定。此类条约为美国在 20 世纪 40 年代末所首创,其他主要资本输出国起而仿效,故被称为"美国型"专题 BITs。美国等发达国家在国内建立了海外投资保险机制,经营海外投资保险业务的保险机构对受保人在东道国因承保范围内的政治风险所遭遇的损失进行理赔之后,依据保险合同便自动取得对东道国的代位求偿权。❷ 但由于友好通商条约未就"代位"事项作出规定,东道国并无承认投资者母国国内法及投资者与其国内保险机构基于国内法而签订的保险合同的域外效力的条约性义务。正是因为国内法制度与友好通商航海条约的这种衔接缺失,使得资本输出国的海外投资保险机制收效甚微,双边投资保证协定便应运而生;另一方面,双边投资保证协定将两大国家集团在国际投资领域内诸如投资准入、投资待遇等敏感问题搁置一旁,也更容易为发展中国家接受。

以中国与美国、加拿大缔结的投资保证协定为例,其主要内容有五个方面:第一,承保事项,如承保机构、承保范围、承保投资项目的协商和批准等;第二,代位求偿,如代位求偿的权利及其内容、代位求偿

---

❶ 截至 1995 年,全球还有几十个 FCN 条约,缔约国(地区)包括阿根廷、奥地利、比利时、玻利维亚、文莱、哥伦比亚、哥斯达黎加、丹麦、爱沙尼亚、埃塞俄比亚、芬兰、法国、德国、希腊、洪都拉斯、印度、伊朗、伊拉克、爱尔兰、意大利、日本、韩国、拉脱维亚、利比里亚、卢森堡、马达加斯加、马耳他、摩洛哥、尼泊尔、荷兰、挪威、也门、巴基斯坦、巴拉圭、沙特阿拉伯、西班牙、苏里南、瑞典、泰国、中国台湾、多哥、土耳其、英国、越南、阿曼、南斯拉夫、秘鲁、厄瓜多尔。

❷ 并不是所有国海外投资保险制度无一例外地规定承保范围以政治风险为限,如匈牙利、丹麦等国就将商业风险也纳入其中。

第一章　导论：双边投资条约的概念、地位和作用

的限度、投资者母国政府的出诉权、东道国法律禁止代位求偿情况下的安排、代位求偿所得货币及兑换的待遇等；第三，缔约双方因此种条约的解释和适用问题产生的争端解决，如解决方式、仲裁程序及规则、裁决效力、费用分担等；第四，互惠原则的适用；第五，协定的修改、终止和有效期。

第三种是肇始于1959年前联邦德国与斯里兰卡间缔结的相互促进和保护投资双边协定，故又称"德国型"BITs，在英文文献中表述为"bilateral investment treaty"（BIT）。目前，德国仍是缔结此类条约最多的发达国家。绝大多数此类条约的约名为"相互促进和保护投资双边投资协定"，但也有少数国家冠以不同的称谓，如1990年3月21日美国和波兰缔结的BITs就名为"关于商业和经济关系的条约"。❶ 世界各国签订的双边投资保护协定的结构、内容相差无多，主要规定：投资准入，投资及投资者定义，投资待遇、征收、国有化及其补偿，投资原本及利润的汇回，代位，争端解决，条约的生效、有效期限及终止等。从内容可以看出，此类条约实际上是友好通商航海条约中有关投资保护条款的剥离和深化。

我们认为BITs是一个泛称，它同时包括上述三种类型的协定，其中主要和核心的是"相互促进和保护投资双边协定"，虽然所有相关论著都无法回避这一事实，但在处理上，几乎均将"友好通好航海条约"作为"德国型"BITs的历史背景。如前所述，"友好通商航海条约"虽已不再是一种经常和广泛的缔约实践，但还有一些仍处在有效期中，而且经常被援引解决双方间投资争端，况且极少数国家还在缔结此类条约，它并非只作为某一类条约的初始形态而存在，而是一种现实的条约现象。本书之所以对其采取与绝大多数相关论著相同的安排，的确是考虑到就我国而言，"友好通商航海条约"早已成为历史陈迹，现行有效的与投资有关的双边条约中没有此类条约。

有充足的理由将"投资保证协定"纳入BITs的范畴：第一，双方的缔约意图都旨在主要对国际直接投资提供保护，从而达到鼓励和促进私人投资的目的。❷ 第二，除极少数国家（地区）签订的双边投资保护协定外，"代位"是必备条款，该条款的基本精神与"投资保证协定"一致；在其

---

❶ See Nancy Goodman, International Trade: Poland Bilateral Investment Treaty – A Reflection of United States Efforts to shape the Economic Develeopment of Eastern Europe [J]. Harwerd International Law Journal, 1991 (32): 255.

❷ 中美投资保险协定甚至直接在约名中嵌入了"鼓励投资"的字样。

9

"投资保护协定"中未写进"代位"条款的缔约方,往往另行订立"投资保证协定";双方同时订有 BIT 和保险协定时,前者中的"代位"条款具有将国内层面的投资保险合同与国际层面的投资保险协定"挂钩"的功能,赋予国内私法上的保险合同关系在一定意义上和在某种程度上产生域外效力。❶ 就外资营运的全过程来看,离开了对可能面临的政治风险的保证,谈不上对投资者的完整保障;由于受代位权的限制,投资者在东道国遭受的在承保险种之外、国内投资保险制度不予承保的投资项目以及赔付限额以上的损失,仍可依据 BITs 向东道国请求赔偿,起着补充 BITs 的作用。第三,是否与东道国订有"双边投资保护协定"通常被投资者母国海外投资保险机构作为是否提供保险的先决条件,因此,这两种不同类型的条约有着紧密的联系。❷ 而且,早有国内学者将"投资保证协定"归类为双边投资条约,并非作者的独创。❸

避免双重征税协定则不然。其目的在于为从事国际经济活动的纳税人实现税收合理负担创造条件并诱导投资方向提供税收鼓励,虽也有促进所涉国家之间经济技术合作交流的作用,与国际投资有关,但并非专为国际投资而设计。它调整的是两国税收管辖权的分配关系,税收管辖权是一国主权的重要体现,直接涉及国家的财政利益,它的让渡和限制唯有通过条约来进行。因此,BITs 一般将有关税收的国际协定排除在"最惠国待遇"的适用范围之外,这种处置方式完全不同于"双边投资保证协定"。所有关于 BITs 的文献中均不含避免双重征税协定。

## 第二节 BITs 的法律地位分析

(一) BITs 在国内法上的地位

1. BITs 是国内法的重要法律渊源

BITs 虽不是东道国国内法律体系的组成元素,却是其国内法的法律

---

❶ 陈安. 美国对海外投资的法律保护及典型案例分析 [M]. 厦门:鹭江出版社,1985:2.
❷ 但也有例外,如匈牙利的海外投资保险计划就不将"双边投资保护协定"存在与否作为决定是否提供保险的前提。德国、日本也不要求与东道国订有投资保护协定为法定条件,但在实践中,还是倾向于与该两国订有投资保护协定的东道国。
❸ 如梁淑英主编的《外国人在华待遇》(中国政法大学出版社,1997)就将此类协定放在双边投资条约项下介绍,见该书第 236 页。

渊源之一。[1] 法律渊源作为法理学和国际法的专门术语，是指具有法律约束力的法律规范首次出现的地方或外部表现形式，国内法渊源通常为制定法、判例法、习惯法，学说和法理由于前面几种渊源的发达成熟，在现代法律渊源系统中已不多见。国际条约（包括BITs）本不隶属于国内法范畴，但在当事各方境内与其国内法同样具有约束力，在这个意义上，我们将一国签订或参加的国际条约列入国内法的法律渊源。诚然，由于东道国的属地最高权，其国内外商投资法在调整和规范跨国投资关系中居于核心的支配地位，但设若没有条约的约束，东道国立法、行政及司法等国家行为的任意武断的变动对投资者造成的损害，往往无法从东道国获得有效的行政、司法救助，更不能指望来自其母国或第三国或国际仲裁、司法程序的救济。BITs的缔约目的即在于将国内层面的东道国国内法有关规定提升至国际层面的条约义务，以对抗东道国国家行为的专断，在投资者出现因东道国国家行为而遭受损害的情况下，借追究东道国国家责任而获取一定补救；或者，直接创设不同于或高于东道国国内法水平的条约义务，为投资者营造稳定的、可预测的法律环境。从这个意义上说，在东道国国内法所有的法律渊源中，BITs是最为重要的一类。

2. BITs在东道国国内法中的效力位阶

实际上就是要明确国际条约在与国内法冲突时，何者优先适用的问题，这不免又和国际法（尤其是国际条约）与国内法的关系的理论及实践问题纠缠在一起了。关于国际条约和国内法的关系，向有"一元论""二元论"两种对立观点，然而，"学说上争论大部分是没有实际结果的，因为所引起的主要问题——各国如何在它们的内部法律秩序的框架内适用国际法规则，以及国际法规则和国内法规则的冲突如何解决，不是参照学说来回答的，而是要看各种国内法律和国际法的规则是

---

[1] 我国国际法学者常常混淆"法律渊源"和"法律体系"这两个概念，其实两者内涵和外延有着明显的区别，前者指法律的创制方式和外部表现形式，由立法、习惯、判例、学说构成；后者通常指一国现行全部法律规范分类组合而成的有机统一整体，构成单元为各个法律部门，不包括国际法。他们在探讨国际条约与我国国内法的关系时，分成两个营垒：少数人认为国际条约不是我国的法律渊源，理由便是我国法律未明确规定"条约是我国法律的一部分"；多数人则肯定国际条约是我国的法律渊源，是我国法律体系的组成部分。参见朱晓青，黄列. 国际条约与国内法的关系[M]. 北京：世界知识出版社，2000：6.

怎么规定的"❶。

无论是基于"二元论"的转换间接适用还是源自"一元论"的纳入直接适用，都会面临解决在国际条约与国内法发生冲突时的顺位问题。即使暂且不考虑先后缔结的国际条约相互间的冲突，该问题的复杂性仍然在于国内法的效力是有层级之分的，而且在特定国际条约于国内生效后，一国立法机关可能还会就相同事项创制法律。因此，需要在宪法和规定国际条约和国内法相互关系的专门性法律或调整某一特定社会关系的具体法律中解决国际条约与国内宪法、宪法外的基本法律及基本法律之外的其他法规的效力位阶问题。除荷兰宪法明确规定国际条约优先适用于包括宪法在内的一切法律外，许多国家规定国内宪法优于国际条约，至于国际条约与宪法之外的制定法之间的关系，则区分是业已存在的法律还是随后的立法分别予以处理。例如，英国就认为制定法即使与国际法的要求相抵触，对于其法院也是有拘束力的；而法国的立场却正好相反，其1958年宪法第55条规定："在互惠的前提下，经正式批准或核准并予公布的条约便具有优于国内法的权威，即使法律制定在条约之后。"在美国，由于联邦和各州均有立法权，使得条约在其国内的适用更为复杂，美国宪法第6条（2）项规定："在美国的权力下缔结的一切条约，与《美国宪法》和根据宪法制定的法律一样，都是美国最高的法律：即使任何州的宪法或法律与之相抵触，每一州的法官仍受其拘束。"宪法在这个问题上的模糊处理是由司法实践来加以澄清和明确的，司法判例中除确立了条约不得背离宪法外，还对条约做了"自动执行"和"非自动执行"的划分，前者一经接受可以直接适用，后者则需要国内补充立法，这两类不同性质的条约在国内法中的地位有明显的差别。在国内立法与条约发生冲突的情形下，两者的效力位阶取决于国内立法的层级，州立法不优于先前或嗣后的条约（包括行政协定），而联邦制定法在与先前的条约抵牾的情况下对法院仍然有拘束力，但对嗣后的"自动执行"的条约（可能不包括嗣后的行政协定）不具有优先地位，遇有疑义时，推定立法机关无意超越国际法的规定来解释制定法；而且，若有可能，慎重地解释条约，以使其不逾越各州的权力和管辖权。❷可见在美国的实践

---

❶ 詹宁斯，瓦茨修订. 奥本海国际法 [M]. 第1卷，第2分册. 王铁崖，等译. 北京：中国大百科全书出版社，1998：32.
❷ 詹宁斯，瓦茨修订. 奥本海国际法 [M]. 第1卷，第2分册. 王铁崖，等译. 北京：中国大百科全书出版社，1998：43.

中，除宪法较条约的最高性可以推论外，条约与国内两级制定法间的效力顺位关系仍不是很清楚，而且为保证条约与各州立法协调对条约的国内单方面解释是否反映缔约各方的合意是大有问题的。

中国并未在宪法中明确国际条约优先适用于国内法的一般性原则，只是在若干具体法律中含有国内法与国际条约发生冲突或国内法没有相应规定时，优先适用或径直适用国际条约的零星条款。随着我国缔结和参加的国际条约日益增多，国际法与国内法的关系问题引起了国内学者的广泛关注，许多学者认为应比照我国宪法、法律、行政法规、部门规章的立法机关的层级、程序和国际条约的缔结程序来推断国际条约与国内法的效力位阶。依据宪法和缔结条约程序法的有关规定，我国缔结或参加的国际条约可以划分为三类：全国人大常委会决定批准和废除的条约和重要协定、国务院核准的条约和协定、无须批准或核准即可生效的协定，因此，国际条约在我国的效力等级分别相当于一般法律、行政法规和部门规章，从而推论国际条约的效力低于宪法，而与一般法律、行政法规、部门规章处于同等地位；在履行条约义务时，国际条约原则上又优于一般法律（有时甚至是全国人大制订和通过的基本法律）和行政法规。

具体到中外 BITs，遵循这种思路问题更大：其一，构成我国外商投资法主体的中外合资、中外合作、外商独资企业法的制订、修正及其实施细则的发布机关分别是全国人大和国务院，我国缔结的绝大部分 BITs 在生效条款或最后条款中要求双方将完成各自国内宪法或法律程序相互通知一个月后才能生效，即由全国人大常委会批准或国务院核准。按照上述学者的推论，其在我国国内的效力等级相当于全国人大常委会制订和通过的一般法律或国务院制定和发布的行政法规。在发生冲突时，依据我国现行法律的规定和条约适用实践，原则上其效力优先于外商投资企业法及其实施细则。优先于国务院发布的三个外资法的实施细则当无疑义，而优先于全国人大制订和修正的处于基本法律地位的三个外资法，确实于法理不合，且有违宪嫌疑。❶ 其二，绝大部分 BITs 规定须经批准方能生效，少数几个一经签署便即生效。换句话说，从是否需经批准或

---

❶ 刘楠来先生早就对学者间这种机械推断导致的法律问题提出了批评。参见刘楠来.《条约在国内的适用与我国的法制建设［G］//朱晓青，黄列. 国际条约与国内法的关系. 北京：世界知识出版社，2000：145.

核准以及批准和核准机关的不同,绝大多数 BITs 相当于一般法律或行政法规,少数几个甚至相当于部门规章。❶ 这样,根据学者们的逻辑,同为 BITs,其在国内法渊源中的地位有的等同于一般法律,而有的却又等同于行政法规甚或部门规章,虽然并不影响其实际执行的效果,但在理论上毕竟存在瑕疵。

笔者认为,不能将国际条约与国内法相互关系的理论机械移植到 BITs,仔细分析 BITs 本身的规定才能推导出正确的结论。在国际条约与国内法有不同规定时优先适用国际条约是我国在条约实施问题上一贯和经常的立场。所谓有不同规定,就投资者而言,无非是两种情况,要么对其不利,要么对其有利。许多中外投资条约都有"优先适用"条款,要求在条约有效期间或嗣后国内法规中给予投资者以较该条约更为优惠的待遇,❷ 则适用有关国内法,这样就需要将国内法的规定分为两类,分别决定与 BITs 的效力顺位关系,若国内法不利于投资者,当然适用 BITs;若较 BITs 对投资者更为优惠,则优先适用国内法的相关规定。反过来说,也就是将 BITs 的规定分为两类,依据有利于投资者的原则,确立与国内法的相互关系。因此,就 BITs 而言,将某国际条约作为一个整体,笼统地来讨论其与国内法效力的优劣有可能直接违反 BITs 的规定。

(二) BITs 在关于投资的国际法中的地位

在这里,笔者旨在检讨国际法渊源的一般理论,着重审察 BITs 作为国际投资法渊源的"适格"性及其与习惯法之间的关系。换言之,即 BITs 能否作为国际投资法的渊源及其在多大程度上可以促进习惯国际投资法的生成和证明。

1. BITs 是国际投资法的适格国际法法律渊源

法律渊源是国际法中歧义迭见的基本理论之一,究其缘由:①当前国际社会仍为平权、分散之结构,不似高度组织化之国内社会有权威立法、行政、司法机关,常常面临无立法、无判例可资以确立法律存在的

---

❶ 由于有关资料无法得到,所以 BITs 国内生效的法律程序并不清楚,是由全国人大常委会批准亦或由国务院核准尚待证实,但均不妨碍正文中的结论。从美国实践来看,BITs 须由参议院批准,因此,笔者大胆推断我国缔结的 BITs 是由全国人大常委会批准的。而且,中外 BITs 中的某些定义与国内法规定不同,如作为"投资者"的自然人显然无权对外投资,因此,属于我国《缔结条约程序法》须经全国人大常委会批准的一类条约和重要协定。

❷ 美国缔结的 BITs 在这方面规定得更加详细,要求协定不得减损由法律和规章、行政实践或程序、行政或司法判决给予投资的更为优惠的待遇。

地方及确证某一特定观点是否已经提升至法律规则的困难。❶ ②法律渊源是一个比喻性的说法，本身含义极其抽象晦涩，易与国际法的原因、效力根据、形成过程、证据等术语混用，尽管学者多有自觉，并企图在其间作出严格区分，但事实证明只是徒劳，批评者往往在批评之后陷入与被批评者同样的窘境。因而，博斯、凯尔逊等力主代之以"公认的法律表现""法律的创造"等较为通俗易懂的措辞；❷ 有学者甚而主张抛弃"国际法渊源"这个概念。❸ ③学者间对《国际法院规约》第38条理解不尽一致。同时愈来愈多的人认为此条只是《常设国际法院规约》相应内容原封不动的移植，考虑到其后数十年国际社会及国际法的发展变迁，有重新加以解释和分析的必要。❹ 争辩此条仅意在规定国际法院裁判案件时应适用之准据法而无涉国际法渊源的学者亦为数不寡。条约和习惯业已被普遍接受为国际法的法渊，但问题在于何种类型的条约是适格的国际法渊源；调整同一事项具有相同或相似条款的双边条约和闭锁型多边条约（实际上在许多方面更接近于双边条约）与国际习惯之间的关系究竟怎样尚有检讨的余地。

在不恰当的程度上强调国际法渊源适用范围和拘束力的普遍性一度让学者们在条约能否作为国际法渊源这一问题上颇费踌躇。国际社会各成员之间在诸多方面的异质性，使得任何条约——无论其普遍性多大——其当事国不可能囊括所有国家，并且条约通常要经由"转换""纳入"等国内立法或行政程序才能产生拘束力。因此一些学者认为条约缺乏适用的一般性和自动性，而这恰是法律渊源不可缺少的基本品质，从而否认条约是国际法的渊源。在他们看来，国际公约、多边、双边条约本质上仅仅是缔约国之间的契约，只产生缔约国间的权利义务关系，对第三国不具拘束力，没有资格作为法律渊源，因为法律是具有一般效力的规则，而不是具体的义务和承诺。❺ 从来而且可能永远都不会有包括一切国家的国际条约，即使是国际习惯也不能一般地和自动地适用于所有

---

❶ Malcolm N. Shaw. International Law, 2nd ed. [M]. Grotius Press, 1986: 57.
❷ 王铁崖. 国际法引论 [M]. 北京：北京大学出版社，1998: 50.
❸ See Karol Wolfke. Custom in Present International law, revised 2nded. [M]. Martinus Nijhoff Publishers, 1993: 10.
❹ Ignaz Seidl Hohenveldern. International Economic Law, revised 2nd ed. [M]. Kluwer Law International, 1992: 2, 11–13, 101.
❺ 菲茨摩里斯. 国际法形式渊源的一些问题 [G] //弗洛尔纪念文集(英文版). 马修斯·尼基霍夫出版社，1958: 157, 159.

国家。国际法院早有判称，若一国明确表示反对，该习惯对其不产生拘束力，即不存在拘束所有国家的协定国际法和习惯国际法。同时我们还应该看到，国际法是平等者之间的法律，各国既是立法者，又是解释者和实施者，只要不违反国际法基本原则和国际强行法，各国可以订立、变更、废止任何规则。学者间对国际法基本原则和国际强行法的理解不一，给两者开列的清单也未见完全迭合，但可以肯定的是，国际法基本原则和国际强行法规则你中有我，我中有你，且为数甚少，自然，相关的条约和习惯也就屈指可数。依上述学者的逻辑进行推理，国际法只是一些零散的规则而不成体系，这显然与国家实践、国际法发展状况及未来趋向相悖，招致非议也就不足为奇。目前鲜见有此极端观点，大部分人认为具有"立法"功能的普遍性国际公约和特别国际条约可以成为国际法的渊源，如布赖尔利所说，"（立法性条约）是唯一一类能允许被视为国际法渊源的条约"，❶ 而纯粹"契约性"条约至多只能看作国际法——尤其是习惯国际法——的证据。一言以蔽之，固然学者们在条约能否作为国际法渊源这个问题上观点发生了很大变化，但仍然将大部分双边条约拒斥于国际法渊源范畴之外。

　　国际法和国内法在"主性"上是一致的，即都是法律，传统意义上的国际法主要是调整国家间政治关系的法律原则、规则、规章和制度的总称。就现状而言，对所有国家均有拘束力的所谓普遍国际法极为有限，大量存在的是对包括"必要成分"在内的多数国家有拘束力的所谓一般国际法和仅拘束两国或少数国家的所谓特殊国际法。国际法编纂和前进发展的成果是以条约的形式来表现国际法，条约也因此相应区分为普遍性多边条约、一般性多边条约及双边条约。由于目前没有包括所有国家的普遍性条约，实际上只存在一般性和有限性多边条约及双边条约。前已述及，多数学者仅承认具有"立法"性质的普遍国际条约（实际上是一般性多边条约）和特别国际条约为国际法渊源，理由是它们规定了具有约束力的法律关系，而双边条约在形式上只能被看做特定国家间权利义务关系的载录，不能称为法律渊源。

　　任何法律总是以权利义务的规定为其基本特征，在这一点上，多边条约和双边条约并无实质差异。通常大多数条约兼具"立法性"和"契约性"，很难截然划分，正像许多学者批评的那样，条约是意图通过规定

---

❶ 王铁崖. 国际法引论[M]. 北京：北京大学出版社，1998：60.

第一章 导论：双边投资条约的概念、地位和作用

缔约国间的权利义务关系来制订相互间行为规则的法律形式，而此类规则在缔约前是根本不存在的。❶ 如孔慈就认为"契约"型条约和"立法"型条约的真正区别，"不在第一种类型不创订法律规范，而第二种类型即创订之，真正之区别乃在前者仅创订个别及具体规范，而后者即创订一般与抽象规范"❷。规范的一般性和抽象性只能表明法律的原始状态，而法律的发达则有赖于大量个别即具体规范的充实。既然允许多边条约作为国际法的渊源，那么将双边条约排除在外在逻辑上便毫无道理。维也纳学派的创始人凯尔逊说得好，"从国际法的渊源来看，广泛地说，任何一类条约即使是双边条约，都是规定缔约国间的权利义务关系，也确立缔约国的行为规则。这样，它们也就是缔约国的法律，而且在这个意义上，它们也是法律的渊源"❸。

观诸《国际法院规约》第38条第一款（子）项之规定，也不难得出双边条约是国际法适格法渊的结论。尽管该条并无"法律渊源"的措辞，但大部分学者认为确证哪些渊源是具有法律效力的规则重要的是国家实践，而该条之规定正是各国实践的反映。❹ 因此，该条仍然是研究国际法渊源的"一个很好的出发点"。根据该条之规定，国际法院在裁判案件时应适用"不论普通或特别国际协约，确立诉讼当事国明白承认之规条者"，显然，"特别国际协约"是包括双边条约在内的。

传统国际法主要调整国际政治关系，国际政治关系的现实表现为全球性、多边性和双边性的分层。国际社会普遍关注或达成共识的事项往往并不为少数国家重视甚至极力反对，反之亦然。因此，许多学者著作将国际法分为普遍性国际法、区域性国际法和特殊国际法。视双边条约为国际法渊源并不会破坏所谓一般国际法。王铁崖先生关于区域国际法与一般国际法之间关系的理解同样可以用来说明特殊国际法和一般国际法的关联。❺ 事实上，在各个国家看来，其缔结的双边条约或有限性多边条约往往较其参加的多边国际公约所规定的事项更为重要，其所承担的条约义务通常要比在多边场合更多。在这个意义上，多边条约和双边条

---

❶ 李浩培. 条约法概论 [M]. 北京：法律出版社，1997：34. 汉斯·凯尔逊. 国际法原理 [M]. 王铁崖译. 北京：华夏出版社，1989：268.
❷ 孔慈. 变动之国际法（上册）[M]. 台北：台湾商务印书馆，王学理译，1971：269.
❸ 汉斯·凯尔逊. 国际法原理 [M]. 北京：华夏出版社，王铁崖译，1989：58.
❹ 詹宁斯，瓦茨修订. 奥本海国际法 [M]. 第1卷，第2分册. 王铁崖，等译. 北京：中国大百科全书出版社，1998：14.
❺ 王铁崖. 国际法 [M]. 北京：法律出版社，1995：6.

约除适用范围的宽狭之外,并无实质性区别,两者均为国际法的适格法渊。事实上,少数国际法学者在列举国际法渊源时是将双边条约包括在内的。❶

《国际法院规约》第38条对于国际法渊源的例举是《常设国际法院规约》相关条款的机械移植,其之所以形成是由于特定时期全体成员或大多数国家共同的基本价值观念所致,而且是基于国际法主要调整国家间政治关系的假定。随着第二次世界大战后不同国家集团的利益多元取向及国际法调整范围的不断拓展,倘若仍拘泥于陈旧学说来讨论某特定领域应适用何种规则的问题,就很有可能得出歪曲的答案,甚至根本找不到答案。❷ 因此,至少应该在某些领域部分地重新思考有关法律渊源的传统观念。上述关于国际法渊源中双边条约及其与习惯法之间关联的检讨,同样也可适用于国际投资法领域。

国际投资法是调整国际私人直接投资(FDI)关系的法律。尽管FDI在第二次世界大战之后才开始大量涌现,其在跨国资本流动中份额超过间接投资也是晚近的事情,但并非处于无法律规制的状态。与其他部门国际经济法一样,其渊源兼有国内法和国际法两方面。一般而言,发达国家普遍奉行自由市场体制,经济发展程度大体相当,同时自身既是资本输出国,又是资本输入国,其国内法并无太大差异且非歧视地同等适用于内外投资。在历史上,他们曾一度将其国内法的共同规则作为国际法一般法律原则及其相互间形成的所谓国际法协定规则和习惯规则推及与其他国家之间的投资关系,构成旧的国际投资秩序和国际投资法的主体部分。

苏俄革命尤其是第二次世界大战后一大批社会主义国家和发展中国家的兴起及力量整合,置国际法于前所未有的西方学者所谓的"危机"和"不稳定"状态。资本输出国(主要是西方发达国家)和资本输入国(主要是发展中国家)这两大利益集团的顽守与革新之争使国际投资法成为除禁止使用武力之外最富争议的国际法领域之一。❸ 一方面,资本输出

---

❶ [英] M. 阿库斯特. 现代国际法概论[M]. 汪瑄,等译. 北京:中国社会科学出版社, 1987: 30; 端木正. 国际法[M]. 北京: 北京大学出版社, 1997: 56.

❷ 盛愉,等. 当代联邦德国国际法律论文集[C]. 北京: 北京航空航天大学出版社, 1997: 257.

❸ M. Sornarajah. The International Law On Foreign Investment [M]. Combridge University Press, 1994: 1.

国坚持承袭传统规则以最大限度地扩张和保护其海外资本，服务于其国家利益；另一方面，资本输入国极力将严格管制其境内的外国资本及活动纳入建立国际经济新秩序的诉求，以经济主权和经济发展来维护、巩固政治独立。这样，致使有关跨国投资的国际法缺乏明确的和普遍接受的规则。

由于发达国家和发展中国家在国际资本流动格局中的地位并未发生实质性变化，在多边场合中，利益的冲突远胜意志的合致。因此，第二次世界大战后国际社会创设普遍性投资法典的若干尝试付诸东流。❶ 虑及资本国际化、全球化迅速发展的趋势及跨国投资所关涉法律问题的广泛性和复杂性，有关国际投资的普遍性和区域性多边条约的局限性是不言自明的：①带有投资法典性质的区域性多边条约的缔约国政治经济制度基本同构，发展水平不相上下。由美、加、墨三国缔结的《北美自由贸易协定》（NAFTA）是个例外，但墨西哥过早接受美加两国资本流动自由化原则从而直接诱发国内金融危机的深刻教训值得其他发展中国家引以为鉴。即便如此，这类条约仍然只是缔约国间的特别法（Lex specialis），不能为国际投资提供一般规则，在这个意义上更接近于双边条约。❷ ②为数不多的普遍性多边条约仅涉及国际投资的某些环节、制度和领域，不敷全面规制国际投资之用。例如，世界银行主持制订的《关于解决一国和他国国民之间投资争端的公约》和《多边投资担保机构公约》仅仅处理一缔约国国民与另一缔约国之间产生的投资争端及为跨国适格投资可能面临的四种常规政治风险（货币汇兑险、征收和类似措施险、违约险及战争内乱险）提供担保；WTO 的三个协议（《TRIMS 协议》《GATS》《TRIPS 协议》）强调投资与贸易的相关性，主要立足点在贸易而非投资。③在国际法律秩序内缺乏一个权威决策实体的情形下，由于各国立场、观点的对立和分歧，欲在相互妥协的基础上创制各方均能接受的多边规则极其缓慢，甚至无果而终，这与国际资本的迅速流动及借助海外投资推动国内经济发展的要求太不相宜。

鉴于此，各国纷纷"退而求其次"诉诸双边条约调整相互间投资关

---

❶ About these activities and reasons to failure to conclude agreements, see A. A. Fatouros. Government Guarantees to Foreign Investors [M]. Columbia University Press, 1962；另参阅陈安，曾华群. 国际投资法学 [M]. 北京：北京大学出版社，1999：533 – 569.

❷ M. Sornarajah. The international law On Foreign Investment [M]. Combridge University Press, 1994：188.

系。从历史上看，处理跨国投资关系的主要法律形式一直是双边条约，目前，国际投资法制也只是处于由传统的双边规范向多边规则转变之中。较多边条约而言，双边条约的优势在于：①数量庞大。据统计，截至2012年，超过180个国家相互间缔结了2860个BITs（不含避免双重征税协定以及其他与国际投资有关的条约、协定，如自由贸易协定、经济合作协定等）。❶ ②覆盖面广。既包括实体性规定，又包括程序性规定：涉及受保护的投资、投资者以及投资领域、投资准入、投资待遇、投资本金和利润的汇回、征收和国有化及类似措施的保证、国家契约的效力、战乱的损害赔偿、代位求偿以及投资争端的解决等与国际投资活动有关的几乎全部领域。❷ 在整个国际投资法制中，双边条约是主体并起着主导作用。很奇怪的是，国内外不少学者认为具有普遍性的国际公约和条约才构成国际经济法的渊源，双边条约唯有那些对同一事物或事项作出相同或类似规定的方可被称为国际经济法的渊源。❸ 谁也没有因为双边条约的数目远远大于多边条约就认为前者较后者更具普遍性，但谁也不能否认双边条约是各国普遍采用而且行之有效的一种法律形式。就国际投资法而言，如若仅将普遍性多边条约列为其法律渊源，国际投资法就只是孤零零的几个具体制度，何体系之有？相映成趣的是，这部分学者强调作为法律渊源拘束力和适用范围的普遍性，但恰恰是他们认为国际投资法的法律渊源包括国内立法和判例，国内法制只能严格在域内适用，其拘束力绝对不及双边条约普遍，既如此，何以将双边条约打入"另册"呢？普遍性多边条约只是在极少数领域创制了成员国的共同行为规则，而大多数领域的权利义务关系却是以双边条约为表现形式的，从这个意义上说，双边条约在国际投资法中是较多边条约还重要的法律渊源。

2. BITs证明国际投资习惯法的价值有限

并非任何类型的双边条约均被那些坚决反对将之列为国际法渊源的学者拒斥于外，他们认为以下三种类型的双边条约可视作国际法渊源。第一，特定两国间缔结，而后许多国家参加或加入的双边条约；第二，

---

❶ UNCTAD, International Investment policymaking in Transition: Challenges and Opportunities of Treaty Renewal [EB/OL] http://unctad.org/en/PublicationsLibrary/webdiaepcb2013d9_en.pdf, 2013-10-9.

❷ See Rudolf Dolzer & Margrete Stevens. Bilateral Investment Treaties [M]. Martinus Nijihoff Publishers, 1995; 另参阅陈安, 曾华群. 国际投资法学 [M]. 北京: 北京大学出版社, 1999: 407.

❸ 王贵国. 理一分殊——兮论国际经济法 [G] //陈安. 国际经济法论丛. 第2卷. 北京: 法律出版社, 1999: 89-91.

创设某种客观制度的双边条约；第三，在同一事项上具有相同或近似规则的双边条约。第一种类型实质上等同于具有立法效果的多边条约，第二种类型的双边条约"是否本身具有某种内在的和明显的法律因素"❶ 一直是悬而未决的问题，而第三种类型的双边条约被普遍认为可以产生习惯国际法，因此被视为国际习惯规则形成过程中的一个步骤。❷ 如果考虑习惯国际法形成的两个要素及对于作为国际法渊源规则的普遍拘束力的要求，笔者认为双边条约作为证明习惯国际法存在的依据值得讨论。

与作为法渊的习惯在国内法中地位的日益式微不同，国际生活的某些分支仍然由习惯法调整，而且其地位正在上升，因此，认为习惯法随着飞速发展的国际生活节奏和与日俱增的复杂性及国际法编纂的进步而丧失其重要性的观点是不成熟的。尽管曼累·哈德逊（Manley O. Hudson）曾说过，《国际法院规约》第 38 条的作者和联合国国际法委员会的委员对何谓国际习惯并没有一个非常清晰的概念。但学者们均承认《国际法院规约》第 38 条（一）款（丑）项表明习惯国际法的产生需要同时具备两个要素：作为客观要素的持续一致的国家实践和作为主观因素的法律确念，后者起着决定性作用。仅有国家实践而无行为国法律确立只能是无法律拘束力的国际惯例，不能被称为国际习惯，困难在于认定法律确念的存在。一些国际法学者及联合国国际法委员会曾倡议研究寻找习惯法的证据，并作出了尝试性的探索，认为可以从①国家之间的外交关系，表现于条约、宣言以及各种外交文书；②国际组织和机构的实践，表现于国际组织和机构的决定、裁决等；③国家内部行为，表现于国内法规、法院判决、行政命令等来断定国际习惯存在与否。条约因其能编纂、形成和改变习惯规则而位列其中，但仍未能澄清这样一个疑问：表现于文字的双边条约究竟是作为一般国家实践的证据，还是作为行为国内在法律确念的证据？亦即也存在本身是否"具有某种内在的和明显的法律因素"的问题。

在一般情况下，双边条约没有必要在特定事项上重复一般国际法规则和编纂双方未明示反对的业已存在的习惯法。之所以缔结双边条约，其目的无非是：①因不满意多边条约规则或情况的变化，在不违反国际

---

❶ 詹宁斯，瓦茨修订. 奥本海国际法［M］. 第 1 卷，第 2 分册. 王铁崖，等译. 北京：中国大百科全书出版社，1998：629.
❷ 参阅斯塔克. 国际法导论［M］. 北京：法律出版社，赵维田译，1984：43.

法基本原则和强行法规则的前提及满足《维也纳条约法公约》第 40 条所列条件下修改多边条约；②一般国际法就某一特定事项并无规定或规定较为原则、抽象，通过缔约新创或进一步明确规则。双边条约的缔约国在缔约时自愿创设条约法规则以作为履约即国家实践之依据的意图是很明显的，但它们很可能没有料到此后竟有若干国家会缔结具有相同或类似规则的双边条约，若将此类规则上升至习惯法，便会强迫这些国家接受此类规则将以习惯法的形式对其产生拘束力，而不再是两国间的条约法规则的现实。这样，自愿缔结的双边条约便转换成非自愿的习惯法，此一法律效果是缔约国意想不到或至少是未努力获致的。

双边条约实质上是两国特定时期权利义务的平衡，大多规定三五年至三十年及以上不等的有效期限，或者虽无期限的规定，但允许缔约国尽通知义务后随时单方面终止条约。时过境迁，缔约双方可以比较便捷地在有效期间协商谈判，对之予以调整。而习惯法形成需费时百数十年，一旦确立，似乎便凝固下来，很难改变。国际法院在"军事和准军事活动案"（1986）中判称，国家实践一般地符合该习惯法规则即可，即令与之相悖，通常应被视为对该规则的违反，而不表明对一项新规则的承认。因此，习惯是"使法律适应迅速变动的环境的过于缓慢的方法"❶，同为法律创造形式，一般而言，其形成、变革要较条约的缔结、修改、废止迟缓。由于国际法并未为各国提供判断重复出现的相同或类似的特殊规则进化为一般性习惯法的时间标准，因而很有可能出现这样一种情况：双边条约有限期届满或情势发生根本变更或双方协议提前终止，条约对双方不再具拘束力，而此时其他国家竟以条约规则已成长为习惯法为由继续约束上述特定两国，显然违背其意志。

应当承认，双边条约的缔约国对于条约中哪些条款是重要条款，哪些条款是次要条款的理解不会全无差异，同时肯定也会有缔约各方为换取对方认可其自以为重要的条款而不惜以接受其他规定为代价的情况，或许这些次要条款仅是有关国家以条约形式的政策宣示，其内心并无法律义务感，甚至从未想到要在随后的履约过程中付诸实践。然而，很有可能恰恰是这些条款被其他双边条约重复采用，如将其视为习惯法，有关国家势必会提出异议。即使是同一事项，缔约国出于种种考虑往往更愿意逐案（case by

---

❶ 詹宁斯，瓦茨修订. 奥本海国际法 [M]. 第 1 卷，第 2 分册. 王铁崖，等译. 北京：中国大百科全书出版社，1998：18.

case）灵活处理，而不希望受制于习惯法。

那么，第三国能否以双边条约中含有与习惯法相同或类似的条款为由援引"禁止反言"（estoppel）而主张习惯法在条约以外约束缔约双方呢？众所周知，禁止反言是自罗马法以来世界各国法律都予以承认的一般法律原则，国际法院在北海大陆架案（1962）、西班牙国王1906年仲裁裁决案（1958）、隆端寺案（1959）的判决中曾将其作为文明各国所承认之一般法律原则予以裁判案件，第一个案件有关大陆架划界规则，后两个案件涉及相邻两国之间的领土争端。依据上述判决内容，我们可以得知在①一国由于其过去的行动、宣言等，明白一贯地表明其已接受某一规则；②其他与之具有直接利害关系国因信赖此种行动、宣言等而有害地改变了其地位或致使其遭受某种损害这两个要件时，利害关系国可以援引禁止反言原则主张一国须受某一规则的约束。双边条约规则是仅适用于缔约双方的特殊规则，第三国与该双方均非契约相对人即无直接利害关系，故我们对上述问题只能给予否定回答。

将众多双边条约中相同或类似的规则视为习惯法，还需考虑到另外一个问题。关于参与形成习惯法的国家数目，当前国际法并无确定标准，不过，那些因该习惯规则的确立而遭受特别影响，尤其是将承担或更多地承担义务的国家是应该计算在内的。但学说和判例却发展出了一条很有意思的规则，即若一国欲阻止某项尚在孕育中的习惯法的形成，须明示加以反对，否则须受该习惯法的约束。国内法关于将沉默推定为同意、接受是相当谨慎的，除非法律明文规定或当事人事先约定，不得作如此推定，否则，沉默意味着拒绝、异议。国际法为平等者之间的法律，沉默即同意、接受的推定有损于主权。实践中，一国不可能也无须对其不同意的所有潜在的习惯法规则明示加以反对。许多国际习惯法的形成与否与保持沉默的国家所持之立场密切相关，如果将其对他国行为的沉默或消极的不行为作为习惯国际法形成和确立的证据，很有可能形成对这些国家不利的规则。学说和判例毕竟只是国际法的辅助和从属渊源，我们可以比照《维也纳条约法公约》有关为第三国创设权利或义务的条约的规定来进行检讨。根据该《公约》第35条之规定，条约当事国若有意为第三国创设法律义务，须第三国以书面形式明示接受。相比较而言，在习惯法形成过程中，将沉默推定为同意接受失之过宽。

由于上述种种因素，我们不能证实具有相同或类似规则的双边条约总有缔约国法律确念的存在，故此类条约作为国际习惯法的证据只具有限价值。事实上确有众多双边条约中的相同或类似规则并未因此而演进

为习惯法。❶

目前,绝大部分 BITs 是由发达国家和发展中国家缔结的,尽管在语言和侧重点上有所不同,但总体说来,存在着相当的一致性。❷ 西方学者之所以将在同一事物或事项上作出相同或类似规定的双边条约列为适格法律渊源,无非认为它们足以形成习惯国际法或证明其业已存在。最有代表性的是 F. A. 曼恩(Mann)的观点,他断言:"这些条约确立、接受并且因此增强了传统概念的效力。"❸ 国际投资法是战后新兴的法律门类,究竟有否国际习惯法是一个颇有争议的问题。❹ 国际法院早有判称不能轻易从双边条约导引出国际法规则,调整相同事项的 BITs 能否被视为国际习惯法的证明,取决于下面几个因素:①与该事项有重要关联的国家是否大多缔结了此类协定;②缔约国是否将协定中蕴含的规则视为"法律";③这些国家或其他国家没有采取任何形式的相反观念和实践。❺

目前尽管近 3000 个 BITs 数量庞大,但仍远远低于相互具有投资关系的国家应该缔结的协定数量。❻ 更为重要的是,习惯法规则至少需要若干属于"必要成分"的国家具有法律感觉之下持续一致的实践才能形成和确立。西方社会指称国家投资法中久已存在的所谓习惯法是在发展中国家独立之前确立起来的,后者并未参与,且主要反映对资本输出国投资者利益的保护,理所当然要招致广大发展中国家的一致反对。发展中国家相互间及其与发达国家之间日趋活跃的有别于所谓"习惯"规则的双边缔约实践,即是对过去"习惯"法的明示拒绝。

---

❶ 卡尔·杜林. 条约产生的习惯法 [G] //盛愉,等. 当代联邦德国国际法律论文集. 北京:北京航空航天大学出版社,1992:69-70;孔慈. 变动之国际法(上册)[M]. 台北:台湾商务印书馆,1971:269.

❷ seeA. A. Fatouros. Towards an International Agreement on Foreign Direct Investment? [J]. ICSID Review, 1997 (12): 191.

❸ SeeF. A. Mann. British Treaties for the Promotion and Protection of Investment [J]. BYIL, 1982 (52): 241.

❹ 如新加坡学者 M. 索纳拉雅认为在国际投资领域除国有化须给予补偿外,几乎不存在习惯法,见前引书,第74页。德国学者斯蒂芬·扎莫拉(Stephen Zamora)指出国际习惯法有可能存在于以下七大直接或间接涉及国际投资法的领域:征收、国际经济制裁、最惠国原则、国际货币法、国家主权豁免、政府法规的域外效力、对跨国公司的调整。参阅 Stephen Zamora. 存在习惯国际法吗?(英文版)[J]. 德国国际法年刊, 1989 (3): 20, 23-33.

❺ See UNCTC Bilateral Investment Treaties [M]. London: Graham & Trotman, 1988: 112.

❻ 联合国跨国公司中心曾做过估算,如果77国集团的成员国与 OECD 成员国缔结 BITs,其数目应该是2500个;若非加太国家与欧共体(当时是12个成员国)国家缔结 BITs,其数目应该是792个。See UNCTC Bilateral Investment Treaties [M]. London: Graham & Trotman, 1988: 106.

第一章 导论：双边投资条约的概念、地位和作用

很显然，发展中国家缔约之前并不认为存在相关的习惯法，否则便无反复缔结包含相同规则的双边条约和通过若干此类双边条约加以确证的必要。相同或类似规则的重申正表明发展中国家意在强调其仅为两国间的特别法，而不在创设习惯规则。

如果我们揭开这类双边条约的"面纱"，便会发现许多问题：①由于缔约双方经济实力悬殊，谈判地位迥异，发展中国家基本出于要么拿走，要么离开（take it-or-leave）的境地，别无选择，只能同意资本输出国的意见，加之发展中国家大多缺乏专才和经验，因而双边条约呈现出文本上的相似性、形式上的平等、相互性和事实上的不平等及无相互性并存的特点，有学者将其描述为"纯粹为跨国公司设计的单向齿轮"，是违反国际强行法的条约，其有效性尚值得怀疑。此观点或许过于极端，但发展中国家在若干双边条约中就同一事项作出相同或类似之规定，确有在经济强制（economic coerce）之下不得已而为之的苦衷；同时，发展中国家为了在吸引外资方面获得竞争优势，也迫使其签署与发达国家的 BITs，其实，并非出于习惯国际法必需的法律义务感。②即使表面上相同或类似的规则、规定，很有可能由于各国国内法院对其内涵的不同解释而产生差异，如作为适格投资定义下的知识产权、征收及避免双重征税即是适例，从而在很大程度上损伤此类规则、规定的相同性或类似性。正如 Ramashray 所言，即使富国和穷国使用同样的语言，提及同样的概念，但两者的含义是不同的；❶ 甚或，尽管措辞相同，但其具体含义极其游移，很难发展成为确定统一的标准，如许多双边条约关于国有化之补偿规定了"赫尔规则"（Hull formula）或"适当（appropriate）"补偿，但何谓"充分（full）"补偿，学说、实践及判例分歧较大，是按实际价值、市场价值抑或账面价值（book value），是否以及在何种情况下包括预期利润（expectant profit），并无一致意见和做法，"适当"之区间竟从完全不予补偿到采用传统的赫尔规则。正如 M. 索纳拉雅所说，BITs 是在有关国际投资的法律规则不确定的背景下出现的，且这种不确定不能普遍被根除，因为这些条约并未坚定地支持某些原则。❷ ③同一国家可能与其他若干国家缔结含有相同规则的双边条约，而与少数国家在同一事项上却订立其他规则；或者同一国家根据国际资本市场的变

---

❶ See Ramashray. Politics of International Economic Relations [M]. Columbia University Press, 1965: 6.
❷ see M. Sornarajah. state Responsibiliy and Bilateral Investment Treaties [M]. JWTL, 1986 (20): 82.

化在不同时期就同一事项订立不同规则，较为常见的如外资待遇和国有化补偿条款。④双边条约中的相同或类似规则一旦演进为习惯法，便失去作为特别法的性质，而具适用的一般性和自动性。发达国家和发展中国家在双边和多边场合表现出来的截然矛盾的立场和观点传达的是其并无使相同规则成长为习惯法的确念。在多边场合，发达国家固守传统规则，发展中国家则主张建立国际经济新秩序；而这两类国家在双边场合却是另一番图景，各自有时都接受了在多边场合极力拒斥的规则。

还应该注意 BITs 与有关国际法之间的效力顺位的问题。绝大多数 BITs（包括中外 BITs）为保证投资者始终享有较高待遇，规定若东道国法律法规或参加的国际协定❶给予投资者以更为优惠的待遇，则从优适用；❷ 中英协定还规定在通知终止协定生效前的投资继续适用协定期

---

❶ 中德、中丹、中奥、中乌（兹别克斯坦）协定要求双方均为国际协定的当事国，见该协定第 10 条。那么，在这种情况下，能否诉诸最惠国待遇条款转致第三国投资者呢？同样需要讨论和明确。而中瑞（士）并不要求双方均为某国际协定的当事国，只要是一方签订的国际协定有比该协定更为优惠的规定即优先适用，见该协定第 9 条。中新（西兰）协定甚至要求此种国际协定须为双方间的双边条约。

❷ 如中德协定第 8 条、中一比卢经济联盟协定第 8 条、中意协定第 9 条、中黎协定第 10 条（该条为包括根据国际法或双方均参加的国际协定所承担的义务）、中丹、中荷协定第 12 条（该条也未包括双方承担的国际义务）、中科协定第 11 条、中阿（联酋）协定第 13 条（该条除双方均参加的国际协定及东道国国内法外，还包括为双方共同承认的法律原则）、中亚协定第 11 条、中哈协定第 11 条、中吉协定第 9 条、中哈协定第 10 条、中乌（克兰）协定第 11 条、中土（库曼斯坦）协定第 9 条、中白协定第 10 条、中塔协定第 10 条、中冰协定第 10 条、中印（尼）协定第 11 条、中摩（洛哥）协定第 8 条、中以协定第 11 条（这些规定与中科协定基本相似，只是不含双方共同承认的法律原则）、中斯（里兰卡）协定第 15 条、中瑞（典）协定第 7 条（不过，该条规定没有前两个协定那样直接，只是强调协定的任何规定均不应损害根据国内法或国际法而对缔约对方投资者的利益产生的权利或利益）。中澳协定第 2 条（4）（不仅包括东道国法律，而且还包括政策）、中马（来西亚）协定第 11 条、中巴（基斯坦）协定第 12 条、中保协定第 11 条、中加（纳）协定第 11 条、中匈协定第 11 条、中蒙协定第 9 条、中捷协定第 10 条、中斯（洛伐克）协定第 10 条、中西协定第 10 条、中玻协定第 9 条、中菲协定第 11 条、中摩（尔多瓦）协定第 9 条、中越协定第 9 条、中老协定第 9 条、中阿（尔巴尼亚）协定第 9 条、中格协定第 10 条、中克协定第 9 条、中爱协定第 9 条、中斯（洛文尼亚）协定第 9 条、中立协定第 9 条、中乌（拉圭）协定第 10 条、中阿（塞拜疆）协定第 10 条、中厄协定第 10 条、中智协定第 10 条、中埃（及）协定第 3 条（4）、中秘协定第 10 条、中罗（1994）协定第 10 条、中牙协定第 9 条、中古协定第 10 条、中沙协定第 9 条、中赞协定第 11 条、中孟协定第 10 条、中阿（尔及利亚）协定第 10 条。（这些协定仅包括东道国的法律和法规）有两个协定的规定有点独特，中希协定要求优先适用双方国内法或双方之间现存或将来确立的国际法义务，不论其为一般或具体规则；中韩协定在规定双方均参加的国际协议和国内法律法规有较此协定更优惠的规定时，应优先适用其他国际协定；同时还强调优先适用更为优惠的"其他具体规定（从逻辑上分析，应指出法律法规之外的规范性文件）"或合同条款，中阿（曼）协定的规定与中韩协定相似，但未包括国际协议；中南、中毛协定要求应首先适用双方间既存或将来可能存在的国际义务。

间，双方均接受的一般国际法应处于优先地位（包括保护地域性很强的工业产权，如中日协定议定书第2条、中韩协定议定书第1条规定此协定不影响缔约方依据保护工业产权巴黎公约所承担的任何义务）。❶ 但中日协定议定书第1条规定，该协定的任何规定不应解释为在著作权方面给予任何权利或承担任何义务，那么，可以推断《伯尔尼公约》中给予投资者较两国国内著作权法更为优惠的保护则没有优先适用的效力。

## 第三节 BITs 的实效

首先有必要说明，无论对 BITs 的实效作何种评价，丝毫不影响将其作为研究对象的意义。

（一）BITs 与自由主义的投资制度

在某些西方学者看来，BITs 的缔约实践是伴随着 20 世纪 70 年代新自由主义经济理论的兴起而开始活跃的，其在 20 世纪 90 年代的激增，更是自由主义意识形态对经济民族主义和马克思主义经济学的全面代替；与此同时，一些体现自由经济制度精神的国际文件甚至区域性经济条约的内容与 BITs 基本相似，而且，80 年代以来发展中国家国内投资法的调整和改革均表现出了自由化的趋势，因而断定 BITs 网络的出现反映了国际投资领域自由经济学的胜利。❷

投资自由化的趋势并不等于自由主义投资制度的横空出世。按照肯尼斯·J. 万德威尔德（Kenneth J. Vandevelde）的理解，自由主义的国际投资制度应该体现出三个基本原则。①投资中性（investment neutrality）原则，要求缔约双方不应干涉资本流动和基于政治理由歧视各种投资，避免因所有者国籍的不同而产生的歧视行为。在这一点上，资本输出入国都采取了许多经济民族主义的做法，均倾向于通过国家干涉管理投资活动来促进或实现其国内政治政策，如发展中国家的进口替代的产业政策、

---

❶ 见中英协定第 12 条。
❷ 持这种观点的学者一般从三个方面论证其结论：第一，所有 BITs 序言表达了"创造有利的投资环境，促进缔约双方的繁荣"的愿望，这是典型的"资本自由流动将产生更高生产率"的自由主义学说；第二，BITs 广泛采用的"赫尔"公式是征收补偿国民待遇标准和根本不予补偿主张的解毒剂（antidote），是对自由主义传统的重新证实；第三，近 3/4 的 BITs 是在前苏联、东欧社会主义国家解体之后缔结的，表明 BITs 是自由主义的产物。

投资激励措施、投资审查甄别制度和履行要求等,发达国家普遍采取的促进和保护其海外投资的制度和措施,如提供信息、技术援助、财政支持、投资保险、经济制裁、外交保护等,在 BITs 中几乎都能找到相应的规定。本国国民与外国投资者之间的差别待遇以及基于合理理由的外国人间的区别对待也均为双方接受。投资远未达到中立或中性。②投资安全(investment security)原则。BITs 为双方投资者提供的保护仅限于东道国的公权力对于投资的不合理干涉,而非来自私人的干预,如很少提到保护知识产权不受私人侵害,也未设计外国投资者和东道国私人之间的争议解决程序等,对于投资的保护是不全面的。③市场便利(market facility)原则。除了弥补信息缺失(lack of imformation)的透明条款外,BITs 中修复或矫正市场失灵的措施极少。即使是奉自由主义为圭臬的资本输出国更为看重的也是投资安全原则,而非投资中性和市场便利原则,其意不在创设自由主义的投资制度。某些 BITs 要求废除投资审查制度、禁止履行要求,主要是针对发展中的东道国,反映的是资本输入国的自由主义义务。因此,目前的 BITs 只是正在自由化的民族主义利益暂时迭合的法律文件。❶

(二) BITs 与投资决策

作为理性的"经济人",投资者在作出投资决策之前,必须对目标国的投资环境进行评价,以趋利避害,实现投资效益的最大化。

所谓投资环境,国内权威认为是指足以影响国际资本能否安全营运和增殖,由包括自然的、社会的、政治的、经济的、法制的、文化教育的、科学技术的乃至民族意识、人民心理、历史传统、风尚等各种外部条件和因素在内的综合体系,❷ 大体上可概分为自然环境和社会环境或有形环境和无形环境,前者通称为"硬环境",后者则被称为"软环境"。而 A. A. 法托罗斯(Fatouros)对"投资环境"的理解与国内学者略有不同,他将影响私人海外投资投向不发达国家的障碍划为两类,认为第二类障碍可以归于"投资环境"这个总标题之下,实际上他所谓的第一类障碍大部分也属于国内学者所讲的投资环境。在他看来,投资环境是一个特定国家对待外国投资的总体态度,这种总体态度通过相关的法

---

❶ See Kenneth J. Vandevelde. The Politics Economy of a Bilateral Investment Treaty [M]. AJIL, 1998 (92): 621 – 635.

❷ 姚梅镇. 比较外资法 [M]. 武汉:武汉大学出版社, 1993: 19.

第一章 导论：双边投资条约的概念、地位和作用

律规章来表达，换句话说，投资环境是主要以相关法律规章表达出来的一国对待外国投资的总体态度。可见，他所谓的投资环境是非常狭隘的，仅指法律环境，而且仅指静态的法律制度。❶

投资者在对目标国的投资环境进行评估时，通常比较看重"软环境"，因为在"硬环境"中除基础设施外，均与自然禀赋有关，和人的因素并无直接联系，人在短时期内不可能有所作为和影响，社会环境却与人的能动性和素质密切相关。社会环境诸因素中，直接影响投资者决策的是目标国的政治、经济环境，政局和政策的持续稳定性、经济发展的较高速度、庞大的市场规模以及众多的投资机会对外国投资者极具诱惑力。与之相比，法制环境在投资者的权衡中则居于从属的地位，吸引外资主要依靠政治和经济环境，而不是一味依仗保护法律的法律框架。如S. J. 科布林（Kobrin）认为吸引外资主要取决于政治和经济环境，而非构筑保护投资的法律框架。❷

尤其是 20 世纪 90 年代以来，国际投资环境的竞争性日益明显。据统计，1991—1996 年各国政府共对外国直接投资管理体制进行了约 600 次调整，其中 95% 是放松对外资管制的措施，1995 年，在 64 个国家的 112 项立法变化中，106 项属于趋于自由化或促进外国直接投资的立法。因此，笼统地讲法制环境在投资决策具有决定性影响是不恰当的，❸ 只有当众多目标国的政治、经济等环境相差无几时，特定国家的法制环境才会对投资者的决策产生最终影响。当然，从另外的角度看，认为法制环境决定性地影响投资决策的观点也并非毫无道理，因为社会环境（包括政治、经济环境）的各种条件和因素大多最终是通过法律手段、法律形式表现为一定法律体制而完成其作用和发挥其效力的，同时，通过改善社会环境中的其他因素来优化投资环境往往耗时颇多，而改善法制环境却能起到立竿见影的效果。

法制环境（或称法律环境）是隶属于"软环境"的子系统之一，在笔者看来，早期的著述对一国影响外国投资者投资抉择的法制环境的理

---

❶ See A. A. Fatouros. Goverment Guarantees to Foreign Investment [M]. Columbia University Press, 1962: 43.

❷ See S. J. Kobrin. Managing Political Risk Management [J]. AJIL, 1982: 113 – 120.

❸ 鲁道夫·道尔采和玛格丽特·斯蒂文斯在《双边投资条约》中说："关于保护外国人财产的法律规则是否对投资者的抉择产生实际影响一直存在争论。"see Rudolf Dolzer & Margrete Stevens Bilateral Investment Treaties [M]. Martinus Nijihoff Publishers, 1995: 12.

解比较狭隘，如姚梅镇先生认为法制环境主要是一个国家或地区足以直接或间接影响外国投资者投资权益、投资活动及组织的有关法律制度和法律规范的总称，它包括法律秩序、法律规范、法律制度尤其是涉外法制的完备性、稳定性和连续性；司法机关与行政机关的关系；执法的独立性；国家机关、公职人员自觉遵守法律、严格执法的状况以及民众的法律意识、法治观念等。❶ 经济的全球化必然导致法律的逐步趋同化，它的表现之一是国家积极参与国际法的创制，不断参加业已存在的国际条约或不明确反对正在形成的国际习惯法，甚至根据国际法进行国内法的废、改、立等立法活动。因此，在此背景下，再坚持法制环境仅指一国国内立法、司法、执法及法律意识与法治观念的观点显得不合时宜，除此之外，法制环境还应包括一国参与国际法律合作的程度、对国际法与国内法的态度、实践以及遵守国际法的情况等。

　　法制环境同样也是一个综合系统，根据以上我们的理解，其在渊源和体系上均体现为国内方面和国际方面的二分结构或构成。与国际直接投资有关的国际法制主要包括双边、区域和多边性国际条约，❷ 目前为国际社会普遍接受的多边条约不多，而且多只涉及国际直接投资活动的某些环节或领域，侧重于对投资者利益的事后补救。TRIMs 协议涉及了外国投资的准入和营运阶段，但正如我们在后文中将要讨论的那样，它所严格禁止采用的投资措施是很少的，而且发展中国家可援引 GATT1994 中的"例外"条款和该协议本身规定的"过渡安排"。无论是发达国家还是发展中国家都对该协议不太满意，在短时期内不能指望其能演变为具普适性的国际投资法典。区域性国际投资条约涉及的环节或领域虽要广泛得多，但其缔约方政治、法律制度相近、经济发展水平差异不大，其地理影响范围有限，至多为闭锁性的区域国际投资法典，至于与区域外的国家或地区之间的投资法律关系，仍需要普适性国际条约和双边投资协定的调整。由此观之，BITs 在国际投资法制架构中的国际法体系中占有重要地位。

　　东道国属地管辖的最高性决定了其国内投资法、行政规章、政策、国家契约在支配国际直接投资的法律架构中的主导地位，但这毕竟是东

---

❶ 姚梅镇. 比较外资法 [M]. 武汉：武汉大学出版社，1993：20, 42-47.
❷ 至于是否存在国际习惯法，学者间意见不一，实际上，对此持肯定态度的学者列举的所谓国际习惯法，或者是早已失去习惯法地位的非殖民化运动以前"文明世界"的传统规则，或者并非专属于国际直接投资。

道国的单方保证,既然是一种单方行为,那么东道国也可以通过将来的单方行为撤销或者改变,而以往东道国政府与外国投资者之间签订的国家契约中的"法律稳定"条款(也被形象地称为"法律冻结"条款)被认为是对东道国立法主权的限制,遭到了广大发展中国家的激烈反对,已经成为历史遗迹。其他国家法院或国际司法、准司法机构均无权对改变了的东道国法律进行司法审查,因此,东道国通过改变国内法而造成对外国投资者财产的损害,无须承担国家责任,投资者也因此很难获得有效救济。BITs 的一个重要功能就是将缔约双方的国内法提升至国际法层面,并通常伴有争端解决机制,以增加法律的稳定性和确定性,降低交易费用,提高投资效益。尤其是在世界贸易组织时代,贸易政策审议机制、国内法规及政策的透明要求和争端解决机制的建立,❶ 使得一国任意改变其国内法的专断权利受到遏制,即便出现了与 TRIMs 协议不符的国内法,其他成员方可以自行或受影响的投资者可直接或请求本国诉诸争端解决机制,促使其回复到 TRIMs 协议的轨道。❷ 即使如此,调整国际直接投资法律关系的主体规范仍然是东道国国内专门的外国投资法及相关法规,BITs 只是起着重要的补充作用,同时,它与国内法又具有兼容性,两者不可或缺,否则对于投资者权益的保障便是不完整的,无论是其中的实体性规范,如投资准入条款、投资收益的汇回条款等,还是其中的程序性规范,如投资争端解决条款("穷尽当地一切救济"原则),均规定依据或不违背有关国内法律法规,而且多数协定都有"优先适用"条款,要求若协定缔结之后国内立法有较协定更为优惠的规定,应首先适用后者。

简言之,在潜在投资者对目标国投资环境评估指标体系中,经济、政治环境优位于法制环境,在东道国的法制环境中,投资者更为关注其国内有关国际直接投资的法制状况。BITs 并非决定性的因素,激发潜在投资者投资意向的主要因素是东道国的政治稳定性、经济、产业结构、行政体制以及投资的赢利大小,除非东道国能保证投资者安全地从其投资中获利,BITs 的存在本身并不能达到吸引投资的效果,❸ 最多是东道国愿意吸引海外

---

❶ TRIMs 协议第 8 条规定缔约方关于与贸易有关的投资措施的争端解决准用 GATT1994 第 22、23 条和《关于争端解决规则和程序的谅解》。

❷ 当然,投资者可否在国内、国际程序中直接援引世界贸易组织协议的规定以支持其主张,在学者间存在激烈的争论。

❸ See UNCTD. Word Investment Report 1998 [M]. 2012:2.

资本的信号和姿态。当然，在投资者母国国内投资保险制度只为在与其签订双边投资保护协定的目标国投资的投资者提供保险时，双边投资保护协定的存在可能是促动投资者投资的重要因素。❶

即便如此，也不能盲目乐观地估计 BITs 的作用，罗宾·博内特（Robin Burnett）对条约作用的怀疑同样也适用于 BITs，他认为将条约视为被确定的国际法规则支配且能为一切可能的最终性提供解答的观点是值得商榷的。实际上，缔约方考虑得最多的是该国内外政策的整体架构，条约仅是众多相互作用的因素之一，在这种观念支配下，任何特定的条约或条约法问题相对来说就不那么重要了。❷ 例如，美国推行 BITs 计划的目的就带有很强的政治性，其与和它有着紧密联系的国家如埃及、海地、哥斯达黎加缔结 BITs 以及延缓批准与海地、巴拿马的 BITs 便主要出于政治方面的考虑；与东欧国家签订 BITs，意图敦促这些国家的自由市场经济改革。❸ 而在实践中，BITs 唯有在投资准入阶段和当投资遭到东道国行为威胁或实际损害时才与投资者具有相关性，在其他阶段投资者一般不会注意到 BITs 的存在。缔结条约属于对外事务，公众民主参与度很低，缔结之后透明性也不强，而且，立法机关批准和条约签署可能会间隔很长一段时间，许多投资是在投资者不"知情"或条约未正式生效期间进行的。因此，捷斯瓦尔德·W. 萨拉库斯（Jeswald W. Salacuse）对 BITs 在何种程度上能影响投资者的投资决策的怀疑绝非空穴来风。❹

我国吸引外资的数量之所以连续多年居世界第二，不仅在于法制的日趋完善和活跃的 BITs 缔约实践，政局稳定、经济高速发展、庞大的市场潜力等对外资尤其具有诱惑力。国际货币基金组织（IMF）报告指出，中国吸引外国直接投资的主要因素是能够进入中国庞大的国内市场，市

---

❶ 资本输出国大多都建立了海外投资保险制度，并以双边投资保护协定的存在为提供保险的先决前提，但也有例外，如匈牙利。See Detlev Chr, Dicke (edited). Austrian Foreign Investment And Investment – Protection Agreement, in Foreign Investment In The Present And A New International Economic Order [M]. University Press Fribourg Switzerloand, 1987: 5.

❷ See Robin Burnett. Negotiation of International Agreements in the Field of Commerce and Investment – Problems of Relevance to Newly – Independent States [J]. JWTL, 1985 (19): 231.

❸ See Nancy J. Goodman. International Trade: Poland Bilateral Investment Treaty: A Reflection of United States Efforts to shape the Economic Development of Eastern Europe [J]. Harward International law Journal, 1991 (32): 255.

❹ See Jeswald W. Salacuse, BIT by BIT: The Growth of Bilateral Investment treaties and The Impact on Foreign Investment in Developing Countries [J]. The International Lawyer, p. 673.

场成为中国吸引外资的一个强有力的诱因，这种市场对于外资的庞大容量，在很大程度上，是外国投资者鉴于中国长期以来保持高水平关税，绕过关税壁垒的无奈选择。目前中国已经成为 WTO 正式成员国，随着关税水平的逐渐减让，如果不在投资环境的优化整合上加大力度，中国对外资的诱惑将失去往日魅力。

正如其约名所揭示的那样，BITs 的宗旨和目的在于相互鼓励和保护投资，而且，BITs 在许多方面为投资者提供了高于传统国际法的保护水平，如将无形财产权纳入"投资"概念、特许协议的国际化、征收补偿包括隐性征收以及优先适用对投资者最为有利的国内法规、国际条约等。但某些条款的弹性措辞赋予了投资接受国作扩大解释的自由裁量权，如有些中外 BITs 在投资准入条款中规定东道国尽可能提供投资者及其雇员获得签证和工作许可的便利、实施国有化措施的"公共秩序"要求、投资收益汇回的"合理时间"以及在财政紧急状况下国家的"克减"权、给予投资争议的国际仲裁解决以同情考虑等，任意性多于强制性。BITs 本身许多规定表现出来的弹性也减损了条约实施的效果。

西方学者则将 BITs 难以充分实现其目的和宗旨的原因"归咎"于协定较低的投资自由化程度。

发达国家国内投资保险制度对适格投保者国籍、投保项目的规模、承保险别以及赔付最高限额的限制，削弱了 BITs "代位权"条款和投资保险协定的效用。❶

### （三）BITs 与外资流入

缔约双方尤其是发展中国家缔结 BITs 最直接的目的是通过创设稳定清晰的法律规则大量吸引对方资金的流入，许多学者也认为 BITs 能够起到保护既有投资和促进新投资的作用。但实际上，BITs 能否促使对外投资不是很清楚。况且资本输出国有时并不以促进对外投资增量为目的，如作为世界上最大资本输出国的美国在 1970 年草拟 BITs 范本时，其前国务院总法律顾问斯科特·古吉昂一语道破，精心设计这种条约"与其说是为了增强投资决心和扩大投资流量，不如说是更多地考虑到其在国际

---

❶ 美国《海外援助法》要求投保者必须是美国公民或者根据美国联邦法或州法承认的公司、合伙企业或其他社团，并且其资产至少 51% 为美国人所有；或者资产至少 95% 为美国人所有的外国公司。日本规定投保者必须是日本公民或日本法人，德国规定必须是在德国有住所的德国公民以及根据德国法律设立，在德国设有住所或居住的公司或社团。

法上的影响以及如何保住现有的投资股本"❶，这段话至少表明美国缔结BITs 的主要目的并不在于扩大在对方的投资，因此，东道国籍此吸引外资的宗旨恐怕很难实现。

前已述及，投资海外取决于多种因素，而是否与目标国订有 BITs 并非其中最重要的考虑。因此，BITs 有利于引进外资是一个未受检验（untested）的观点。

从全球范围来看，联合国跨国公司中心 1988 年曾考察过 BITs 与外资流入量之间的关系，发达国家之间极少签订 BITs，但资本运动却以发达国家之间的对流为主。发达国家投资者一般倾向于选择与其母国具有历史渊源的发展中国家作为目标国，而订有 BITs 的国家吸引外资的数量却因国而异，很难得出确定的结论。❷ 时至今日，虽然原来没有或很少签订 BITs 的国家越来越多地投身到 BITs 的缔约实践，但国际资本流动的格局依旧没有实质性改变。1995 年，德国、法国、瑞典、英国、加拿大、美国、澳大利亚、荷兰和日本等发达国家对外直接投资占当年世界总额的 75.6%；同年，除日本以外的上述国家吸收外国直接投资占当年世界总额的 53%，但其相互间极少签订 BITs；欧盟在非洲、中欧投资的取向性强于美国和日本，而美国在拉美的投资占其欧盟外投资的一半以上，日本在发展中国家的投资则集中在东南亚地区。同时，有迹象显示流入发展中国家的资金有逐步下降的趋势。

反观中国，BITs 数量和我国利用外资的规模表面上呈现某种契合的走向，但要求证两者间存在正相关的函数关系却很难。据 2000 年 1~9 月的资料显示，目前外资来源地与我国对外缔结 BITs 数量基本持平，但仍有部分国家或地区并未与我国签订 BITs，如缅甸、朝鲜、印度、伊朗、约旦、坦桑尼亚、几内亚、利比里亚、爱尔兰、马耳他、墨西哥、洪都拉斯、哥斯达黎加、巴拿马、维尔京群岛、伯里兹、凯曼群岛、哥伦比亚、巴拉圭、法属圭亚那、加拿大、美国、百慕大、西萨摩亚、库克群岛、马绍尔群岛、东萨摩亚；❸ 同时亦有一些与我国订有 BITs 的国家根本未在我国投资，如孟加拉国、叙利亚、斯里兰卡、阿曼、黎巴嫩、加纳、摩洛哥、赞比亚、

---

❶ 转引自陈安. 美国对海外投资的法律保护及典型案例分析 [M]. 厦门：鹭江出版社，1985：12.

❷ See UNCTC Bilateral Investment Treaties [M]. London: Graham & Trotman, 1988: 11–14.

❸ 详细资料参见外经贸部资料：《国际贸易》，2000 年，第 11 期。在表格中，外资来源国或地区还有"其他太平洋岛屿""大洋洲其他国家""国别不详"三栏。

第一章 导论：双边投资条约的概念、地位和作用

民主刚果、喀麦隆、加蓬、马其顿、乌兹别克斯坦、吉尔吉斯斯坦、亚美尼亚、乌克兰、摩尔多瓦、土库曼斯坦、白俄罗斯、阿尔巴尼亚、塔吉克斯坦、格鲁吉亚、克罗地亚、爱沙尼亚、斯洛文尼亚、立陶宛、乌拉圭、阿塞拜疆、厄瓜多尔。实际使用的外商直接投资金额位列前6位的分别是中国香港特区、维尔京群岛、美国、日本、新加坡、中国台湾。其中，港台与祖国大陆在地理、经济、文化有极深的渊源，而维尔京群岛、美国并未和我国缔结BITs；而处于后几位的国家几乎都与我国订有BITs。与我国订有BITs的比卢经济联盟，比利时实际在华投资总额几乎是卢森堡的3倍。还值得注意的是，尚有20多个BITs未获批准，其他生效的协定除少数几个规定签署即生效外，签署和批准间隔数月至几年，可以肯定有关国家的外商在这期间并未停止在华投资。

# 第二章 中外双边投资条约的概况和适用范围

本章首先回顾我国缔结双边投资条约的历程以及中外 BITs 的继承和转换问题，接着简要分析中外 BITs 的形式结构，最后重点探讨其适用范围。

## 第一节 概述

我国最早签订的双边投资条约是1980年《中美投资保险和保证协议和换文》，自1982年3月29日与瑞典签订第一个 BIT 以来，至今已经对外缔结了230个双边投资条约（含中美、中加投资保险协定）。1982年，坚冰打破之后，一则缺乏经验，二则受固有观念束缚，三则国民经济基础薄弱，国门甫开，改革伊始，外国投资者对我国的投资环境尚持疑虑和观望的态度，故1982—1984年间仅签订了5个BITs。1984年10月十二届三中全会通过的《关于经济体制改革的决定》激活了我国的缔约实践，次年便对外签订了8个BITs。治理整顿期间，由于我国强化了宏观调控，致使国内外产生了一些误解，缔约活动有所迟缓，即便如此1986—1989年四年间仍缔结了11个BITs。1989年政治风波后的两年间，我国仅与有着传统友谊的前社会主义国家（前苏联、捷克和斯洛伐克、匈牙利、蒙古）及发展中国家（巴布亚新几内亚、土耳其）签订了6个BITs。1992年，邓小平发表"南巡讲话"，揭开了改革开放的新篇章，经过多年积累，我国经济基础和规模日渐庞大并持续高速增长，法律体系也不断完善，投资环境有了很大的改观，外国投资者信心猛增，我国缔约实践也随之进入活跃期，1992—1997年五年间平均每年签订近10个BITs。我国自1993年起便成为世界上仅次于美国的第二大资本输入国，在发展中国家独占鳌头，数量可观的BITs在其中所起的作用也许不是最主要的，但却是不可缺少的。

## 第二章　中外双边投资条约的概况和适用范围

　　与我国缔结 BITs 的国家中绝大部分是发展中国家和新兴工业化国家以及处于转轨阶段的国家，共计 67 个，占 78%，地理区域遍及亚、非、欧、南美四大洲，北美及中美洲除古巴外再无其他国家与我国签订 BITs，其余均为发达国家（包括除爱尔兰之外的所有欧盟成员国）。

　　20 世纪 80 年代末 90 年代初，前苏联解体、东欧剧变、两德统一，其中许多国家只是基本政治经济制度经由合宪程序而改变，并无领土之变更的事实，故不发生条约的政府继承或国家继承问题。同时，我国与前南斯拉夫并未缔结 BIT，而是与自前南斯拉夫脱离出来的斯洛文尼亚、克罗地亚、南斯拉夫联盟共和国及马其顿分别于 1993 年 9 月 13 日、1993 年 6 月 7 日、1995 年 12 月 18 日、1997 年 6 月 9 日签订了 BIT。因此，唯有伴随领土变更且事先与我国订有 BITs 的前东西德、前苏联、前捷克斯洛伐克才产生条约之国家继承的问题。BITs 显然是国家应该继承的非人身性和非纯政治性的重要客体之一。1990 年，德意志民主共和国参加德意志联邦共和国属于典型的国家吞并之情形，即前者国际人格因并入后者而消亡，但后者之国际人格仍继续存在。国家间缔结的条约不仅是当事各方权利义务关系的一致协议，而且与当事各方所管辖之领土间建立起了一种法律联系。❶ 在两德统一之前，我国与前联邦德国订有 BIT，而与前民主德国未签订类似条约。而后，我国并未和统一之后的德国另行缔结 BIT，也没有对原有条约进行修订。1969 年《维也纳条约法公约》没有涉及条约之继承，目前较为全面地规定此一事项的多边文件是国际社会签订于 1978 年 8 月 23 日，至今尚未生效的《关于国家在条约继承方面的维也纳公约》，虽然暂时对缔约国不具强制性拘束力，但与 1969 年之《维也纳条约法公约》一样，该公约在相当大程度上至少反映了国家实践或惯例。根据该公约的规定，无论何种情形，条约之国家继承一般遵循两项原则：①除非继承国与条约其他当事国另有协议，凡与继承所涉领土有关的非人身性条约应当继承，其对"地"之效力仍限于原来的领土范围；②如由条约可知或另经确定，条约对继承国领土或继承国全部领土之适用与条约目的及宗旨不合或根本改变条约实施之条件，可以作为当然继承之例外。❷ 显然，我国与前联邦德国缔结的 BIT 应仅适用于前西

---

❶ 詹宁斯，瓦茨修订. 奥本海国际法 [M]. 第 1 卷，第 2 分册. 王铁崖，等译. 北京：中国大百科全书出版社，1988：138.
❷ 梁西. 国际法 [M]. 武汉：武汉大学出版社，1993：103 - 104.

德（含柏林西）。倘将其延及统一之后的德国，亦即欲拓展与条约有法律联系的领土范围，当事双方须就此问题作出明确规定。我国与前联邦德国的 BIT 签订于 1983 年 10 月 7 日，1985 年 3 月 18 日生效，根据该条约第 13 条，如缔约任何一方未提出终止条约的书面通知，每一轮有效期为 10 年且自动延展。两德统一发生于首轮有效期中，双方应修改该条约或以换文、议定书等形式就是否适用于统一之后的德国这一问题作出补充性规定。

前苏联、前捷克斯洛伐克的瓦解当属典型的国家解体之情形。依据有关条约法规定，原来对被继承国之全部领土有效的非人身性条约应继续对继承国有效。与中德在条约继承上的缄默相比，我国与这些国家的态度较为明朗。前苏联解体后，1992—1994 年间我国与除俄罗斯之外的独联体国家及爱沙尼亚、立陶宛分别签订了 BITs，但未与俄罗斯、捷克共和国、斯洛伐克重新签订 BITs。

国家继承仅涉及少数几个 BITs，就我国而言，所有的 BITs 还存在一个条约转换的问题。此处的条约转换不同于国际法"转换"（transformation）为国内法在国内适用的一种立法技术，而是国际条约适用的地理范围的扩张，因此，所谓条约转换即指在一国在和平收复失地（如租借地、割让地、被征服地）后，适用于原来地域的国际条约或协定扩及于整个领土的法律效果。❶ 条约转换和条约继承均基于领土变更之法律事实，其与两德统一之国家合并发生条约继承之情形的根本区别在于，后者所涉当事各方合并之前皆为国际法律人格者，而收复之失地却不是国际法主体。条约转换包括两个方面：收复国缔结之条约是否适用于被收复领土及原来适用于被收复领土的条约是否继续适用。在国际法上并无专门规则适用于条约之转换，但有关条约继承的某些原则及规则可比照类推适用于解决此一问题的实践。条约转换关系收复国、被收复国、被收复领土三方利益，一般而言，在后一种情况下，虑及被收复领土与被收复国的特殊关系，收复国中央政府一般会发表声明或通知，承认被收复国原来作为被收复领土之国际关系代表而缔结的某些条约继续适用。至于前一种情况，则更多地取决于收复国的意愿和做法，不过仍以仅适用于其原有效管辖之区域为常态。香港、澳门、台湾是我国领土不可分割的组成部分，由于历史原因，曾长期或至今与大陆隔离，香港、澳门已经回归祖

---

❶ 万鄂湘，等. 国际条约法 [M]. 武汉：武汉大学出版社，1998：450.

国,台湾问题的解决亦是早迟之事,港澳特别行政区基本法就两地回归之前适用于该两地的国际条约转换作出了规定,同样可资以处置台湾将来之类似问题。

香港回归前在香港适用的条约、协议大致可分为两大类,一类是香港以自己的名义独立参加的条约或协定,大多涉及经济、贸易、文化、卫生等非政治性事项且此类条约或协议允许非国家的地区或实体参加;一类是英国参加而规定适用于香港的条约或协定及英国代表香港缔结且仅适用于香港的条约或协定。关于这两类条约在回归之后的处理,根据《中华人民共和国香港特别行政区基本法》(以下简称《基本法》)第151条,香港特别行政区可在经济、贸易、金融、航运、通信、旅游、文化、体育等领域以"中国香港"的名义,单独地同世界各国、各地区及有关国际组织保持和发展关系,签订和履行有关协议。据此推断,既然香港可以重新签订上述有关条约,则已经存在于香港的同类条约应转换继续适用。至于我国已参加或将要参加的条约或协定是否延及适用于香港地区,《基本法》第153条第1款规定:"中华人民共和国缔结的国际协议,中央人民政府可根据香港特别行政区的情况和需要,在征询香港特别行政区政府的意见后,决定是否适用于香港特别行政区。"该款"显然排除了将中国缔结的国际协议全部不加分析和区别地强行适用于香港的可能,而是采取了有选择、有条件适用的办法"[1]。《中华人民共和国澳门特别行政区基本法》对条约适用问题的处理从文字到精神与《基本法》完全一样。因此,就BITs而言,目前在香港适用的协定有两类:一类是香港以自己的名义缔结的;一类是以英国为缔约一方的BITs可能通过领土延伸(territorial extension)条款或换文的形式继续适用于香港。

和其他国际条约一样,中外双边投资条约通常由约名、约首、约文、约尾构成。

(一) 约名

所有双边投资条约中,唯有中加(拿大)、中美缔结的是双边投资保险和投资保证的协定(议)和换文(前者在约名中嵌入了"鼓励投资"的字眼),其余均为BITs。协定(议)和换文本是两种不同的条约名称,在这里则是指同一个法律文件。严格从条约法上讲,其实只能称为换文

---

[1] 肖蔚云. 一国两制与香港基本法律制度 [M]. 北京:北京大学出版社,1990:409–410.

或换函，只不过在一方代表的信函中载有事先谈判达成的具体条文，而另一方予以确认。

中外 BITs 在标准约名之外，却有细微的变数。绝大多数条约的约名将"鼓励（或促进）"与"保护"并提，但中瑞（典）、中芬、中挪三个条约约名中仅提及"相互保护"，至于表现出来的其他差异，如有些约名中仅有"鼓励（或促进）和保护"，而无"相互"二字；❶ 有些则仅将"相互"二字置于"保护"前面，从约名上容易造成仿佛鼓励（或促进）投资只是某一缔约方的单方面义务的误解，❷ 如捷斯瓦尔德·W. 萨拉库斯（Jeswald W. Salacuse）就认为"相互"的义务仅限于"保护"而不覆及"鼓励"投资的原因是有些国家限制甚至坚决反对任何鼓励其国民投资海外。❸ 其实，判断"鼓励"的单务或双务性重要的不是约名，而是条约的实质性条款，显然，缔约双方均有鼓励向对方投资的责任。有学者早就指出，此类条约约名应为"相互鼓励（或促进）和保护投资协定"，方与条约约文匹配。但 M. 索纳拉雅认为 BITs 约名和序言"相互鼓励和保护"的表达遮蔽了资本由发达国家向发展中国家单向流动的现实，在侵蚀一方主权的同时，另一方的主权却毫发无损，不排除一方因协定的不平等性而主张其无效的可能性。❹ 鼓励（或促进）和保护投资是缔约双方承担的条约义务，而且促进投资增量较投资存量的保护而言，对于增进双方经济繁荣更为重要，也更能体现双方权利义务的平衡。绝大多数协定除约名所揭示及在序言中一般性地敦促缔约双方促进和鼓励本国投资者在对方境内进行投资以及通过协定给予投资者优惠和保护，从而增强投资者信心，达到促进和鼓励投资的目的之外，还专门在条约正文中规定了促进和鼓励相互投资的实体性义务，如相互给予进入对方境内从事投资活动的国民获得签证和工作许可提供帮助和便利；规定双方政府在对方提出为促进投资的建议、交换法律情

---

❶ 如中泰协定（1985）、中新（加坡）协定（1985）、中科协定（1985）、中新（西兰）协定（1988）、中巴（布亚新几内亚）协定（1991）、中阿（联酋）协定（1993）、中印（尼）协定（1994）、中阿（曼）协定（1995）、中柬协定（1996）；1997 年 5 月 15 日日本与中国香港签订的协定中也未出现"相互"二字。

❷ 约有 50 多个中外 BITs 作如此处理；1997 年 7 月 2 日约旦和美国缔结的投资保护条约，"鼓励"前也无"相互"字样。

❸ See Jeswald W. Salacuse, *supra*, p. 615.

❹ See M. Sornarajah, *supra*, p315. 这种观点过于极端，重要的是双方自愿表现出来的同意，只要不存在欺诈或明显失去公平的原因，条约应为有效。况且，BITs 有效期一般较长，不能排除发展中国家反向投资的可能，而且有证据表明有此趋势。

报和投资机会、研究与投资有关的其他事宜而轮流在双方首都或通过外交途径确定的地点而举行不定期磋商、会晤、会谈的要求时,有迅速作出反应的义务。

有些中外 BITs 除正文外,还另有议定书或附件,对正文中的规定和条款进行解释和补充。

从缔约主体名义来看,可将中外投资保护条约分为两类:一类是以政府名义缔结的协定;一类是以国家名义缔结的协定。除中美投资保险协定,中德、中奥、中日、中土(耳其)、中匈、中西、中沙(特)等7个 BITs 属于第二类而外,其余均属第一类(包括中国—加拿大投资保险协定)。我国委派签署这两类条约的全权代表既有政府首脑(总理或副总理),也有外交部长(副部长)以及政府部门首长(对外经济贸易部部长或副部长),签署代表的职衔和级别与缔约主体名义之间并无必然、持续的联系,不过,基于国家平等的原则和互相尊重的考虑,缔约双方签署代表的职衔、级别大抵是对等的。❶

(二)序言

序言通常载明双方的缔约意图、动机、愿望及条约的目的和宗旨,篇幅不长,措辞较为抽象、概括,一般不直接规定对双方有拘束力的义务,❷但不能因此而否认序言的法律重要性。当条约的实质性条款含义模糊不清或根本就没有规定而出现漏洞时,需借助条约解释以查明当事各方的意思,明确其相互间权利义务关系。不言而喻,条约解释之通则既适用于所谓造法性条约,也适用于双边条约,根据两个维也纳条约法公约共同第31条(1)、(2)款规定,条约应依其用语按照其上下文并参照条约目的及宗旨所具有之通常意义,予以善意解释,条约序言即包括在上下文之中。

我国缔结的双边投资条约实际上均含序言,但除中丹协定外,所有其他条约在序言部分并不出现"序言"的字眼。

---

❶ 中美投资保险协定中方全权代表是外交部副部长,美方是驻华大使;中国—加拿大投资保险协定中方全权代表是行政部门首长(外经贸部),加方则是投资保险公司(加拿大出口发展公司)主席、总裁。

❷ M. 索纳拉雅认为 BITs 序言并不创设资本输出国鼓励其国民在对方境内投资的实在责任(positive duty),但有责任便利其国民在对方投资,如投资者欲与其海外投资保险机构签订保险合同,无正当理由,不得拒绝;若存在货币管制制度时,缔约方得拒绝允许其国民提取资金投资国外。在有专门的"鼓励和促进投资"条款时,其责任会更强烈一点,但无论如何并非实定责任,只要不阻碍其国民向对方投资即满足了该条款的要求,不应视为对条约义务的违反。See M. Sonarajah, *supra*, pp. 315–316.

1. 几种较为稳定的模式

尽管我国没有正式公布的样本条约，但可资以借鉴的国外同类条约很多，在长期活跃的缔约实践中逐步形成了自己较为固定的模式。就序言而言，除中瑞（典）条约序言最为简短，仅表明双方"愿坚持公平合理地对待缔约一方投资者在缔约另一方境内投资"，从其表达的内容上，基本上可将其分为三种较为固定的表述。

（1）两段组成：①增强和发展双方经济合作关系的一般性申述；②在平等互利的基础上努力为双方私人投资者在对方境内投资创造有利或良好条件的承诺及对保护投资必要性的一致认识。典型的如中德协定序言："中华人民共和国和德意志联邦共和国，本着发展两国间经济合作的愿望，努力为缔约一方的投资者在缔约另一方境内的投资创造有利条件，经过两国政府代表的谈判，达成如下协议……"❶

（2）三段组成：在第一种模式的基础上增加对于鼓励和保护相互间私人直接投资将能刺激双方投资积极性、促进两国经济繁荣的共同确信。❷ 这种措辞被有些西方学者视为典型的自由主义经济学说的表达。

（3）在第二种模式的基础上强调尊重主权和平等互利的原则。多体现在我国与其他发展中国家、前苏东转型国家及少数工业化国家缔结的条约中。❸

2. 细微变化

有些条约序言在上述三种标准模式的基础上，稍许有所变化和调整。

（1）中国和比利时—卢森堡经济联盟协定比较独特，是我国唯一与

---

❶ 我国与前罗马尼亚社会主义共和国（1983）、法国（1984）、芬兰（1984）、挪威（1984）、瑞士（1986）等国签订的条约也采用这种模式。

❷ 中意协定（1985）最早采用这种模式，随后，中泰（1985）、中奥（1985）、中新（加坡）（1985）、中斯（里兰卡）（1986）、中新（西兰）（1988）、中韩（1992）、中阿（根廷）（1992）、中格（1993）、中阿（联酋）（1993）、中乌（拉圭）（1993）、中阿（塞拜疆）（1994）、中厄（1994）、中智（1994）、中冰（1994）、中埃（1994）、中秘（1994）、中罗（1994）、中印（尼）（1994）、中摩（洛哥）（1995）、中古（1995）、中南（1995）、中津（1996）、中黎（1996）、中赞（1996）、中柬（1996）、中孟（1996）、中阿（尔及利亚）（1996）、中叙（1996）协定仿而效之。

❸ 如中荷（1985）、中波（1986）、中马（来西亚）（1988）、中巴（基斯坦）（1989）、中保（1989）、中加（纳）（1989）、中苏（联）（1990）、中巴（布亚新几内亚）（1991）、中蒙（1991）、中捷（1991）、中葡（1992）、中西（1992）、中乌（兹别克斯坦）（1992）、中玻（1992）、中吉（1992）、中希（1992）、中亚（1992）、中菲（1992）、中哈（1992）、中乌（克兰）（1992）、中摩（尔多瓦）（1992）、中土（库曼斯坦）（1992）、中越（1992）、中白（1993）、中老（1993）、中阿（尔巴尼亚）（1993）、中塔（1993）、中克（1993）、中爱（1993）、中斯（1993）、中立（1993）、中牙（1994）、中沙（1996）协定。

第二章 中外双边投资条约的概况和适用范围

闭锁性区域国际经济组织缔结的双边投资保护条约,因而,在序言中特别提及"比利时王国政府——以它自己的名义,并依照建立比利时—卢森堡经济联盟的专约,代表卢森堡大公国政府"与中国缔约。

(2) 对有关投资事项之国际协定对刺激投资积极性和增进双方经济繁荣所起作用的自觉意识,如中泰、中英、中苏、中毛等协定。从这些条约的中英文文本来看,所称国际协定应为泛指,唯有中—比卢经济联盟缔结的条约是指 BITs,中希、中以协定更是特指该两国间的 BIT。还应当注意的是,处于政治、经济制度转型期的中东欧国家及独联体国家大多对其宪法进行了修正,肯定了个人的生产资料所有权,这种政治、经济、法律制度的变迁在其缔结的双边投资保护条约中有所反映,体现在条约序言中即明确强调鼓励和保护投资能刺激"私人商业积极性"(private business initiative)。而我国至今并未承认个人的生产资料所有权,所以,尽管中外 BITs 定义条款认为"投资者"也包括自然人,但序言中尽量避免提及"私人商业积极性"。如德国和英国的协定范本序言中有"私人商业积极性"的规定,但并未完全载入中德、中英条约最终文本,在中英协定中只是简单地表述为"国民和公司的商业积极性",中德协定甚至干脆删去,其他条约模糊处理为"投资者的积极性"(business initiative of investors)❶。当然,也有条约明确肯定鼓励和保护投资能刺激"个人商业积极性"(individual business Initiative)的。❷

(3) 双方认为在平等互利的基础上给予投资公平合理的待遇将能达到鼓励有效使用资源的目的,如中丹协定。

(4) 中澳协定(1988)序言用语更像多边条约,❸ 如双方"认识到"促进资本流动对于经济活动和经济发展的重要性;"意识到"相互间投资在发展两国经济关系及技术合作中的作用;"考虑到"促进投资关系与加强经济合作应遵循国际上普遍接受的相互尊重主权、平等、互利、非歧视、相互信任的原则;还"认识到"缔约一方国民在缔约另一方领土内的投资应在缔约另一方法律范围内进行;"承认"缔约双方有关保护投资及关联活动的原则之明确声明和更为有效地适用这些原则而设计的规则

---

❶ 如中—比卢经济联盟、中格、中乌(拉圭)、中阿(塞拜疆)、中厄、中智、中冰、中埃、中秘、中罗、中摩(洛哥)、中古、中南、中津、中黎、中赞、中柬、中孟、中阿(尔及利亚)、中叙协定。

❷ 如中阿(联酋)、中以、中毛协定。

❸ 然而,该协定的定义条款比较混乱。

将有助于实现上述目标。

## 第二节 BITs 的适用范围

有些中外 BITs 专门有名为"本协定的适用范围"的条款，其实只规定了协定的属物效力和属时效力。❶ 本节依据法理上的法律适用范围即效力范围的概念，讨论中外 BITs 对投资、投资者、时间和空间的法律拘束力，即条约对何谓适格投资（属物效力）、适格投资者的界定（属人效力），以及协定生效、有效期限、终止、延长和是否溯及既往（属时效力）和适用的地理范围（属地效力）的问题。

（一）属物效力（ratione materiae）

1. 服务于三种不同目的的"投资"概念之间的关系

即指为保险目的的"投资"、为争端解决目的的"投资"、BITs 中的"投资"定义之间的关系。

无论是 BITs 中的"代位"条款还是双边投资保险或保证协定，实质上均赋予了资本输出国国内投资保险制度或国内合同以域外效力，保险协定并未对"投资"进行界定。而依据国内有关立法，如创建美国海外私人投资保险公司的《美国对外援助法案》第四章第 238 条（1）规定，"投资"是指"业已投放的资金、商品、劳务、专利、程序装置或专门技术"，采取的主要形式有投资项目的贷款、出资购买投资项目的部分所有权、出资分担或分享投资项目中的使用费、收益或利润、依据租赁合同或其他合同提供商品或劳务。❷ 根据加拿大最高委员会（high commission）的陈述，该国出口发展公司承保个人或公司在外国企业中获得的任何权利，包括股份、贷款、管理或技术服务合同、提成费、许可协议，但对外国政府的贷款、证券投资、单独于土地的投资、短期投资、石油和矿产资源开发以及其他巨额投资不在承保之列。❸ 多边投资担保机构承保投资者的股权利益以及机构董事会决定的非股权利益，在机构董事会通过

---

❶ 如中芬协定第 2 条、中挪协定第 2 条、中新（加坡）协定第 2 条、中斯（里兰卡）协定第 2 条、中毛协定第 2 条。

❷ 陈安. 美国对海外投资的法律保护及典型案例分析 [M]. 厦门：鹭江出版社，1985：234.

❸ See Adeoye Akinsanya. Investment Protection of Direct Foreign Investment in the Third World [J]. ICLQ, 1987 (36): 69.

的经营章程中，前述非股权利益包括各种形式的合同安排，如可能中长期和实际上依靠投资项目回报的吸收进直接投资的产品分享合同、交钥匙合同、服务合同、许可证和特许合同，同时包括其他中长期投资，如与投资有关的贷款或机构规定的投资形式。❶ 下文对 BITs "投资" 定义条款的分析将显示，以担保为目的的 "投资" 概念外延其实小于 BITs。在美国私人海外投资保险公司的实践中，似乎没有因受到保险事故损害的标的是否属于《对外援助法案》规定的 "投资" 而产生争议的；而《多边投资机构公约》中的 "投资" 概念被认为较 "中心" 更接近于国际直接投资。

华盛顿公约将中心的管辖权严格限定在 "直接源于投资的法律争议"，但却未对 "投资" 概念作任何界定。一项交易往往具有边际性，很难绝对地认定其为投资交易或纯粹的商事交易，鉴于此，中心秘书长多年来一直建议缔约方为了公约的目的就相互间交易何谓投资达成协议，具体规定属于投资的交易的性质、规模以及期限。❷ 因而，当事方为了公约的目的，在决定何种交易属于 "投资" 问题上享有很大的自由裁量权。

关于 "中心" 和 MIGA "投资" 概念的种属关系，"中心" 自己认为 MIGA 承保的投资应该视为 "中心" 公约第 25 条（1）所定义的投资，但如果后者未能满足 MIGA 较为严格的定义，则丧失承保的适格性，也就是说，MIGA 公约中的 "投资" 概念外延包含在 "中心" 的概念之中。❸ 原则上，MIGA 只承保国际直接投资，偶尔及于 "任何其他的中长期形式的投资"，如与投资有关的贷款，这种变通拓展了 MIGA 的业务范围，在这个意义上，缩小了与 "中心" 概念的差异。更能说明问题的是，"中心" 受理的仲裁案均在 MIGA 规定的范围内，即便是直接因对于 "投资" 概念的不同理解而提交 "中心" 的案件当事双方争辩的焦点也都围绕有关的 BITs 中的定义条款和 "中心" 公约第 25 条（1）。审理 "中心" 受理的第一个因 "投资" 概念之争的 Fedax N.V 诉委内瑞拉案的仲裁庭认为 "中心" 管辖的 "投资" 既要符合公约的定义，也要在有关的 BITs 界定的范畴之内。"中心" 受理的案件少数是关于股权投资的争议（主要是

---

❶ 《多边投资担保机构经价章程》第 12 条。
❷ See ICSID Model Clauses, Doc. ICSID/5/Rev.1 (1981)，当然，缔约方就此达成的协议并非毫无限制，它不得剥夺中心秘书长依据仲裁或调解请求书中的信息，认为该争议明显不在中心管辖范围内而拒绝登记的权利，不得剥夺调解委员会或仲裁庭裁定该争议是或者不是其职责的权利。
❸ See ILM, vol.37 (1998), p1384.

公司股份和合营企业中的利益),其余为非股权投资(主要是自然资源特许协议和大型生产和服务设施项目的建造和经营等),2个案件涉及中长期贷款。

简言之,BITs中的"投资"概念外延最广,以担保为目的的"投资"概念外延最狭,而为争议解决的"中心"的"投资"概念外延则较为中庸,而且在"中心"的仲裁实践中,两者基本上是重合的。

2. 中外BITs中的"投资"定义考察

"投资"直接承载着各方(包括缔约双方、投资者与其母国、东道国)的权利和义务,而且,其概念本身外延的宽狭在投资准入阶段亦与前述各方的权益紧密关联。由于各国在经济发展水平、法律传统和文化渊源存在差异,因而可能对财产概念有不同理解。协调或解决各国国内法立法冲突通常有三种路径:第一,完全依据东道国有关法律规定;第二,投资母国和东道国缔结BITs,就所涵盖的"投资"作出统一定义;第三,某些处理国际直接投资特定问题和特定业务的国际组织,或在其规章中明确某种可能导致异议的投资形式为直接投资,或通过国际仲裁机构在当事方发生争议后对"投资"给予双方均接受的事后解释。比较而言,采用双边条约的形式更为可取和可行。

一些早期的BITs对适格投资的定义过于灵活,如1963年德国和斯里兰卡缔结的投资保护条约第8条(1)规定"投资应指包括所有权利和利益的各种形式的财产",这种概括却不作任何说明的定义方式致使投资者和东道国的权利义务关系较难确定,容易滋生争议。而且除瑞士、法国较早时期缔结的少数BITs有所不同外,许多BITs表面上对"投资"的定义几乎没有差别,但这种相似性并不意味着存在可服务于不同目的且有普遍拘束力的"投资"概念。"投资"一词并无绝对和确定的含义而且很有可能会改变,大多数协定采取了一种宽泛、开放式的定义,确保某种程度上的灵活性。❶ 同时,"中心"审理Fadex N.V诉委内瑞拉一案的实践为我们认定或确证某种交易是否属于"投资"提供了两条思路:第一,借助BITs中的"投资和收益的汇出"条款,如该仲裁庭就认为荷兰—委内瑞拉BIT中"转移"条款中关于利息的汇出和贷款的偿付的规定,表

---

❶ See Rudolf Dolzer & Stevens, Bilateral Investment Treaties [M]. Martinus Nijihoff Pubishers, 1995: 26.

# 第二章 中外双边投资条约的概况和适用范围

明"投资"包括贷款及相关的信用交易;❶ 第二,如果在合同争议条款中选择"中心"作为争议解决机关,即意味着当事方同意争议标的为投资,如该仲裁庭就依据国际借贷合同中的"中心"条款得出上述结论。❷

和其他国家的 BITs 一样,中外 BITs 采取的是一般概括式与特别列举式并行的方式,❸ 规定"投资"系指投资者依据东道国有效法律及规章在其境内(有时明确规定"境内和海域内"❹)用于投资的各种形式的财产,随后附以一份较为常用的财产形式清单。通常表述如下:

"为了本条约的目的:'投资'一词,系指缔约一方投资者依据缔约另一方有效之法律规章用于在其境内投资的各种形式的财产,❺ 尤其是,但不限于:(a) 动产、不动产所有权及其他各种财产权,如抵押权、留置权、质权、用益物权;(b) 公司股票、股份、债券及其他类型的公司上利益;❻ (c) 金钱请求权或任何其他具有经济价值的行为请求权;(d) 著作权、工业产权、专有技术、工艺流程及其他类似权利;(e) 依照法律(一般指行政法)或法律允许基于合同而获得的包括勘探、开采、提炼自然资源的特许权。上述各种财产形式的变化不影响其作为投资的性质。

动产、不动产所有权及其他物权是最为传统的投资形式,几乎所有协定都用"movable/tangible"和"immovable/intangible"表述两类不同性质的财产区分,❼ 其实,"动产"、"不动产"和"有形财产"、"无形财产"有着明显的区别,"tangible property"、"intangible property"应译作"有形财产"、"无形财产"。动产和不动产是近现代大陆法系各国民法中统摄有体物的一对重要概念,动产之外延随人们对物及自然力有效支配能力的不断提高而呈现日益开放的特点,较难在立法中事先予以确定,因此,各国关于两类财产的区别方法,是先确定不动产,尔后将不动产

---

❶ See *ILM*, vol. 37 (1998), p1385.
❷ See *ibid*, pp. 1382 - 1383.
❸ 中科协定第 1 条 (1) 甚至明确提到了这种定义方式,规定"除上述一般概念外,'投资'一词应包括……"
❹ 如中法协定。
❺ 极个别协定在定义投资时就明确规定覆及海域,如中法、中科协定。
❻ 通过比较有些协定的规定,可以推断所谓其他类型的公司上利益主要是指各种直接、间接的参股,如中罗 (1984) 协定并且对直接参股、间接参股作了解释,前者是指缔约一方的投资者在缔约另一方领土内的公司或其他经济组织中的参股;后者是指缔约一方的投资者在缔约另一方领土内参股的公司或其他经济组织在缔约另一方领土内其他公司或其他经济组织中的参股。
❼ 中澳、中土(耳其)、中罗 (1994) 表述为"tangible"、"intangible"。

以外的有体物归为动产,如法国民法典第 518 条规定,"土地及定着物,依其性质为不动产";日本民法典第 86 条规定,"土地及其定着物为不动产,此外之物皆为动产"。我国民法亦对动产、不动产作类似分类,《担保法》第 92 条规定,"本法所称不动产是指土地以及房屋、林木等地上定着物",即不动产包括土地、房屋及林木等地上定着物,此外之有体物为动产。由前述可见,我国及大陆法传统国家将"财产"限于有体物,迄今,虽有所松动,但区别仍比较明显,换句话说,"movable property"、"immovable property"相当于"tangible property"。而在上述三个协定具体的语境中,"tangible"、"intangible"却与"movable"、"immovable"一一对应,不符合大多数国家财产法对财产类型的划分。

实际上,BITs 对"财产"的列举同时包括了有形财产和无形财产,❶前者是指有体物,也即有的文献中所谓"硬投资"(hard investment);后者是指具有财政价值、可用来投资的权利。因此,这种对"投资"("财产",许多中外 BITs 中的"投资"概念宽泛到等同于"财产"或"资产")的规定更接近英美法传统。❷

尤其需要强调的是,BITs 中的"投资"概念绝非仅指国际直接投资,某些间接投资工具也位列其中。BITs 是国际投资法的重要渊源,大多数学者认为,所谓国际投资法是调整国际间私人直接投资关系的国内和国际法律规范的总和,亦即国际投资法以国际私人直接投资关系为其调整对象。国际私人间接投资关系一般交由国际金融法和各国证券法调整,实际上隐含着这样一个命题:BITs 是调整国际私人直接投资关系的国际法规范,与国际间接投资无涉。联合国跨国公司中心的研究报告前言更是开宗明义地指出,BITs 的目的即促进和保护私人直接投资。❸

从私人作为国际间接投资的出资者的角度来看,❹国际间接投资指

---

❶ 有学者对无形财产(权)作广义理解,认为包括抵押权、质权、留置权、知识产权、商誉、许可、特许以及根据公法(行政法)创设的权利。
❷ 在英美法系传统的国家和地区,"财产(property)"的范围却要宽泛得多,根据布莱克法律辞典的解释,所谓"财产"在严格的法律意义上,是指为政府担保和保护的权利束。
❸ See UNCTD. World Investment Report 1998, IX [M]. 2012.
❹ 按国际通行惯例,只要是直接投资,不问其为国家、集体抑或个人,均视为私人投资。参见姚梅镇. 比较外资法 [M]. 武汉:武汉大学出版社,1993:4. 张强,等. 国际投资纠纷与预防案例分析 [M]. 太原:山西经济出版社,1996:3. 曾华群. 国际投资法学 [M]. 北京:北京大学出版社,1999:3. 丁伟. 国际投资的法律管制 [M]. 上海:上海译文出版社. 1996:26.

一国私人对外国私人或政府的股票和其他证券投资或贷款等,其实现形式包括:①购买外国公司的股票或其他证券;②购买外国政府债券;③贷款等。证券有广狭义之分,广义的证券一般指财务证券(如货运单、提单等)、货币证券(如支票、汇票、本票等)、资本证券(如股票、公司债券、基金凭证等);狭义的证券仅指资本证券。

各国及有关国际组织对国际间接投资的理解基本一致,而对于国际直接投资则存在较大分歧。学理上,学者给予国际直接投资的定义见仁见智。克劳斯·W. 格纽利兹认为直接投资一般是指投资者保持控制的海外投资;❶ M. 索纳拉雅则称之为有形资产或无形资产从一国向另一国流动,其目的是在该资产所有人的全部或部分控制下使该资产增值。❷ 还有的著作将投资的资本结构考虑进去,认为国际直接投资是指投资者跨越国界直接将其资金、机器设备、专有技术、专利、商标等各类资本投入位于别国的企业,并取得该企业全部或部分管理控制权的一种资本输出活动。❸

各国国内立法、区域性国际投资条约的规定及国际仲裁、司法实践中的解释也不尽一致,❹ 目前,虽然并无普遍接受的统一说法,在处理涉及国际直接投资某些事务、采取公司化经营方式的国际经济组织规章中,甚至规定确认是否为直接投资的个案裁量权属于该组织的某一机关,但国际货币基金组织(IMF)的界定却是必须参考的标尺,尤以《多边投资担保机构(MIGA)公约》最为典型。❺ 国际货币基金组织将国际直接投资(foreign direct investment, FDI)界定为,投资者为获取其在另一经济制度内所投资企业中之持久利益且旨在拥有经营管理有效发言权的资

---

❶ 转引自曾华群. 国际经济法刍论 [G] //陈安. 国际经济论丛,第二辑. 北京:法律出版社,2000:2. 赫尔博特·V. 默雷斯(Herbert V. Morais)的观点与其基本相似,他认为国际直接投资是外国投资者通过所有权(通常拥有 10%~25% 或更多的有表决权的股票)或直接管理其拥有控制性利益的企业的投资. See Herbert V. Morais. Emerging Legal Strategies of Host States to Attract Foreign Investments [M]. 2471.

❷ See M. Sornarajah. The International Law on Foreign Investment [M]. Cambridge University Press,1994:4. 曾华群也基本持这种观点。

❸ 丁伟. 国际投资的法律管制 [M]. 上海:上海译文出版社,1996:2.

❹ 关于某些国家外资法和区域性国际投资法典对国际直接投资的界定,参见姚梅镇. 比较外资法. 武汉大学出版社,1993:3-6.

❺ 国际复兴开发银行理事会 1985 年 10 月 11 日提交给各国政府的《多边投资担保机构公约解说》第 19 条就规定:"直接投资是一个统称,其具体范围须由董事会决定,董事会将接受国际货币基金组织对直接投资所下定义的指导。"

本国际流动。

国际货币基金组织（IMF）对于国际直接投资（FDI）的定义强调在东道国拥有所有权利益的特征，认为直接投资是投资者为取得在与其不同的另一个经济体制经营的企业的长期利益所作的投资，投资者旨在该企业管理中拥有有效的支配权，若缺乏此特征，仅通过借贷或提供管理服务、技术许可或关键设备的出卖并不构成 FDI，并不是所有的外国商业交易都可归入 FDI 的范畴，如合营企业的少数股权、管理合同、交钥匙合同、专利权、商标权和专有技术许可等。❶ OECD 制定的《资本流动自由化法典》将其定义为旨在建立与特定企业长期经济关系且对该企业的管理产生有效影响的投资。

可见，上述学理定义和国际"立法"认为判断某种投资形式是否为国际直接投资的要素有三：一是资本须跨越国境，此自不待言；二是投资应是一种长期行为；三是必须取得投资企业的全部或部分控制权。后者更是区分国际间接投资与国际直接投资最重要的标准。投资者的投资一般在各种实现形式中（尤其是合资、合作经营企业）总会以一定数量的股份或持份表现出来，并据此享有相应的管理控制权。至于投资者拥有多少股份或股权可以谓为具有控制权，构成直接投资，取决于资本接受国的国内法律规定。在这一点上，发达国家和发展中国家差别较大，如美国《1976 年国际投资调查法》规定："直接投资是指个人直接或间接拥有或控制一家工商公司 10% 有表决权并能代表公司资本的股票（证券），或者是直接或间接地拥有或控制一家以公司形式组成的工商企业的任何等值的投资额"；大多数发展中国家及某些发达国家则要求直接投资须投资者拥有 50% 以上的股份，如 1985 年加拿大《外资法》规定除公司形式以外的其他企业组织形式，非加拿大人拥有该经济实体 50% 以上的股份才视为取得控制权，方可认定为直接投资。❷ 即便是对企业的单纯长期贷款，有时借方为确保其利益或基于其他考虑，在贷款合同会附以借方参与企业经营的条件，也属于直接投资的范畴，最为典型的（但不限于）是母公司对子公司或分公司的贷款。投资者在证券市场上购买东道

---

❶ IMF 对于 FDI 的定义强调在东道国拥有所有权利益的特征，若缺乏此特征，仅通过借贷或提供管理服务、技术许可或关键设备的出卖并不构成 FDl。See Robert Hellawell & Don Wallace. Negociating Foreign Investments—A Manual for the Third World [J]. The International Law Institute, 1982 (1) 1, 7.

❷ 张强. 国际投资纠纷与预防案例分析 [M]. 太原：山西经济出版社, 1996：3.

国企业上市公司的股票或债券，作为企业股东（尤其是小股东）或债权人定期或不定期地获取红利或股息，并不或实际上不可能参与企业管理决策，毫无疑问是间接投资。当然，外国投资者对于东道国企业的控制权并不总是非得借助上述股权及贷款才能实现，由于东道国在吸引外资的同时也将培养当地技术、管理人才，引进国外先进生产技术，提高经营管理水平，拓宽产品出口渠道，而在这方面具有明显优势的外国投资者可以通过与东道国政府及企业签订技术管理合同、原材料或机器设备供应合同、产品销售合同等手段施加影响，进行事实上的控制。

完全根据东道国国内法的规定对"投资"予以范围，不仅达不到总体上大量吸收外资的目的，而且与当前普遍出现的投资准入逐步自由化趋向不太和谐；同时，这种安排也让发展中国家陷入两难境地，一方面，要求外资股权比例占到至少 50% 才能算是直接投资；另一方面，又对外资的控股地位极为敏感和忌讳。因此，发展中国家不再一味坚持本国法律的规定。多边投资担保机构对直接投资在东道国因政治风险招致的损失提供担保，在其经营规章中明确规定将其业务范围延伸至"任何别的中长期投资形式"，包括与投资有关的贷款。❶ 正因为"中心"缔约方认为"投资"概念外延的开放性。迄今为止，提交"中心"调解或仲裁的案件的诉因极少导源于对"投资"的不同理解。1996 年 6 月 18 日解决投资争端国际中心登记受理的 Fedax N. V. 委内瑞拉一案首次涉及 BIT 中的"投资"定义，"中心"最终裁决认为委内瑞拉向本国公司 Metalurgicas Van DamC. V. 签发的并由后者背书给荷兰公司 Fedax N. V. 的远期本票亦为"中心"应管辖的"投资"。

在华盛顿公约起草期间，曾就"投资"概念的界定作出过无数努力，但都未被普遍接受，最终决定将其留待争议双方通过事先的共同同意来解决，因而采用第二种方法协调或解决各国国内立法冲突便成为通行并且有效的途径。各国缔结的 BITs 从来就没有明确其仅适用于直接投资，而且对"适格投资"的定义几近雷同。许多中外 BITs 关于"投资"的列举中有两类较为显明地包括某些间接投资形式，一类是金钱的请求权以及其他具有经济价值的行为请求权；一类是各国公司法意义上的公司股份、股票、债券等资本证券和其他证券（如非公司企业债券）投资形式

---

❶ See Operational Regulations of the Multilateral Investment Guarantee Agency [J]. ICSID Review—FILJ, 1988 (3): 370.

以及贷款。BITs 都以列举的方式来说明所涵盖的"投资",并清楚表明此种列举绝不是穷尽一切和排他的。在上案中委内瑞拉就认为它与荷兰缔结的 BIT 中"投资"定义中所谓"金钱请求权"无论如何不能限于直接投资或证券投资形式,"中心"仲裁庭表示认可,从而最终裁决远期本票这种货币证券也在投资保护协定的覆盖之下。❶ 事实上,在 BITs 中将"资产"(assets)或"交易"(transaetions)明确限定须存在持久经济关系或与特定的金钱请求权相关联或与投资概念严格相符的类似交易,倒是一种非常例外的情形。❷

区域性多边投资条约以及其他双边自由贸易协定中关于"投资"的定义也许对于我们理解 BITs 的"投资"概念有所帮助,在与其缔约国订有 BITs 的情形下,意义尤其重大。例如,北美自由贸易区协议第 1139 条规定,"投资"概念不仅包括诸如企业、有价证券、有形和无形财产等传统形式,而且延及由建筑合同、特许协议或报酬主要依靠企业的生产、收入或利润的其他合同所产生的利益。❸

质言之,BITs 中的"投资"并未限定在直接投资形式,重要的是东道国是否从该资产受益。

"property"既可译作"财产",又可译作"财产权",两者如此密不可分,以至有些学者视其为同一,在"财产"之后括以"权"字,在中外 BITs 中多解作"财产"和"所有权",如中罗(1984)、中日、中保协定中就作"财产"解;❹ 多数协定同时包括了这两种含义;❺ 当然,也有极个别例外,如中丹协定就用"goods"指称"财产"。在"物权"一词的使用上,多数协定采用"property rights",另一些协定则采用"property

---

❶ See International Center For Settlement of Investment Disputes. Fedax N. V. V. The Republic of Venezuela [july11, 1997], International Legal Materials [J]. ILM (37): 1384 – 1385.

❷ See Antonio R. Parra. The scope of new Investment laws and international instrument [M]. in Robert Prichard (ed.): Economic Development, Foreign Investment and the law (1996) [R]. 35 – 36. ICSID and Bilateral investment treaties, News from ICSID [J]. NO.1 (1985) (12) 19 – 20.

❸ 墨西哥与玻利维亚、哥斯达黎加以及加拿大与智利签订的自由贸易协定将基于纯货物买卖合同、贸易信用、国有企业的金钱请求权排除在外。

❹ 中罗马尼亚(社会主义共和国)协定英文本为"rights of movable and immovable property"、中日协定为"rights with respect to movable and immovable property"、中保协定为"property rights",从逻辑上分析,"property"应理解为"财产"。

❺ 如多数协定英文本为"movable and immovable property and any other property rights such as…"显然,前一个"property"应理解为"所有权",而后一个"property"则指"财产"。

rights in rem"或"real rights"或单用"rights":❶ 协定在列举他物权时,种类有多有寡,❷ 考虑到有非排他性列举的约定,加之由于物权国际化趋势的影响,现今大陆法系的物权制度已是大同小异,两大法系物权制度之差异亦正在缩小,我国民法中关于"财产所有权和财产所有权有关的财产权"制度也基本与各国物权制度的发展方向亦步亦趋。因此,协定对作为投资形式的物权种类列举的多寡并无实质重要性。

所有协定都规定投资者在公司中的利益可充作投资形式,在列举上有些差异,有些协定以增加列举的方式对公司股票、股份之外的所谓"其他类似形式的公司上(财产)利益"作了进一步说明,如规定公司债券(debentures、bonds)、❸ 除直接或间接参股以外的其他形式的参股,❹ 甚至投资者提供或发放的贷款、其他有价证券也可以作为投资形式。❺ 证券有广义和狭义之分,前者一般指财物证券(如货运单、提单等)、货币证券(如支票、汇票、本票等)及资本证券(如股票、公司债券、基金凭证等),后者仅指资本证券。中外协定中规定的作为投资形式之其他有价证券显然是在狭义之资本证券中股票、公司债券以外,根据我国《证券法》的规定,其他有价证券的范围须由国务院依法认定,主要包括非公司企业债券、投资基金凭证和国家政府债券。投资者以贷款、公司和非公司企业债券、国家政府债券进行投资,不参与企业的实际经营管理,

---

❶ 采用"property rights in rem"表述"物权"的如中德、中挪、中科、中韩、中阿(连酋)、中乌(拉圭)、中阿曼苏丹、中摩(洛哥)、中黎协定;采用"real rights"表述的如中保、中罗马尼亚(社会主义共和国)协定。

❷ 中以协定只规定动产、不动产所有权,对他物权并未列举。

❸ 中法协定第1条1(c)、中一比卢经济联盟协定第1条2(2)、中芬协定第1条(1)b、中挪协定第1条(1)ii、中泰协定第1条(3)b、中荷协定第1条(a)ii、中新(加坡)协定第1条(1)b、中科协定第1条(1)b、中斯(里兰卡)协定第1条1(b)、中英协定第1条(a)(ii)、中马(来西亚)第1条(1)(2)、中新(西兰)协定第1条(1)(b)、中巴布亚新几内亚协定第1条1(b)、中蒙协定第1条1(b)、中希协定第1条1(b)、中韩协定第1条1(b)、中土(库曼斯坦)协定第1条1(2)、中阿(联酋)协定第1条(1)(ii)、中埃协定第1条(b)、中印(尼)协定第1条1(b)、中阿(曼苏丹)协定第1条(1)(b)、中以协定第1条(b)、中南(联盟)协定第1条Ⅰ(2)、中毛协定第1条1(b)。

❹ 中罗马尼亚(社会主义共和国)协定第2条(4)a、b对直接参股和间接参股作了解释,前者指外国投资者在东道国境内公司或其他经济组织中的参股;后者谓前一类公司或其他经济组织在东道国境内另外的公司或其他经济组织中的参股。其他协定虽有同样的规定,但未作解释。

❺ 如中科协定第1条(1)b、中希协定第1条1(c)、中阿(根廷)协定第1条(1)(c)、中土(库曼斯坦)协定第1条1(二)、中阿(联酋)协定第1条(1)(ii)、中阿(曼苏丹)协定第1条(1)(e)规定,"投资"一词包括东道国自然人、法人发行的贷款和债券或政府证券。

属于间接投资,可见,中外 BITs 并非单单调整双方因相互间直接投资而产生的法律关系,而是延及间接投资。此外,股东的优先购股权、配股权和在公司、企业破产清算时的剩余财产分配权等均属公司上的权益,依据协定可作为投资形式。

债权乃基于合同约定或法律规定,在特定当事人之间产生的特定的权利义务关系,中外协定中所谓金钱的请求权和具有一定经济价值的行为请求权的投资形式。简言之,投资者可以其对特定企业享有的债权在该企业投资。❶ 债因发生根据不同分为合同之债、侵权行为之债、无因管理之债、不当得利之债,可见,投资者与其所投资之经济实体产生的债权债务,其产生并不必然和投资有关。多数协定并未要求作为投资形式的债权之产生是否必须与投资有关以及何种类型的债权可作为投资,但有些协定对此比较明确。❷

与各国物权、债权制度基本趋同之特点显然有别的是,由于资本输出入国和地区技术发展水平悬殊,在国际技术贸易市场地位迥异,对知识产权客体的理解和立法以及知识产权的行政、司法保护手段、力度存在相当大的差距和冲突。一般而言,工业化市场国家比较注重对知识产权权利主体的权益保护,发展中国家更为强调知识产权服务于其经济战略及发展目标的社会化功能。长期以来,知识产权的创设和保护取决于各国国内法,不受国际法保护,❸ 论述国家责任或外交保护的著作均只涉及外国人的有形财产,极少提到诸如专利、版权和技术诀窍等无形财产。在知识产权的国际保护问题上,司法判例先于国际立法,许多判决和裁决认为国际法上的财产同时包括无形财产和知识产权,将特许权、商标

---

❶ 有些协定作类似规定时明确或比较明确地提及"债权""具有经济价值的任何债务的请求权""各种具有经济价值的给付请求权",如中法协定第 1 条 1 (c)、中—比卢经济联盟协定第 1 条 2 (3)、中瑞(士)协定第 1 条 (1) c、中日协定第 1 条 (1) (b)、中吉协定第 1 条 (3)、中摩(洛哥)协定第 1 条 1 (3)。

❷ 言明须基于合同的,如中挪协定第 1 条 (iii)、中泰协定第 1 条 (3) (c)、中新(加坡)协定第 1 条 1 (c)(该协定中"具有经济价值的任何合同的所有权",实际上应理解为投资者基于此类合同而享有的债权——引者注)、中斯(里兰卡)协定第 1 条 1 (c)、中英协定第 1 条 (1) (iii)、中日协定第 1 条 (1) (b)、中新(西兰)协定第 1 条 (1) (c)、中土(库曼斯坦)协定第 1 条 1 (三);言明须与投资有关的,如中科协定第 1 条 (1) (c)、中土(耳其)协定第 1 条 (c) (iii)、中韩协定第 1 条 (1) (c)、中阿(联酋)协定第 1 条 (1) (iii)、中印(尼)协定第 1 条 1 (c)、中阿(曼苏丹)协定第 1 条 (1) (c)、中沙协定第 1 条 (三)、中叙协定第 1 条 1 (c);强调须同时与两者有关的,如中埃协定第 1 条 1 (c)。

❸ Verdross 1931 年指出,艺术、文学和工业产权不是国际法所保护的财产。

作为一种财产权利或资产，第二次世界大战后各国缔结的条约将工业产权列为应受保护的财产利益。[1] 为谋求合作，国际社会构造了全球性、区域性、双边性的知识产权条约网络。我国长期以来未确立知识产权的私权地位，与经济技术发展速度及经济增长对知识产权贡献度的要求相比，我国知识产权立法和保护明显滞后，双方法律制度的博弈必然会在双边协定中体现出来。《世界知识产权组织公约》唯一的实体性条款第2条（8）以说明性的方式将"知识产权"定义为：①与文学、艺术及科学作品有关的权利，即著作权；②与表演艺术家的表演活动、与录音制品及广播有关的权利，即邻接权；③与人类创造性活动的一切领域内的发明有关的权利，即专利发明、实用新型和非专利发明享有的权利；④与科学发现有关的权利；⑤与工业品外观设计有关的权利；⑥与商品商标、服务商标、商号及其他商业标记有关的权利；⑦与防止不正当竞争有关的权利；⑧一切来自工业、科学及文学艺术领域的智力创造活动所产生的权利。我国于1980年加入了该公约，截至1997年1月，该公约成员国已达161个。[2] 由于该公约第16条明文规定对该公约不得保留，表明其对"知识产权"的定义已为包括中国及与我国缔结双边投资条约的国家所普遍接受。对于定义的认可和接受并不意味着各国在法律中给予普遍的确认和保护，但国际知识产权公约并非可"自动执行"的条约，不能在国内直接适用，需要补充立法以便实施，知识产权保护的类型及程度主要取决于国内立法。各国知识产权立法上仍有较大差异（包括发达国家之间，如美国与欧盟在计算机程序保护问题上的尖锐分歧），当两国尤其是双方并不都是有关国际条约的缔约国时，通过 BITs 给予特别保护很有必要。

虽然中外 BITs 对各种投资形式的列举并非穷尽式的，但已有的列举明显地反映了各国国内法在知识产权类型上的差异，中外 BITs 中很少有完全相同的列举，少数几个协定在明确列举之外，规定还包括"各国国内法承认的类似权利"，明确提及"知识产权"却不对其作任何列举的协定往往将其与工业产权并列。因此，从逻辑上判断，这些国家是不把技术、商标、商誉、专有技术（或技术诀窍）、工艺流程、商号等类似权利

---

[1] See M. Sornarajah. State Responsibility and Bilateral Investment Treaties [J]. JWTL, 1986 (20): 83.

[2] 郑成思. 知识产权论 [M]. 北京：法律出版社, 1998: 64.

视为工业产权和知识产权的;❶ 笼统提及"知识产权"同时又对其作列举的协定,❷ 却又显然将著作权、专利、实用新型、工业设计或模型、商业或贸易秘密及为上述少数协定所排斥的几种权利至少等同于"知识产权"。中以协定在这方面的规定至为特别,将技术流程、商誉及专有技术领域的权利与"知识产权"等量齐观。按照通常的理解及各国立法,知识产权通常分为著作权和工业产权,各国在传统知识产权(主要指著作权及工业产权中的专利权和商标权)的认识基本一致,❸ 分歧集中在除专利权、商标权之外的其他工业产权范围,❹ 这种分歧在中外协定中同样有所表征。半数以上的中外协定仅有"工业产权"的字样,但未对之做任何说明,从其对作为投资形式的知识产权种类的列举来分析,至少专有技术和工艺流程是不包括在"工业产权"之内的;有些协定排除的范围还要大;前述仅笼统提及"知识产权"并对其进行列举却又没有"工业产权"字样的协定,则很难确定工业产权的范围;也有一些协定明文列举了"工业产权"所指称的种类,比较一致的是规定其中含专利或发明专利、商标或注册商标、工业设计等传统工业产权;❺ 也有将许可证归入"工业产权"的;❻ 有的范围极广,如中土(耳其)协定仅规定"工业产权"可作为投资形式,但却包括版权、专利、商标、商号、工业设计、商业秘密、专有技术、商誉等;中乌(克兰)、中土(库曼斯坦)协定列举的种类也较多,包括专利、有益样品、工业设计及模型、商标和服务标记、商品产地名称、专有技术、商誉、商名等。❼ 无论对作为投资形式的知识产权的说明方式作何种处理,从规定上看,协定之间存在比较明显的差异,冲突和矛盾也不鲜见。

---

❶ 如中丹、中荷、中巴(布亚新几内亚)、中希、中爱协定。中阿(尔及利亚)协定也将知识产权与工业产权并列且没有对知识产权作任何说明性的列举,但该协定对"工业产权"的列举将前面四个协定所排除的大部分无形财产权包括其中。中泰协定同样提及知识产权,也未作任何列举,但没有将其与工业产权并列,仅规定知识产权和商誉可作为投资形式。中以协定也作类似处理,另将技术流程、商誉及专有技术领域的权利作为"知识产权"之外的投资形式。

❷ 如中捷、中韩、中阿(根廷)、中立、中冰、中罗(1994)、中印(尼)、中毛、中津、中黎、中赞协定。

❸ 郑成思. 知识产权论[M]. 北京:法律出版社,1998:73.

❹ 但也有例外,如中德、中奥、中—比卢经济联盟、中丹、中柬协定就将商标权或注册商标权与工业产权并列。

❺ 如中芬、中挪、中新(加坡)、中科、中斯(里兰卡)、中新(西兰)、中阿(联酋)、中阿(曼苏丹)、中沙协定。

❻ 如中法、中保协定。

❼ 将服务标记纳入"工业产权"的,还有中日协定。

第二章 中外双边投资条约的概况和适用范围

自然资源是一国生存和发展的物质基础，对于依靠出口资源性初级产品以换取外汇的大多数发展中国家来说尤其如此。自然资源的勘探、开采、提炼需要巨额资金投入和先进的技术手段，同时面临极大的商业风险。资金匮乏、技术水平低下使得发展中国家不能仅凭一己之力完成如此浩繁的工程，海外投资者的资金、技术、市场营销等优势因此自然对发展中国家颇具吸引力，然而由历史得来的教训迫使发展中国家不得不对海外资本心存疑虑，倍加谨慎。第二次世界大战以来，对于摆脱了殖民奴役、急需发展经济的发展中国家来说，自然资源的永久主权成为政治主权和经济主权的集中体现，并逐渐被普遍接受为国际法的一项基本原则，甚或国际法强行规范。自然资源开发事关国家主权，发展中国家对此控制很严，往往通过颁布专门法律的形式授予外国投资者经营自然资源的勘探、开发等事宜一定期限的专有权利；或要么以政府名义，要么授权特定的国家企业与外国投资者依法签订特许协议授予外国投资者类似专营权。传统的自然资源特许协议以牺牲东道国主权为代价，特许权人完全不受东道国法律支配，沦落为国际资本疯狂掠夺落后国家和地区自然资源，严重阻碍其经济发展的臭名昭著的工具。由于传统的特许协议被认为是国际经济旧秩序的载体，现已为一些新型的合同安排，如合营合同（joint venture contract）、产品分享合同（production sharing contract）、服务合同（service contract）、技术援助合同（technical assistance contract）、"交钥匙合同"（turnkey contract）、BOT（build—operate—transfer 的首字母的缩写）协议等所逐步取代。总之，随着自然资源永久主权原则的确立和普遍承认及南北、东西和南南国家间国际合作意识的增强，现今特许协议无论是从合同条件抑或是条款中体现出来的东道国对开发、生产经营的控制措施来看，反映了国家之较于私的相对方日益增强的力量，逐渐演进为国际经济技术合作，促进南方国家经济发展的一种法律形式。除自然资源领域外，近年来开始广泛应用于基础设施及工厂、企业的建设、经营、维护。❶ 除中波、中保协定外，其他中外协议均规定外国投资者可以特许权作为出资方式。从文义上分析，中外协定没有限定特许权的种类，但实际上主要是指外国投资者依据与我国

---

❶ See Robert Prichard. Economic Development, Foreign Investment and the Law Issues of Private Involvement, Foreign, Investment and the Rule of Law in a New Era [M]. Kluwer law International, 1986: 162.

政府及特定国家企业签订的自然资源特许协议所享有的权利,中澳协定给定的范围较广,除自然资源特许权外,法律或法规允许按照合同赋予的从事农业、林业、畜牧业、渔业及制造、使用、销售产品的权利亦包括在内。❶ 绝大多数协定并不讳言"特许权",但有些协定只模糊地提到"法律或合同授予的"或"依照法律或合同授予的从事任何经济活动的""权利",而尽量避免使用"特许权"。❷ 如前已述及,发展中国家对特许权的授予有严格的规定,除中德、中—比卢经济联盟、中芬、中奥、中瑞(士)、中日协定外,其他协定均明确要求特许权的授予必须根据法律、法规、合同或法律允许通过合同,中瑞(典)、中阿(尔巴尼亚)协定更是强调须源于公法(public law)。绝大多数协定都会对协定的地理适用给予明确范围,海域内自然资源特许权当然亦在此范围之中,似无必要予以特别说明,但中罗(马尼亚)、中法、中荷、中斯(里兰卡)等一些协定特别规定包括东道国海域内自然资源勘探、开采、开发或提炼的特许权。值得注意的是,各协定中文本中"开采"、"提炼"在英文本中仅有"extract"与之对应,而"extract"译作"开采"或"提炼"均无不可,若同时兼取二义,则我国授予外国投资者的特许权范围及程度有相当差别。文字上的差异还不仅于此,个别协定中文本中"养殖"一词在英文本中根本没有可相映照的单词;而且,某些协定中的"种植"一词似乎暗示双方授予对方投资者的特许权不仅限于石油、天然气等矿产资源,还包括土地等自然资源,若如此理解,缔约方因此而承担的条约义务就要广泛得多。

　　国家实践和学者学说在缔约一方为国家及其机构,而另一方为私人的合同的法律性质上一直存在分歧,发展中国家坚持其为国内私法契约,而发达国家却主张其为国际条约,至少是准国际条约,这种观点已被抛弃。但仍有学者认为,从缔约主体来看,特许协议当然不是国际条约,然而其所管理的事项并非仅仅出于商业目的,而指向某种公共目的,因此应该遵守诸如"条约必须信守"的国际法规则:❸ 施瓦岑博格(Schwarzenberger)反对特许协议国际法化,认为它只不过是受国内法

---

❶ 中澳协定第 1 条 1 (b) (V)。
❷ 如中澳、中苏(联)、中乌(兹别克斯坦)、中吉、中哈、中韩、中乌(克兰)、中阿(尔巴尼亚)、中阿(曼苏丹)协定。
❸ See Robin Burnett. Negotiation of International Agreements in the Field of Commerce and Investment – Problems of Relevance to Newly – Independent States (1985) [J]. JWTL, p231.

第二章 中外双边投资条约的概况和适用范围

支配的"公共契约"(public contract),国家一方可以依据公共利益进行干预,但必须给予符合"赫尔公式"的赔偿,否则即为国际侵权行为,应承担国家责任。❶ 特许协议毫无疑义与国内法上其他合同并无实质不同,但由于其合同主体、客体的特殊性,需要借助某种技巧使之"国际化",因此,发展中国家和发达国家在特许协议上的分歧不应是其"国际化",而是如何使之"国际化"。因为特许协议中含有国际仲裁条款或适用国际法等规定,而主张其受国际法保护肯定不会被接受;但在双边条约中予以规定,通过双方合意将这种国内法上的私法契约提升为国际法上的条约义务,将东道国违反、撤销、废除此类契约的违约责任转换为违反国际条约义务的国家责任,无疑加强了对私方利益的保护。在中外 BITs 中承担这一转换功能除"投资"定义条款外,在"征收、国有化及其补偿"或"优先适用"或"特殊承诺"等条款规定缔约一方应遵守和尊重其依据法律或合同给予投资者的特别或其他义务。❷

除却以上五种常用的投资形式外,极个别协定还允许"缔约一方境内的承租人依照其法律和法规,根据租赁合同支配的物资"❸和"有偿服务"作为出资方式。

各类财产实际投入运营之后,可能相互之间发生形式的转换,可能影响东道国准许该特定形式投资进入的原始目的,某些协定还是强调投资形式的改变不影响其作为投资的性质,❹ 其中有的协定还规定此种改变不得违背东道国国内法律或与东道国国内法律不相抵触,❺ 或者规定此种变更不得违背最初的投资许可。❻

---

❶ See Schwarzenberger, Foreign Investment in International Law [M]. 1969: 6.
❷ 有些发展中国家和新兴工业化国家的学者仍然强调有关自然资源的权利受自然资源永久主权原则的支配,通过条约剥夺这种权利的合法性值得怀疑。See M. Sornarajah. State Responsibility and Bilateral Investment Treaties [J]. JWTL, 1986 (20): 84. 少数协定如中丹协定在"保护投资"条款(实际上是投资待遇条款)规定,缔约双方应恪守其在投资合同中可能承担的义务;多数协定以单独条款规定,如中德协定第 8 条要求,"缔约任何一方应恪守其对缔约另一方投资者在其境内投资已承担的所有其他义务"。当然不得在私法合同里剥夺一国立法主权,但有些协定还是重申了这一原则,如前一协定紧接着规定,"但缔约各方修改其法律的权利不受妨碍"。
❸ 中希协定第 1 条 1 (f)。
❹ 如中德、中法、中—比卢经济联盟、中意、中奥、中科、中英、中瑞(士)、中澳、中马(来西亚)、中土(耳其)、中韩、中阿(联酋)、中立、中罗、中摩(洛哥)、中沙、中黎协定。
❺ 如中法、中立、中沙协定。
❻ 如中科、中马(来西亚)协定。

依据我国外资法的规定，合营各方按照合营合同的规定向合营企业认缴的出资，必须是合营者自己所有的现金、自己所有并且未设立任何担保物权的实物、工业产权、专有技术等，❶ 基本符合中外 BITs 关于"投资"的定义，尽管附加了许多条件，并不违反协定投资准入须"依据缔约各方法律、法规"的规定，但在投资品的类型上，与 BITs 尚有不小差距，若欲在日趋严峻的国际吸引外资的竞争性环境中继续占据优势地位，应在综合平衡我国经济发展目标和产业结构调整、升级及利用外资的基础上，逐步考虑取消某些限制性条件。

(二) 属人效力 (ratione personae)

大凡在序言中明言投资者为"国民"和"公司"的协定，在正文的定义条款中通常不再解释投资者为"国民"和"公司"，而径直就"为了本协定的目的"对何谓"国民"、"公司"作出定义；序言中仅笼统地提及"投资者"的协定，往往先说明"投资者"包括"国民"、"自然人"和"公司"，然后为其给出定义。中外协定关于"投资者"的定义通常有两种方式：按国别的定义方式❷、按投资主体的定义方式。前者同时规定各方的适格投资者，后者通常再依国别规定各自采用的标准，中外 BITs 均采用单一标准、复合标准或者单一标准和复合标准的混合。采用复合标准的目的在于限制 BITs 的受益主体的范围（而几种复合标准的可选择性又在一定程度上扩张了受益主体的范围），采用可选择性的单一标准则无疑是在扩张受益主体的范围，无论哪一种方式均很少存在适用于缔约双方的相同标准，因而，缔约双方承担的适格投资者准入的条约义务则有宽狭之别。

中印（尼）协定第 1 条 (2) 关于"投资者"定义除满足确立的标准外，还要求必须在双方境内已经或正在进行投资，从逻辑上讲，似乎应理解为已经获准进入的投资者，那么在相当程度上挫伤投资积极性，因为，肯定有一部分投资是由新投资者投放的。

---

❶ 但《关于设立中外合资对外贸易公司试点暂行办法》（1996）第 7 条规定，外方公司应以可自由兑换的货币作为合资外贸公司注册资本的出资，中方公司可以人民币、实物、无形资产，或其他财产权利出资，对外方的投资形式进行了限制。

❷ 如中瑞（典）协定第 1 条 (2) 规定："在中华人民共和国方面，系指经中国政府核准进行投资的任何公司、其他法人或中国公民；在瑞典方面，系指符合瑞典法律规定的瑞典公民，及所在地在瑞典境内或由瑞典企业控制的任何法人。"

## 1. 自然人

社会主义国家不承认个人生产资料的所有权,所以中罗协定(1984)定义条款中的"投资者"不包括两国自然人,仅指各方具有法人资格且按照其法律有权同外国进行经济合作的经济组织。❶

确定自然人作为投资者的单一标准有:缔约各方的国民或公民、永久居民❷;复合标准有:国籍和住所❸、国籍和居住权❹、国籍和依法具有投资资格❺、国籍、永久居住和具有对外投资资格❻。有的协定规定自然人只需在多个单一标准中满足其一即可。❼ 在绝大多数协定中,中方作为投资者的自然人通常只要求具有中国国籍即可,❽ 而对他方却可能有其他的要求。

作为适格投资者的自然人必须与缔约国具有某种联系,从中外协定的规定来看,这种联系分三种情况:第一,根据缔约一方宪法或有关国籍的立法,具有其国籍或被视为其国民;第二,缔约一方的永久居民;第三,持有缔约一方的旅行护照。❾

国籍是指一个人作为一个特定国家的成员而隶属于这个国家的一种法律上的身份。❿ 由于国籍,一自然人与其祖国建立起稳定而持久的联系,据此,相互间享有和承担一定的权利和义务,允许何人成为其公民或国民完全是一国自主决定的国内管辖事项,早已被公认为国际法在国籍问题上的一项基本原则。1930年海牙《关于国际法冲突的若干问题的公约》第1、2条规定,关于某人是否具有某一特定国家国籍的问题,应依照该国的法律予以断定,只要符合供给公约、国际习惯及普遍承认的关于国籍的法律原则,其他国家即有给予承认的义务。

各国关于国籍问题的立法一般采两种体例:一种是在宪法中予以规定;另一种是颁布单行国籍法。大多数国家采用后者,取前者的国家现已极少,

---

❶ 1994年的中罗协定已经将自然人作为"投资者"。
❷ 这种标准均针对与我国缔约的对方,如中以协定议定书第1条(1)。
❸ 如中德协定第1条(3)、中南(斯拉夫)协定第1条(2)。
❹ 如中英协定第1条(丙),包括该协定"领土延伸"条款适用的任何地区的居住权。
❺ 如中保、中前苏联、中乌(兹别克斯坦)、中亚、中乌(克兰)、中摩(尔多瓦)协定,要求作为投资者的对方自然人须为依法具有(对外)投资资格的该国公民。
❻ 如中哈协定第1条(1)。
❼ 如中澳协定规定公民或永久居民均可成为协定规定的"投资者"。
❽ 根据中澳协定第1条(1),永久居民亦可。
❾ 如中德协定议定书第1条(2)。
❿ 李浩培.国籍问题的比较研究[M].北京:法律出版社,1979:5.

我国于1980年颁布了专门的国籍法。除已经废止的中罗（1984）协定中将"投资者"限定在依据缔约各方法律有权同外国进行经济合作的具有法人资格的经济组织，不涉及自然人国籍外，❶ 这两种立法例在其余中外协定关于"投资者"的定义条款中均有所体现。❷ 在某些国家或国家联合的国内立法或有关国籍的协调政策中，国民和公民、具有国籍和享有公民资格的人法律地位不尽相同。根据玻利维亚、厄瓜多尔、墨西哥的宪法规定，在某些情况下，一国民得因法定事由停止其公民籍权利或丧失其公民籍，而仍保有其国籍。在国内法中严格区别公民籍和国籍的国家，对他国有意义的是国籍而非公民籍。我国与玻利维亚、厄瓜多尔签订的协定均规定自然人作为投资者须具有缔约一方国籍。

　　联邦国家，如美国，可以通过联邦法律赋予个人国籍，联邦成员亦可授予其管辖下的个人以国籍，联邦国籍通常被认为是首要的国籍，而各成员国国籍只是次要的国籍；就对外关系而言，唯有联邦国籍才具意义。❸ 第一次世界大战以前，不列颠帝国国会有权对整个帝国立法规定统一的国籍即"不列颠国籍"，随着自治领和属地脱离帝国而独立，国籍立法自然成为英联邦成员国的国内管辖事项，自1948年英国颁布《不列颠国籍法》后，"不列颠国籍"便不再是真正意义上的国籍。英国及英联邦国家的国籍法均依据1947年伦敦专家会议提议并经各成员国一致同意的一些原则制订，要求各成员国立法规定其公民同时亦为"不列颠臣民"或"英联邦公民"即为原则之一。因此，英联邦成员国的国民似乎同时具有两种国籍：一是各成员国的国籍；一是不列颠国籍。前者在各成员国国籍法上的英文为"citizenship"，后者则为"nationality"。英联邦之所以采取这种做法主要是考虑到联合王国和联邦成员国的历史渊源及现实的经济利益，它是自成体系的国家联合体，由多个国际法主体组成，却又并非区域性的国际组织。我国和英国及英联邦成员国中的澳大利亚、新西兰等国缔结了BITs，有两个问题值得注意。第一，明确个人作为投资者必须具有成员国国籍，为避免分歧，在英文本中应使用"citizenship"；第二，英联邦采用不列颠国籍所欲达到的目的，无非是使英联邦

---

❶ 1994年重新签订的中罗协定中"投资者"定义已包括双方公民。
❷ 大多数协定并不指明"公民"或"国民"资格是源于宪法规定还是单行国籍法，而只是说根据缔约双方法律或有效法律，鉴于国际通行的国籍立法实践，所谓"法律"或"有效法律"亦即国籍法。中新（加坡）、中马（来西亚）、中葡、中菲协定在定义对方作为投资者的自然人时，就言明须根据对方宪法或有关国籍的立法，具有该国国籍。
❸ 李浩培. 国籍问题的比较研究[M]. 北京：法律出版社，1979：7-8.

成员国的国民在其他成员国境内享受的待遇优于非成员国的国民，❶ 联邦成员国间相互给予其国民的优惠待遇，可否作为我国与各该国缔结的协定中的"最惠国待遇"条款的例外，应依据协定中的"最惠国待遇及其例外"规定给予解释。一般而言，国籍和公民资格，国民和公民基本含义相同，中外协定也交替使用这些术语表述自然人与缔约国之间的法律联系，但某些有过对外殖民历史的国家和联邦国家关于国籍的立法中对国民和公民加以区分，在权利的享有上存在差别。如美国"公民籍"和"国籍"往往相互换用，但"公民"仅指出生在美国并受其法律管辖，享有完全的政治权利；而其他不属于联邦各州的海外领地及属地的人则只是其"国民"，享有不完全的政治权利。在国际上有关系的是他们的广义的国籍，而不是他们的公民籍，美国《国籍法和入境移民法》（1952）大大减少了非公民的国民数目，但其第 308 条仍为少数出生于"边远领地"的人保留了这种地位。❷ 1980 年《中美投资保证和投资保险换文》没有"投资者"定义，双方在谈判签订有关投资问题的协定时，对"投资者"进行定义难以回避，因此，必须就适格投资者究其所指予以明确规定。

　　一旦缔约一方的公民或国民获准在缔约对方境内投资，便处于适格投资者的地位，自动享有条约施与的优惠，其投资权益即受到条约保护；若其与东道国合作者或东道国政府因投资而致生争议，当地救济用尽仍未获解决且条约中并无国际仲裁或国际司法之后续途径规定或者东道国毫无理由地拒不履行裁决或判决时，在不存在国籍的任何冲突时，其所属缔约国理所当然地通常会借外交保护以维护其公民之投资权益。但问题是，各国国籍法的不同规定可能导致国籍的积极冲突和消极冲突，而且，具体到 BITs 而言，对投资者的界定是"为了本协定的目的"，也即缔约国可以自由选择标准决定投资者的国籍。因此，BITs 中有关个人国籍的定义可能不同于国内立法，往往在国籍标准外添加其他因素，这些添加因素在一些 BITs 中确定投资者的国籍时是可选择的单一标准或者是与国籍一起构成复合标准。在这种情况下，比较容易出现自然人的国籍冲突现象或者说很有可能被多个 BITs 视为适格投资者。

　　在中外 BITs 实践中解决投资者国籍冲突问题的实益在于确定投资者在多重国籍或无国籍时受益于哪个 BIT 以及哪个国籍国具有国际求偿权或有

---

　　❶ 李浩培. 国籍问题的比较研究 [M]. 北京：法律出版社，1979：11.
　　❷ 詹宁斯，瓦茨修订. 奥本海国际法 [M]. 第1卷，第2分册. 王铁崖，等译. 北京：中国大百科全书出版社，1998：297，第 8 章注 [27]，387.

权实施外交保护。这里需要将国籍冲突分为两种情况：一种是投资者同时具有多重国籍；一种是投资者国籍发生变更，原国籍丧失成为无国籍人或取得新国籍。前者又可细分为三种可能：①投资者具有的多重国籍中包括东道国的国籍；②投资者的几个国籍国均与我国订有 BITs；③投资者的几个国籍国中只有一个与我国签订 BIT。后者也要考虑到两种可能：①国籍变更之后取得的新国籍国与我国订有 BIT；②国籍变更之后的新国籍国与我国未订有 BIT 或投资者成为无国籍人。

要正确解决国籍冲突，有必要将整个投资运作过程分为投资准入、经营、投资争议的国内国际解决和国际求偿权和外交保护权的行使两个阶段或方面，前者着眼于个人权益的保障，后者主要落脚点在国家主权和权利的维护；同时有必要结合近年来国际人权保护和国际求偿规则和实践的最新趋势。

首先探讨国际求偿国和外交保护国国籍的确定。

国籍求偿权和外交保护权的实施依据的法律事实是该国与受损害的个人之间的国籍联系，BITs 中适格投资者的定义并不能改变这一事实，只是"为了本协定的目的"才将某自然人视为各方的"投资者"。

国籍在国际法上的重要功用，在于它提供一国行使对旅居他国的本国公民一定范围和程度属人管辖权及在本国公民之合法权益在他国遭受损害，受害人用尽当地救济之后，其祖国主张外交保护权的法律依据。在国际求偿和外交保护实践中已经发展出了一些久已被普遍承认的习惯法规则，这些规则在现代国际法中仍具有重要的指导价值。

真实有效国籍原则。国籍立法是一国主权管辖事项，在具体案件中国籍概念的国际适用必须依据有关国家的国籍法，当此种规定对他国利害至有影响时，却并不见得会在国际上被毫不迟疑地接受，这一点已为普遍性和区域性国籍公约所确认，如 1930 年《国籍法海牙公约》第 1 条、1997 年《欧洲国籍公约》第 3 条（2）规定他国承认一国国籍法的程度限于其与国际公约、习惯国际法及普遍认可的关于国籍的法律原则不相冲突或相符。同时，前述《国籍法海牙公约》第 5 条规定，具有双重国籍的自然人在第三国内应被该第三国视为只具有其惯常和主要居住国或与其有最密切联系国家的国籍，国际司法实践也肯定了这一点。国际法院在著名的"诺特波姆案（1955）"中判称："一个国家不能主张它这样制定的关于取得国籍的规则有权得到其他国家的承认，除非它是遵照国籍的法律纽带符合于个人与以保护方法防止其他国家侵犯其公民的

第二章 中外双边投资条约的概况和适用范围

国家之间的真正联系为总目的的"。在国际法院看来,这种法律纽带是由法律或当局之行为授予国籍的个人在事实上与授予国籍的国家的居民的联系要比与其他任何国家的居民的联系更为密切这一客观事实的法律表现,而诺特波姆与授予其国籍的列支敦士登之间没有依附的纽带,倒是与危地马拉的联系经年累月,据此驳回了列支敦士登就诺特波姆所受损失对危地马拉的起诉。另外,1930年公约第4条还要求一个国家不得对它的一个国民给予外交保护以对抗该自然人同时具有国籍的另一个国家。

持续国籍原则,即要求求偿权国只能代表自损害发生之日直至裁决之时不间断地拥有该国国籍的自然人提出求偿,而且该自然人不具有被求偿国的国籍,❶ 国籍持续要求可以避免不同求偿国之间的利益冲突。

上述原则并非没有遭遇挑战,国际求偿实践也表明国际求偿不总是需要国籍联系来支撑,国际组织可以代表其具有某国国籍的工作人员提出求偿,典型案例如"为联合国服务受损害赔偿案"(1949);亦可通过条约使不具有其国籍的国家取得求偿权,如美国和伊朗间为建立伊美求偿仲裁庭的阿尔及尔宣言。某些高度一体化的区域国际组织,其成员国可以为在第三国境内遭受损害的其他成员国国民提供外交或领事保护,如欧盟。联合国赔偿委员会规则也规定,一国可以代表其国民或定居在其境内的其他人提起国际求偿,后者显然不具有求偿国国籍。同时,国际人权运动的成就在国际求偿领域也有反映,国际求偿权已开始不再仅被视为国家的权利,至少是国家权利和个人权利的混合。个人遭受损害之后国籍虽然发生变更,但如果强调对个人权利的保护,那么求偿权在其遭受伤害时就已经确立,随后变更的国籍不应是提出求偿权的障碍。在这种情况下,或允许其在遭受侵害时拥有的国籍与后来取得的国籍之间自由选择求偿国,或由后来取得的国籍国提出求偿。如索恩(Sohn)和巴克斯特(Baxter)公约草案(1961)第23条(6)规定不得排除一

---

❶ 詹宁斯,瓦茨修订. 奥本海国际法 [M]. 第1卷,第2分册. 王铁崖,等译. 北京:中国大百科全书出版社,1998:408. 肯定国际持续原则的观点仍占主流,如加西亚·阿马多(Garcia Amador)认为,个人必须在其受到伤害时且直至求偿被裁判时拥有求偿国的国籍,see Francisco Orrego Vicuna. Changing Approaching to Nationality of Claims in the Context of Diplomatic Protection and International Dispute Settlement [J]. ICSID Review 1995 (9):349.;但是,有的学者对此表示怀疑,认为传统国际法既然承认国家是求偿权的唯一主体,但同时又阻止该国给予一个已经改变了国籍的受害人求偿权是不合逻辑的,see Wilhelm Konl Geck. Diplomatic Protection, in Encylopedia of Public International Law (Pudolt Bemhardlt, ed. 1992), p1046. 饱受责难的美国赫尔墨斯—伯顿法案(Helms-Burton Act, 1996),甚至允许因古巴国有化而遭受损失的古巴国民在美国向其本国提出求偿请求。

国代表某人因在其受到伤害后归化为该国国民的事实提出求偿的权利，美洲国际法协会早在1925年就承认一国给予其国民或后来归化的国民外交保护的权利。

金融和服务市场的全球化使得股票、债券和其他凭证频频易手，因而持有者国籍常常发生变更，若再机械地坚持国籍持续的传统要求，实际上很难对合法所有者和投资者给予保护。只是，保留国籍持续的要求应限于避免个人为寻求强有力的外交保护而改变国籍的做法。

在个人可以直接利用国际争端解决机制时，国家不应干预。

但上述有关自然人求偿国籍规则的发展和前进均源于国际条约和国际组织的规定，因此，就目前阶段国际法的现状而言，在缺乏相应的条约规定的情况下，国际求偿和外交保护规则仍主要依据传统规则。

然而，一自然人被东道国与其他国家缔结的 BITs 均视为适格投资者时，确定投资者主张其受益于哪个 BIT 或寻求哪个 BIT 保护应该是另一番景象。在自然人同时具有缔约双方国籍时，最好的解决之道是缔约双方事先在协定中予以明确规定。如以色列和罗马尼亚之间的协定议定书就规定，同时具有以色列和罗马尼亚两国国籍的自然人，根据以色列法律，在以色列投资不应被认为是罗马尼亚投资者；中乌（拉圭）协定第1条（2）规定，同时具有双方国籍的自然人不被视为乌拉圭的投资者；中澳协定第1条（3）也规定，如若非为缔约一方的永久居民其本身即为东道国公民，则不受协定保护，中阿（根廷）协定第1条（2）规定，若缔约一方的自然人在其投资于缔约对方时已经居住2年以上，不被视为前者的"投资者"，除非其能证明其初始投资来自后者境外。这种规定是双方的合意且仅涉及缔约双方，所以不会发生争议。

当投资者均被与东道国签订 BITs 的国家视为适格投资者时，如果这些 BITs 内容完全相同，投资者主张其中任何一个，对其本身利益也没有影响；在这些 BITs 对投资者的保护水平有高下之分时，许多中外 BITs 规定缔约一方唯有在拥有重要或实质利益的第三国放弃、不能或没有对投资者进行保护时，才能取而代之，否则不受该方与另一方 BIT 的保护。❶ 但这种规定存在缺陷，仍将此类主张权委诸国家，而且仅考虑了第三国

---

❶ 中澳协定第1条（3）规定，如若非为缔约一方的永久居民援引了其国籍国与东道国间的 BIT，则不受协定保护。

对保护投资者不作为或不能为的情况，对该第三国积极作为时冲突解决规则则付之阙如；而且，即便预先有这样的规则，其对抗第三国的效力也是有疑问的。何况，可能该第三国与东道国缔结的 BIT 在这些 BITs 中对投资者并不是最有利的，笔者认为最好的方法是在协定中规定由该投资者的多个"国籍国"协商解决，或顺应人权（包括财产权）保护日益增强的趋势，由投资者自行选择其认为最合适的 BIT。当然，如果投资者在此之前曾经引用过其中之一，并被东道国承认和允许，不得再选择其他 BITs 对其进行保护。虽然目前缺乏 BIT 的"立法"和案例可资以佐证，但这种发展趋势应该是可以预期的。

当投资者具有的多重国籍国中只有一国与我国订有 BIT，投资者当然有权主张从该协定中受益，因为此时无论对东道国还是该自然人本人来说，重要的是其作为投资者的身份，而不是其隶属于某国的公民资格；再者，如果不允许该自然人依据该 BIT 寻求保护，其企求的法律资源只能是习惯国际法，而有关国际投资的习惯国际法极不确定且富有争议，在某些方面投资者自习惯国际法获取的保护还低于 BITs，从这个角度讲，也应该适用该 BIT。

另一个问题是，当某人已经从 BITs 中受益尔后国籍发生变更，原国籍丧失，取得新国籍，若其新国籍国与我国订有 BITs，是继续受惠于原国籍国与我国缔结的 BIT 还是受益与其新国籍国与我国缔结的 BIT？鲁道夫·道尔采认为在这种情况下，该投资者被视为原来国家的国民是有疑问的。❶ 国籍法属宪法性法律，具有强行性，因此，笔者认为应依据新国籍国与我国的协定提供保护。若投资者国籍变更之后成为无国籍人或新国籍国与我国未签订 BIT，笔者认为该投资者应继续受益于原 BIT。前者主要基于无国籍人的弱势地位和个人权利的保护；后者则可从 BIT 本身条款的规定推导出来，而这种演绎出来的结论对原东道国、投资者本人及其新国籍国均无不利影响，BITs 中的最后条款规定在协定对终止通知生效前进行的投资继续适用一段时间，对国籍变更之后的投资者而言，该协定对该投资者的效果至此时即失效，因此，应继续受到该协定的保护，至于该期限届满，则依据一般国际法主张受益。

现阶段，个人在我国没有对外投资的权利，但允许外国的企业和其

---

❶ See Rudolf Dolzer & Stevens Bilateral Investment Treaties ［M］. Martinus Nijihoff Publishers, 1995：34.

他经济组织以及个人与我国的企业和其他经济组织举办合资、合作企业和独资企业,两者表现出明显的不对等性;而且,有权与我国的公司、企业兴办专门从事进出口贸易的中外合资外贸公司的外方并不包括自然人,均不符合中外 BITs 中关于自然人作为"投资者"的定义。

此外,与其他国家外资法和缔结的 BITs 相比较,我国外资法和 BITs 对外国投资者的定义过于狭隘,如非东道国的永久居民和同时为另一国公民或永久居民的东道国公民有普遍成为外国投资者的趋势,而在我国只是例外情形。❶ 不给予具有对外投资能力的我国公民对外投资的资格,很难说尽到了鼓励投资之责,我国应逐步考虑放开公民对外投资的限制。

2. 公司

在自然人国籍冲突甚至国籍确定方面,国际法中存在若干被普遍接受的原则和规则,而没有关于公司人格的足够规则,因此,确认其人格的规则只能来源于相关的国内法律制度。❷ 受法律历史传统的影响,普通法系的国家倾向于采用成立地标准,而民法法系国家则偏好公司所在地或经营管理地标准,随着两大法系的日益融合和交汇,其缔结的 BITs 采用的标准已无绝对的界限。

在中外 BITs 中,确定公司国籍的标准主要有:单一标准和混合标准。

作为单一标准的有公司住所地、公司成立(设立、组织、登记或注册)地❸、具有重要或实质利益。有时在规定有多个单一标准的 BITs 中,只要具有其中之一即为该方公司,如中瑞(典)协定第 2 条(2)规定,所在地或瑞典具有控制利益的任何法人。而且,双方并不一定采用同一标准,中方公司采用公司成立地标准,而外方则可能另采用其他标准。

---

❶ 关于居住在外国的我国公民在我国设立的全资企业被视为外资企业的规定,见《外资企业法》第 85 条。
❷ See M. Sornarajah, *supra*, pp. 286 – 287.
❸ 如中罗协定、在中英协定中,成立地还包括该协定"领土延伸"条款适用的任何地区;值得指出的是,依据协定规定为缔约一方投资者的"公司"若为第三国国民控制或在东道国无实质性的商业活动,可能不被另一方允许准入,如中澳协定第 2 条(2),但该条(3)显然已经考虑到了这种情况,规定本协定不影响允许或禁止第三国国民(在该协定中"国民"被定义为包括自然人和公司)投资的权利,因为,为第三国公民所有或控制的缔约一方公司可能被第三国与东道国之间的 BITs 因控制利益的因素而认定为第三国的公司。但若第三国与东道国并无产生此效果的 BITs(如依成立地标准确定公司国籍,则该公司为缔约一方的公司而非第三国公司)或根本无此协定,该类公司则不受任何 BITs 的保护。

混合标准主要是要求同时满足成立地标准和住所地标准❶、成立地标准和管理中心地标准❷、成立地标准和重要或实质利益标准❸、成立地标准、住所地标准和控制利益标准❹、成立地标准和具有对外投资或贸易资格标准❺、成立地标准、实际经营地标准和管理中心地标准❻。在有的协定中,对双方同时适用两套混合标准,满足其一即为适格投资者,如中法协定、中瑞(士)协定;有的协定分别适用两种混合标准,如中加(纳)协定❼、中葡协定❽、中菲协定❾、中罗协定(1994)❿、中沙协定⓫、中津协定⓬;有的混合标准同时适用于双方⓭;还存在一种情况即在协定中同时规定适用于双方的单一标准和混合标准,只要满足其中之一即为适格⓮,或者规定同时适用于双方的多个单一标准,满足其一即为

---

❶ 如中德协定第1条(3)规定作为德方投资者的经济组织须依据德国法律设立且在德国有住所,与其他作同样规定的BITs不同的是,住所须在该协定可适用的任何地区;中—比卢经济联盟协定第1条(1)、中意协定第2条(5)、中斯(里兰卡)协定第1条(4)。
❷ 如中法协定第1条(3)、中葡协定第1条(2)。
❸ 如中法协定第1条(3)。
❹ 如中瑞(士)协定第1条(2)。
❺ 如中加(纳)、中蒙协定、中乌(兹别克斯坦)、中亚、中哈、中乌(克兰)、中摩(尔多瓦)协定。
❻ 如中菲协定要求菲方公司满足该标准。
❼ 中方适用成立地标准和住所地标准的混合标准,而加纳适用成立地标准和对外投资或贸易资格标准的混合标准。
❽ 中方适用成立地标准和住所地标准的混合标准,葡方适用成立地标准和管理中心地标准的混合标准。
❾ 中方适用成立地标准和住所地标准的混合标准,菲方适用成立地标准、实际经营地标准和管理中心地标准的混合标准。
❿ 该协定第1条(2)规定,中方适用成立地标准和住所地标准的混合标准,而对方适用成立地标准和营业地标准、实际经营地标准的混合标准。
⓫ 该协定规定中方适用成立地标准和住所地标准的混合标准,对方适用成立地标准和管理中心地标准的混合标准。
⓬ 该协定规定中方适用成立地标准和住所地标准的复合标准,对方适用成立地标准和主要营业地标准的复合标准。
⓭ 如中西、中希、中韩、中阿(根廷)、中越、中塔、中格、中立、中智、中埃(及)、中秘、中摩(洛哥)、中南(斯拉夫)、中黎、中柬、中孟、中叙(利亚)协定对双方均采用成立地标准和住所地标准的混合标准、中哈、中乌(克兰)、中白、中阿(尔巴尼亚)协定为成立地标准和对外投资资格标准的混合标准;中赞协定为成立地和主要营业地的复合标准。
⓮ 如中芬协定第1条(2)规定成立地且住所地也在缔约方境内或者缔约方自然人、经济组织具有重要利益的企业或经济组织均为适格投资者;中奥协定第1条(3)规定的混合标准是成立地标准和住所地标准的混合标准,单一标准则是重要利益标准;中爱协定第1条(2)规定的单一标准是实质利益标准,混合标准是成立地标准和住所地标准的混合标准。

适格，❶ 或者一方适用单一标准，另一方则适用混合标准。❷

绝大多数协定并不要求经济组织一定具有法人资格，❸ 有的协定在经济组织是否须具有法人资格上，对双方要求并不对等。❹ 有些协定甚至对股东或成员的责任有限或无限、是否具有赢利性或所有制性质也在所不问。❺

有时，投资者包括具有法人资格的公共机构和机关或国家公司及其代理机构❻，有的协定还明确列举了这种"公共机关或机构"，如中沙协定第1条（3）指明就沙特而言，此类机关包括沙特货币总署、公共基金、发展署和其他总部设在沙特的类似政府机构，可能产生国家豁免的问题。

同时，也不是在任何情况下满足协定规定条件的经济组织均可成为"投资者"，如中菲协定第1条（2）基于维持公共秩序，保护基本安全利益或承担与国际和平和安全有关的义务的需要，规定双方可协议将满足条件的某特定公司从"投资者"定义中排除。

基于相似原因，公司国籍也极有可能产生与自然人同样的国籍冲突现象。某些中外 BITs 仅考虑到了上述自然人国籍冲突的第一、二种情形，

---

❶ 中澳、中阿（曼）协定第1条（1）规定的单一标准是成立地标准和控制利益标准，不同的是，前者并未要求拥有控制性的利益的经济组织须具有法人资格，而后者对此有明确要求。

❷ 如中挪协定第1条（4）规定，作为中方投资者的经济组织须在中国成立且有住所，而就挪威而言，只要住所地在挪威即可；中马（来西亚）协定第1条（3）、中巴（基斯坦）协定第1条（2）、中斯（洛文尼亚）第1条（2）、中乌（拉圭）协定第1条（2）、中阿（塞拜疆）协定第1条（2）、中厄、中牙协定第1条（2）、中印（尼）协定第1条（2）中古协定第1条（2）规定，中方适用成立地标准和住所地标准的混合标准，而对方则适用单一的成立地标准、中阿（联酋）协定第1条（2）规定就作为投资者的不具有法人资格的经济实体而言，中方适用成立地标准和住所地标准的混合标准，而对方仅要求在其境内设立。

❸ 要求经济组织必须具有法人资格的协定很少，如中瑞（典）协定第1条（2）、中泰协定第1条（2）、中科协定第1条（2）、中土（库曼斯坦）协定第1条（2）、中冰协定第1条（2）；中奥协定第1条（3）要求企业须具法人资格，而其他组织或社团是否法人在所不问；中阿（联酋）协定第1条（2）规定法人或非法人均可作为投资者，只是采用了不同标准来确定其国籍。该协定和其他几个较早签订的协定还对法人的具体类型做了列举，如中阿（联酋）第1条（4）将其列举如下：公营和私人公司、社团法人、商业社团、机关、合伙、基金会、商号、机构、集团、会社、发展基金、企业、合作社及其他类似实体。

❹ 如中新（加坡）协定第1条（4）规定中方须为公司或其他法人，而对方则是否不论；而中摩（尔多瓦）协定第1条（2）、中越协定第1条（2）、中格协定第1条（2）、中爱协定第1条（2）、中阿（塞拜疆）协定第1条（2）、中印（尼）协定第1条（2）（该协定甚至明确规定了公司的责任类型为有限责任公司）则正好相反。

❺ 如中德协定第1条（3）、中泰协定第1条（2）、中澳协定第1条（1）、中日协定第1条（4）、中韩协定第1条（3）、中阿（联酋）协定第1条（4）。

❻ 如中加（纳）协定第1条（2）、中阿（联酋）协定第1条（2）规定阿联酋联邦政府、地方政府及其他地方机构和金融机构可为阿方投资者。

第一种情况如中瑞（士）协定第1条采用成立地标准确定公司国籍，但该协定议定书第1条补充规定双方投资者依据对方法律在对方境内设立的经济实体或法人不是前一方的投资者❶（然而，并不妨碍此种公司受该协定的保护）；中以协定议定书第1条（2）规定，若缔约一方的公司直接或间接为缔约另一方公司控制时，在缔约另一方境内投资时，暂不视为缔约一方的投资者，如此规定的目的在于防止本国公民或公司可能将资金转移至境外，然后以外国投资者的身份享受依据协定给予的种种优惠，起不到通过 BIT 引进外资的作用。第二种情况，即本来依据"投资者"定义条款属于缔约一方的投资者，但由于该公司的成立者是缔约的另一方投资者或拥有实质利益，双方协议不被视为前者的公司，规定缔约一方国民（包括自然人和公司）拥有利益或实质利益的成立于第三国公司，只有在第三国没有，不能或放弃对该公司保护时，才能被视为缔约方的投资者。中澳协定第1条（2）规定，若缔约一方公民或永久居民所有或控制的成立于第三国的"公司"已援引该第三国与东道国之间的BIT，则不再受本协定的保护。❷ "实质或控制利益"的认定主要通过两种方式解决，一是在 BITS 本身未做界定时，依据条约的争端解决机制；一是根据 BITs 本身对该概念的定义。当然，最直接、最没有争议的是协定本身对实质或控制利益的定义，如中日、中韩协定对此作出了解释，但均未提供具体确定的标准，只是要求"实质利益"应能达到控制公司或对其经营决策程序具有决定性影响。通常在解释协定时，双方会依据各自国内法以及各自同他国缔结的同类协定。在这种情况下，各国国内法中认定国际直接投资的标准有助于判断何谓"实质或控制利益"，一些国家以一定的外资股权比例作为唯一标准，如美国《国际投资审查法》规定，直接投资是指个人直接或间接地占有或控制某公司10%允许有表决权并能代表公司资本的证券，或者直接、间接地拥有或控制任何等值的投资额；有些国家则采用外资股权比例和实际经营权（如法国）、外资股权比例和外国参与（主要指外国董事人数和外籍雇员人数）的灵活标准来鉴定某项投资是否是直接投资；❸ 许多发展中国家只将外国公司的子公司、

---

❶ 见中瑞（士）协定议定书第1条、中澳协定第2条（5）。
❷ 如中阿（根廷）协定第1条（2）、中爱协定第1条（3）。
❸ 如由独联体9个国家的专家拟订的"外资法基本元素"规定外国投资者可通过下列方式实施控制，或者说外国投资者在企业中的实质利益或控制性利益的具体表现形式：①书面合同；②享有多数股权；③有权指定企业执行机关或监督机关的绝大多数成员。

分公司的投资作为外国直接投资对待。必须承认,外国投资者对企业的控制或在企业享有实质性、控制性利益并不一定透过一定比例的股权,其凭借人员配备、技术优势和销售网络即可实现事实上的控制。其他国家尤其是缔约双方与第三国缔结的 BITs 对认定实质或控制利益可能更具参考价值,如瑞典—立陶宛(1992)BIT 议定书规定,"下列事实应被视为'重要利益':1.缔约一方法人分支机构的地位;2.直接或间接资本投入50%以上;3.在公司机关中拥有直接或间接获得支配地位的表决权或以决定性方式影响法人的功能"。上述事实便可借用以确定何谓中瑞(典)、中立协定中的实质或控制利益。

至于其他几种公司国籍冲突问题的解决,可以采用笔者建议的解决自然人国籍冲突的原则和方法。

以上解决的是在国际求偿程序和外交保护之前,着眼于公司利益保护的国籍冲突问题,关于进入国际求偿程序求偿国的确定,学说、判例和国际实践可资借鉴。在一种情况下,有权提出求偿的国家不会产生异议,即该公司的成立地所在国且其大多数股东为该国国民。❶ Garcia – Amador 认为当某公司具有成立地所在国国籍却为非该国国民所拥有时,传统规则需要变通,公司住所地、主要管理和控制地所在国也可以作为成立地国的替代性标准。❷ 国际法院在 Barcelona Traction 案的判决中坚持了公司求偿权国籍的传统规则,认为只有公司成立地所在国才是公司国籍国,才有权代表公司提出请求,拒绝了大多数股东国籍国的求偿请求。其实,国际法院也注意到了此前就有一些与传统规则不同的先例,如法院承认在公司不复存在或公司成立地所在国不具有求偿资格时,股东国籍国也可以求偿,只是法院在本案中未发现上述情况。该判决被有些学者指摘为由于对竞争性求偿请求的杞人忧天,忽视经济现实,致使真正的受害者无从获得保护。❸ 正是由于国际法院在上案中如此判决,

---

❶ 詹宁斯,瓦茨修订.奥本海国际法[M].第1卷,第2分册.王铁崖,等译.北京:中国大百科全书出版社,1998:411.

❷ See F. v. Garcia – Amador. The Changing Law of International Claims [M]. 1984:784,795. 根据联合国赔偿委员会规则,受损害的公司甚至可以不由其国籍国代表,自己径直向 UNCC 提出求偿,只需说明其成立地国不代为提出求偿的理由。See Francisco Orrego Vicuna. Changing App. roaching to the Nationality of Claims in the Contest of Diplomatic Settlement [J]. ICSID Review, 2000 (15):348.

❸ See Francisco Orrego Vicuna. Changing Approaching to Nationality of Claims in the Context of Diplomatic and International Dispute Settlement [J]. ICSID Review, 1995 (9):356.

各国才大量缔结 BITs 加强对股东权益的保护,从中外 BITs 关于公司成立地国与股东国籍国代表受损害公司提出国际求偿的顺位来看,股东国籍国甚至优先于成立地国,突破了公司求偿权国的传统规则。至于求偿国股东的股份比例,在一些条约和求偿安排中不尽相同。❶ 公司的股东往往具有不同国籍,东道国与代表某国股东达成的这种协议,不得影响第三国的权利和利益,包括对其国民的外交保护。❷

(三) 属时效力、属地效力

1. 属时效力(application ratione temporis)

属时效力大多规定在协定的最后条款,包括生效日期、有效期、协定的延展以及对在终止通知生效之前的投资的保护;❸ 同时,在"投资"定义中❹或以专门条款规定条约惠及生效之前所进行的投资。

生效日期❺:除少数几个协定规定签署即生效外,如中瑞(典)、中丹、中英、中澳协定;中科、中瑞(士)、中希、中阿(曼)、中以协定规定相互通知各自完成国内法律程序之日生效;其余均要求协定自相互通知各自完成国内法律程序或满足国内条件一个月或 30 天后生效。❻

---

❶ 詹宁斯,瓦茨修订. 奥本海国际法 [M]. 第 1 卷,第 2 分册. 王铁崖,等译. 北京:中国大百科全书出版社,1998:433-434,注 40。如中挪协定议定书第 1 条规定,此类公司在被东道国征收后,只有该第三国无权或放弃要求补偿的权利时,方可适用本协定的有关规定。

❷ See Vaughan Lowe. First Report of the Committee on Diplomatic Protection, 69th Annual Conference of the International Law Association [R]. London, 2000. *Comments on the Preliminary Report on Nationality of Claims*, also see Francisco Orrego Vicuna. Changing Approaching to the Nationality of Claims in the Context of Diplomatic Protection and International Dispute Settlement [J]. ICSID Review, 2000 (15):357.

❸ 中科、中英、中阿(曼)等协定"生效"条款与"期限、终止条款"是单独的两个条款。

❹ 如中丹、中科、中英协定。

❺ 在包含议定书和换文的协定中,双方同意将其作为协定的组成部分,均与协定正文同时签署,而且,并未另行规定生效事宜,应认为与协定同时生效,中英协定的换文另规定中方复函之日生效,但复函日与协定签署日、英方致函日为同一天。中土(尔其)、中毛协定还就修改后协定的生效日期作了规定即通知完成修改所需的国内手续之日生效。

❻ 中意协定第 13 条(1)在该问题上的规定是 3 个月;中荷、中匈、中蒙、中捷、斯洛伐克、中葡、中西、中玻、中阿(根廷)、中摩(尔多瓦)、中越、中老、中阿(尔巴尼亚)、中格、中克、中爱、中斯(洛文尼亚)、中立、中乌(拉圭)、中阿(塞拜疆)、中厄、中智、中冰、中埃(及)、中秘、中罗(1994)、中牙、中印(尼)、中古、中南(斯拉夫)、中沙、中津、中黎、中赞、中柬、中孟、中阿(尔及利亚)、中叙协定在该问题上的表述为"相互通知之日起的第 2 个月或下个月的第 1 天生效",中新(加坡)、中波、中新(西兰)、中保、中加(纳)、中前苏联、中巴(布亚新几内亚)、中乌(兹别克斯坦)、中亚、中哈、中韩、中乌(克兰)、中土(库曼斯坦)、中白、中塔、中摩(洛哥)、中毛协定表述为"第 30 天开始生效"。

有效期、延展期及对在终止通知生效之日前进行的投资的保护：多数协定的有效期为10年或15年，❶ 所有协定均采用"消极延展"的方法即规定在第一轮有效期终前一年或12个月或6个月，❷ 双方未以书面形式通知对方终止，则继续有效；至于继续有效的期限，绝大多数规定为不定期有效，极少数规定了具体期限。❸ 而有的进一步规定，在延展期中双方可随时书面通知终止协定，❹ 终止须以书面形式为之，在对方收到通知一年后生效。对于在终止通知生效日前的投资，协定对之仍为有效，通常期限等于原始有效期。❺

协定的溯及力：条约在原则上并无溯及既往的效力，中外BITs的溯及力表现在两个方面，第一个方面实际上同时表现出属物效力的性质，所以有的协定直接在"投资"定义中予以规定。❻ 通常规定适用于协定生效之前和之后进行的投资，但也有一些协定另外还确定一个具体日期，或两国建交日❼或

---

❶ 中罗（1983）、中德、中法等协定有效期为10年；中瑞（典）、中芬、中挪等协定为15年；中科协定有效期为20年、中哈、中韩、中乌（克兰）、中摩（尔多瓦）、中白、中阿（尔巴尼亚）、中塔、中格、中克、中阿（联酋）、中立、中阿（塞拜疆）、中厄、中智、中罗（1994）、中古、中赞协定为5年。

❷ 如中摩（洛哥）协定第12条（1）。

❸ 如中意协定第13条（1）、中赞协定第13条（2）规定延展有效期为5年、中瑞（士）协定为2年、中韩协定为1年、中印（尼）、中摩（洛哥）协定为10年，中阿（曼）协定为10年或更长的时间。

❹ 但中荷协定第15条规定须至少提前6个月通知、中澳、中日、中巴（基斯坦）、中保、中加（纳）、中前苏联、中土（尔其）、中巴（布亚新几内亚）、中匈、中蒙、中捷、斯洛伐克、中葡、中西、中乌（兹别克斯坦）、中玻、中吉、中亚、中哈、中乌（克兰）、中阿（根廷）、中摩（尔多瓦）、中土（库曼斯坦）、中越、中白、中老、中阿（尔巴尼亚）、中塔、中格、中克、中阿（联酋）、中爱、中斯（洛文尼亚）、中立、中乌（拉圭）、中阿（塞拜疆）、中厄、中智、中冰、中埃（及）、中秘、中罗（1994）、中牙、中以、中古、中南（斯拉夫）、中沙、中津、中黎、中赞、中柬、中孟、中阿（尔及利亚）、中叙协定规定此期限至少为1年。

❺ 但中德、中法、中荷、中奥、中英、中日、中保协定原始有效期为10年，但规定协定对在终止通知生效日前的投资继续适用15年；中芬协定原始有效期为15年，但对终止通知生效日前的投资继续适用10年，中意、中菲、中南（斯拉夫）协定分别为10年和5年、中希协定为10年和20年，中摩（尔多瓦）、中阿（尔巴尼亚）、中格、中克、中阿（塞拜疆）、中厄、中智、中罗（1994）、中牙、中以、中赞、中柬、中孟协定为5年和10年，中白、中立协定为5年和15年。中英协定还规定在继续适用期间，双方均接受的一般国际法应首先适用。中韩、中乌（克兰）、中塔协定为5年和15年、中阿（联酋）、中古协定为5年和20年、中秘协定为10年和15年。

❻ 中土（尔其）协定在最后条款予以规定。

❼ 如中土（库曼斯坦）协定第6条规定："本协定适用于双方建立外交关系后的缔约一方投资者依据对方法律和法规在另一方领土上的全部投资。"

两国各自的建国日❶；中印（尼）协定第3条规定，该协定适用于中国投资者根据印尼1967年1号法律和任何修改或替代法律已经获准在该国境内的投资，对印尼投资者而言，并未作时间上的限制，至于中国投资者在印尼1967年1号法律通过之前就已经存在的投资保护，则由双方磋商。显然，中印双方并无将该协定适用于此类投资的合意，质言之，该协定不适用于中国投资者在该法令通过之前的投资。另外，有极个别协定如中摩（洛哥）协定第11条规定只适用于该协定生效前以外汇进行的投资。第二个方面即协定是否有对其生效前的争议、分歧或请求权溯及既往的效力，如中蒙、中乌（拉圭）、中智、中罗（1994）、中南（斯拉夫）、中黎协定明确给予否定，但若两国间曾经订有同类协定，在新协定生效前的任何争议当依旧协定解决，如中罗（1994）协定第11条明确规定应按照1983年2月10日两国缔结的协定解决。当新协定生效时，旧协定废止。

中阿（联酋）、中阿（曼）、中黎等少数协定还明确规定缔约双方外交或领事关系的存在与否并不影响协定的适用。❷ 中德协定规定两国之间发生的冲突不应影响协定的效力，双方可以依据一般国际法一般原则采取临时措施，但这种措施应最迟于冲突实际结束时取消。❸

有的协定英文本对"投资"的限定，容易让人产生该协定仅及于已投入的财产的误解。如中荷、中新（西兰）协定英文本为："…assets which have invested…"，协定当然适用于其生效之后进行的投资，自不待言，绝大多数协定另以专条强调条约效力及于其生效之前进行的投资，但从国际条约措辞所应有的严谨缜密之要求来看，上述两协定英文本的措辞还是值得推敲的。

---

❶ 如中瑞（典）、中罗（1984）、中德协定第8条、中芬协定第2条（2）规定，"本协定应适用于1979年7月1日以后进行的所有投资"；中澳协定规定的此类日期是1972年12月1日、中日协定为1972年9月29日、中巴（基斯坦）协定为1954年9月1日、中保协定为1957年1月1日、中前（苏联）协定为1985年1月1日、中土（尔其）协定为1971年、中匈协定为1973年1月1日、中捷协定和中斯（洛伐克）协定为1950年1月1日、中乌（兹别克斯坦）、中亚协定为1992年1月1日、中哈协定和中塔协定为1985年1月1日。有时，这种日期对双方而言并不相同，如中斯（里兰卡）协定第2条规定，该协定适用于中国投资者1978年9月7日之后在斯里兰卡的投资，斯里兰卡投资者1979年7月8日之后在中国的投资；中韩协定规定适用于中国投资者1948年8月25日后在韩国的投资，韩国投资者1949年10月日后在中国的投资。
❷ 见中阿（联酋）协定第12条"政府间关系"条款。
❸ 该协定第11条。

## 2. 属地效力（territorial application）

在没有其他规定时，❶ 协定当然适用于各方领土或境内，中澳协定对"领土"进行了定义，包括"缔约方行使主权、主权权利或管辖权的领海、海域或大陆架"❷。国际法上，一国领土包括领陆、领海、领空；依据国际海洋法的规定，一国对领陆之外的海域的权利性质和程度是有区别的，对领海享有完全主权，而在毗连区、专属经济区、公海、大陆架、海床洋底的权利仅具有主权性质或在某些事项享有某种管辖权，从严格意义上说，对"领土"作如此定义，不符合国际法。

极少数协定，如中英协定含有"领土延伸"条款（第10条）规定，"在本协定签字或其后任何时候，缔约双方可互换照会同意将本协定延伸于由联合王国负责国际关系的领土"，即本协定可能适用于英国的海外领地。

台湾、香港、澳门是我国的领土，所有中外BITs均未将三地排除在适用范围以外，而实际上，根据《香港特别行政区基本法》第153条(1)和《中华人民共和国澳门特别行政区基本法》第138条(1)的规定，我国签订的国际协议可根据特别行政区的情况和需要，在征询特区政府的意见之后，决定是否适用。台湾回归后，亦应作相同处理。考虑到两岸三地基本经济制度和发展水平的差异，中外BITs至少在目前阶段不应延伸适用；而且，BITs显然属于基本法规定可由特区政府以自己名义缔结的经济协定，香港也与外国签订了11个BITs。但这种规定毕竟是国内法，一国不能以国内法有不同规定为由拒绝履行条约义务已成为普遍共识。因此，我国应在BITs中明确将台、港、澳排除在适用范围之外。

---

❶ 如中丹协定明确将法罗群岛和格陵兰排除在适用的地理区域外、中荷协定规定仅适用于荷兰王国的欧洲部分、中新（西兰）协定规定除非双方换文同意，该协定不适用于库克群岛、纽埃和托克劳。

❷ 中法、中意、中荷等许多协定也作如此规定。

# 第三章 中外双边投资条约中的投资待遇条款(一):一般待遇条款

从广义上说,"对外国投资的待遇是指外国投资者在东道国所具有的法律地位,即享受权利和承担义务的状况。投资保护协定的整个内容其实都可归结为对外资的待遇问题"。❶ 通常所说的投资待遇限于外资准入和外国资本的实际运作过程中,投资保险和保证协定则主要规范和调整发生承保范围内的法律事实后,东道国政府和取得对投资者代位权的母国特定机构之间因理赔而产生的法律关系,实际上是对投资过程中非常态事件消极的事后补救,它并非直接针对投资者;对投资者而言,其经由本国投资保险机构的补救所获得的利益要远逊于其投资及投资活动常态发展可能获致的期待利益。因此,东道国政府在这种情况下间接给予投资者的补偿,性质与其直接、积极地授予投资者投资及投资活动某种特权、优惠等不可同日而语,正如多边投资机构公约一样,投资保险和保证协议并不涉及外国投资待遇的实体方面。况且,我国仅有的与美国、加拿大签订的投资保险和保证协定均未规定待遇条款。所谓投资待遇条款只存在于 BITs,投资保护协定均有专门的投资待遇条款,除此之外,还散见于协定序言和其他实体性和程序性条款中,其直接与缔约双方及投资者的权利义务的范围、程度有关,因而被学者视为整个 BIT 的核心。❷

依据有无确定的参照标准,投资待遇可划分为相对(间接)待遇标准和绝对(直接)待遇标准;依据适用范围,又可将其区别为一般待遇标准和特别待遇标准,❸ 前者适用于投资活动的各个环节和方面,而后者只适用于协定规定的某些特定环节和方面。严格来讲,一般待遇标准和特别待遇标准仅是相对(间接)待遇标准及绝对(直接)待遇标准适用

---

❶ 陈安,曾华群. 国际投资法学 [M]. 北京:北京大学出版社,1999:426.
❷ 陈安,曾华群. 国际投资法学 [M]. 北京:北京大学出版社,1999:426.
❸ See UNCTD World Investment Report 1998 [M]. 2012:40.

范围宽狭的不同，但在联合国跨国公司中心的研究报告中，特别待遇包括投资及收益的转移、战争（内乱）损失的补偿、雇佣、入境及逗留权、履行要求等具体规则。

本章依据前一种划分来论述，在考察其适用范围时涉及某些具体规则；在下一章讨论投资准入、投资及收益的转移、履行要求方面的特别待遇。

## 第一节 绝对待遇标准

（一）绝对待遇标准的类型及立法体例

中外 BITs 中除中韩、中白、中罗（1984）、中捷、中斯（洛伐克）等协定根本就没有绝对待遇标准的措辞外，通常提到的绝对待遇标准包括：公正和公平待遇❶、公平和合理待遇❷、充分的保护和保障❸、公平待遇❹、最持久的保护和保障❺等。表述虽略有差异，但实际上中外 BITs 只有两种，即公正和公平待遇和充分（或持久）的保护和保障，而同时规定这两种绝对待遇标准的协定，均兼容在"投资待遇"条款之中。

在绝大多数协定中，绝对待遇标准和相对待遇标准是并行规定在"投资待遇"条款中的，少数协定将绝对待遇标准和相对待遇标准分别规定在不同的条款中，如序言❻、"投资及收益转移"条款❼，"投资促进和保护"条款❽、"征收或国有化补偿"（有时还包括战乱损失补偿）条款❾。

---

❶ 如中新（加坡）协定第 3 条（2）。
❷ 如中德协定第 2 条规定，"在任何情况下给予公平和合理的待遇"。
❸ 如中德协定第 4 条在"保护"和"保障"前没有"充分"的修饰语；中意协定第 4 条没有"保障"二字。
❹ 如中—比卢经济联盟协定第 3 条（1）、（2）、中芬协定第 3 条、中泰协定第 4 条（1）。
❺ 如中泰协定第 3 条（2）。
❻ 如中瑞（典）、中丹协定。
❼ 如中—比卢经济联盟协定第 6 条（2）。
❽ 如中德协定第 3 条、中挪协定第 3 条、中意协定第 1 条、中泰协定第 3 条（2）、中丹协定第 3 条（该条款名为"保护投资"）第 1 条（同时要求给予公正和公平待遇和享受保护和保障）。
❾ 如中德协定第 4 条、中法协定第 4 条、中意协定第 4 条。

## (二) 绝对待遇标准的指称与严格责任原则

### 1. "公正和公平待遇"标准的指称

"公正和公平待遇"是经由国家实践、学说和国际仲裁裁决发展起来并由西方学者加以概念化的一项传统的国际法标准,发达国家极力将其解释为国际最低待遇标准,要求给予其国民以高于东道国法律及优于东道国国民的待遇,否则东道国须承担国家责任,一度成为投资者母国滥用外交保护权,甚至武力干涉的借口,遭到发展中国家的抵制。以拉美国家为首的发展中国家则祭出"卡尔沃主义"与之分庭抗礼,主张外国投资者只能享有国民待遇,不得寻求其母国的外交保护。❶ 但从各国 BITs 的规定来看,不独发达国家和发展中国家缔结的协定普遍采用"公正和公平待遇"标准,在发展中国家相互之间订立的协定中也有逐渐复苏的迹象,而且在独联体专家拟订的"外资法基本元素"第 8 条即以"公正和公平待遇、充分保护和保障与国际法要求"命名,并在条文中明确规定,在任何情况下,此种待遇不低于国际法所要求的待遇。但迄今为止,即便是奉之为圭臬的发达国家亦不能给予精确的界定。

判断"公正和平等待遇"的依据究竟是国内法还是国际法,以及它究竟是西方国家一贯主张的国际最低待遇标准还是一个独立的、有其特定内涵的概念等问题,学者学说和国家实践一直争讼纷纭。1979 年,瑞士外事办公室认为其等于国际最低待遇标准,一些西方学者仍坚持该待遇标准提供了一个与东道国国内法无关的基本标准,至少应作为解释条约的附加或从属的因素。MIGA 在决定是否对某特定投资提供保险时,投资者能否从东道国获得公正和公平待遇是一个重要的因素,但并非将公正和公平待遇作为成员国给予投资的一般性的待遇标准,机构需要做逐案分析以确认东道国是否能提供此种待遇。❷ 在机构认为东道国的国内法或缔结的 BITs 给予投资者及其投资的待遇未达此要求时,可以与东道国签订协议或作出其他安排给予承保的投资以该机构认为的公正

---

❶ 有学者认为拉美国家和其他地区国家以及相互间缔结的 SITs 中包含的"公正待遇"和"公平补偿"等,表明外国投资者的待遇已不再纯粹是国内事项,外国投资者也并非只享有与本国投资者同样的待遇,即背离了卡尔沃主义的基本原则——国民待遇原则。

❷ See Ibrahim F. I. Shihata. MIGA and Froeign Investment: Origin, Operation, Policies and Documents of the Multilateral Investment Guarantee Agency [M]. Martinus Nijhoff Publishers, 1988: 222.

和公平待遇,❶ 因此,该机构在这种情况下认定的公正和公平待遇肯定要高于国内法或双边投资保护协定规定的同类待遇标准,而实际上会接近所谓的国际最低标准。机构运作章程第3条(16)规定,在投资者母国与东道国未缔结BIT时,依据东道国国内法和实践与国际法的相契性断定是否会得到足够的法律保护。在希哈塔(Shihata)看来,因为有关国际投资的习惯法无法确定,该规定实际上赋予机构为了机构运作而发展相关国际法的权力,机构确认的"法律"有可能对成员国国内立法和以后的国际仲裁庭的裁决产生重大影响。❷ 附录2规定在机构取得了对受保者的代位权后与东道国进入仲裁程序后,仲裁庭应首先采用可适用的国际法规则和有关国家的国内法,这种法律适用顺序,给予国际法以优先于国内法的效力位阶。但该规定遭到了许多国家的强烈反对,公约对此采取了折中妥协的策略,授权机构与相关国家预先签订协定,就争议解决作出规定,但该协定须经董事会特别多数批准,而且附录2应作为该协定的基础,实际上又抵消了该协定。

笔者认为不仅需要在投资保险和争议解决中作逐案分析,更为重要的是对BITs本身在此问题上的具体规定,然后判断绝对待遇标准的参照依据或其效用。就中外BITs而言,给以正确判断需要注意的因素包括绝对待遇标准的立法例及修饰语。仅在序言规定而未在正文中重复绝对待遇标准,只是敦促缔约双方忠实履行协定,很难说对双方加诸了给予对方投资者绝对待遇的实定义务,这可以从独联体国家专家拟订的"外资法基本元素"中关于将给予外资的绝对待遇标准作为一个独立条款而不在法律序言中规定,目的在于强调外资法的重要性,要求法院和行政机关予以充分尊重的评论得到反证。

如果缔约双方在协定中设定了某种条件或共同同意某种解释,应依据此种条件或解释来判断东道国是否满足了绝对待遇标准。许多中外BITs规定,依据缔约各方的法律法规给予投资者"公正和公平待遇",如中意、中泰协定要求缔约一方的投资者的投资应依缔约另一方的法律给予"公正和公平待遇"和"享有最持久的保护和保障",其实质是要求东道国政府信守本国法律对外国投资者的承诺,不得轻易通过立法或行政等国家行为扭曲、

---

❶ 见该公约第23条(b)(2)。

❷ See Ibrahim F. I. Shihata. MIGA and Foreign Investment: Origin, Operation, Policies and Documents of the Mulilateral Investment Guarantee Agency [M]. Martinus Nijihoff Publishers, 1988: 235.

第三章　中外双边投资条约中的投资待遇条款（一）：一般待遇条款

损害甚至剥夺投资者的利益，以达到促进和保护投资的目的，与有关投资者投资待遇的国际习惯法没有必然的直接联系，只要东道国遵守了本国法律法规的规定，即应被认为符合"公正和公平待遇"标准；❶ 在另外一些协定中，如中新（加坡）、中斯（里兰卡）协定要求依据本协定给予绝对待遇，亦即忠实履行了两国间的这种"特别法"即为已足；即使是极少数将绝对待遇标准与国际法联系起来的协定，亦明确此类国际法原则和规则须均为缔约双方认可和接受，这样就限制了任何一方任意强加国际最低标准的可能性，如中—比卢经济联盟协定议定书第7条对正文第3条（1）中所谓"公平待遇"标准作了补充解释，要求"应不低于普遍公认并为缔约双方所采纳的国际法基本原则和规则所含的待遇和保护"。中阿（联酋）协定则将判断"公正和公平"的依据放大到双方均参加的国际条约。❷

在未提供任何可参照的法律依据的协定中，相对待遇标准应作为判断的主要标尺，同时将其作为一般性的解释工具。由于绝大多数协定将绝对待遇标准和相对待遇标准并行规定在同一个条款中，因而，如何理解和处理两者之间的关系就成为条约解释和适用中的关键问题。在这个问题上，学者间存在三种不同意见，一是或等于最惠国待遇，或等于国民待遇；二是认为我国目前普遍推行国民待遇的条件还不成熟，公正和公平待遇仅包括最惠国待遇；三是将其作为最惠国待遇和国民待遇之外的一项总的待遇原则对待。❸

的确，在这个问题上存在一些模糊甚至自相矛盾的认识，如独联体国家专家在评论"外资法基本元素"第8条时，认为绝对待遇标准应通过更加具体的原则（如国民待遇、非歧视原则）加以发展。也就是说，前者通过后者具体化，在大多数情况下，应根据特定的原则和标准来衡量东道国的责任；但同时，绝对待遇标准又被视为一般性"保护伞条

---

❶ 中芬协定第3条、中马（来西亚）协定第2条、中巴（布亚新几内亚）协定第2条（1）、中希协定第2条（2）中阿（联酋）协定第2条（2）、中冰协定第2条（2）、中埃（及）协定第2条（2）、中印（尼）协定第2条（2）、中以协定第2条（2）、中南协定第2条（3）、中沙协定第2条（1）、中毛协定第3条（2）也可作此理解。
❷ 该协定第2条（3）规定，"投资一旦设立，应始终享受与缔约各方均为成员国的有关国际条约的充分保护和保障"。
❸ 转引自陈安，曾华群. 国际投资法学 [M]. 北京：北京大学出版社，1999：441.

款",起到填充空白、拾遗补缺的效用。❶换句话说,绝对待遇标准既可能是又可能不是最惠国待遇、国民待遇。

在缺乏直接与我国相关的案例可资佐证的情况下,只能借助于对协定的文本解读。将绝对待遇标准仅等同于最惠国待遇明显与中外BITs的规定不符,在少数规定国民待遇的协定中,均规定绝对待遇标准不应低于国民待遇,明显包括并有可能高于国民待遇。笔者认为将绝对待遇标准理解为与最惠国待遇、国民待遇并立且据此判断是否公正和公平的一项总的待遇原则比较符合协定表述体现出来的形式逻辑和国际法基本原则的要求,同时也不排除依据协定本身的规定,等同于最惠国待遇或国民待遇的可能。

通过对有关协定的逻辑解释,笔者认为确实有绝对和相对待遇标准之分。中—比卢经济联盟、中荷、中波、中巴(基斯坦)、中保、中加(纳)、中前苏联、中匈、中蒙、中葡、中西、中乌(兹别克斯坦)、中玻、中吉、中亚、中菲、中哈、中乌(克兰)、中摩(尔多瓦)、中土(库曼斯坦)、中越、中老、中阿(尔巴尼亚)、中塔、中格、中克、中爱、中斯(洛文尼亚)、中立、中乌(拉圭)、中阿(塞拜疆)、中厄、中智、中埃(及)、中秘、中罗(1994)、中牙、中古、中津、中黎、中赞、中柬、中孟、中阿(尔及利亚)等协定的中文本容易让人得出最惠国待遇即绝对待遇标准确指的轻率结论。以中波协定为例,该协定第3条第1款规定给予对方投资者的投资和与投资有关的活动以"公平"的待遇和保护,第2款即明确前款所述的待遇和保护应不低于给予第三国投资者的投资和与投资有关的活动的待遇和保护。笔者认为,不能将两款规定的待遇标准划等而视之为单一的最惠国待遇标准,从逻辑上说不过去,若如此,实无重复的必要,完全可以像有些协定一样直接规定;而且,第3款("例外条款")的措辞为"本条第1款和第2款所述的待遇和保护……"显然是将两者作为不同的待遇标准区别对待的,正确的理解应该是最惠国待遇是最低待遇标准,"公平"待遇是较之更高的待遇。❷

---

❶ See Jurgen Voss Basic Elements for Foreign Investment Legislation in the NIS: An Introductory note [J]. ICSID Review 98.

❷ 虽然中巴(布亚新几内亚)协定是在不同条款中分别就绝对待遇标准和相对待遇标准作出规定的,但与前述协定并无实质区别。

第三章 中外双边投资条约中的投资待遇条款（一）：一般待遇条款

中阿（根廷）协定是为数不多的例外。该协定第3条（2）规定，"本协定项下所享受的待遇和保护不应低于第三国投资者和与投资有关的活动所享受的待遇和保护"，第3条（3）将第2项所说的待遇明确称为"最惠国待遇和保护"。❶ 而在该协定中，只有第3条（1）和第4条（"战乱损失补偿"）提到待遇和保护，前者即为通常所说的"绝对待遇标准"（"公正和公平的待遇和持久的保护和保障"），❷ 由此可以推断，该协定并未规定两种待遇标准，最惠国待遇只不过是绝对待遇标准的进一步确指。中叙协定的规定也许可以推导出相对待遇标准即绝对待遇标准的确指的观点，该协定正文中仅有"公平和公正"的绝对待遇标准，而且还延及因战乱造成投资者损失时东道国给予的一切有关措施。而在该协定的议定书第1条中就上述待遇标准作了进一步的解说，就中国而言，意味着最惠国待遇；就叙利亚而言，则要求国民待遇。

在协定对绝对待遇标准没有明确指称时，何谓公正和公平，当然首先须满足最惠国待遇或国民待遇的要求，但又绝不止于此。公正和公平作为一个富有弹性的话语，在不同的语境中具有不同的内容，一国基于合理理由，可以在不同国籍的外国人之间、外国投资者和本国国民之间实行差别待遇都不失公正和公平，如若缔约一方因其国民经济在某些时期安排上的优先而采取且不是专门针对缔约另一方投资者或有缔约另一方投资者参股的合资经营企业以及因公共安全和秩序、国民健康或道德而采取的措施，不应视为"歧视措施"或因维护公共秩序有权采取歧视性的措施，❸ 亦即可以背离最惠国待遇标准。但值得指出的是，从中外BITs中同时提及"公正和公平待遇"和国民待遇的协定规定来看，我们得不出可以背离国民待遇的结论。❹ 中瑞（士）协定是个例外，该协定所指的"公正的和无区别的"措施，似乎可以解说为一种低于国民待遇的标准，该协定议定书对正文"待遇"条款的解释表征了这一点，该解释性条款充分考虑到了两国经济和法律制度的差异以及中国国民经济发展的需要，认识到瑞士投资者在中国的投资不能在各方面享受与中国投资

---

❶ 该款原文为"本条第2款所述的最惠国待遇和保护……"
❷ 见该协定第3条（1）、（2）、（3）。
❸ 见中德协定议定书第3条（2）、（3）。中—比卢经济联盟只是将为维持公共秩序和维护法律的目的可对投资者采取必要的不公平的措施，见该协定第3条（2）。作类似规定的还有中摩（洛哥）协定第2条（2）。
❹ M. 索纳拉雅认为只要平等地对待外国投资者，背离国民待遇是可以允许的。

者相同的待遇，但要求中国政府注意使瑞士投资者的投资待遇在总体上是公平的。

协定中的待遇条款具有一般适用性，但在投资的特定问题上往往另行规定最惠国待遇或国民待遇的特别待遇标准，所以，依据特别法优先于一般法适用的原则，在该特定事项上适用最惠国待遇或国民待遇，结果势必在很大程度上减损或抵消一般待遇标准或绝对待遇标准。

绝对待遇标准的发展趋势值得注意，在解决投资争端国际中心受理的北美自由贸易区内国家间的投资争议的裁决中，公正和公平待遇标准已不仅限于通常意义上的投资待遇，如对于 Metaldad 案的裁决将"公正和公平待遇"标准与 NAFTA 中的所谓"透明性"要求、法定程序（due process）联系起来。

2. 绝对待遇标准与严格责任原则

中外 BITs 大多同时规定了"公正和公平待遇"和"充分保护和保障"（或"持久的保护和安全"）两种绝对待遇标准，两者与严格责任的归责原则之间的关系在"中心"受理的 AAPL 诉 Sri Lanka 一案中引起了原、被告双方和仲裁员之间的激烈争论，原告声称英国—斯里兰卡 BIT 第 2 条（2）（该款规定，"投资应该给予完全保护和保障"）创设了有损害即须赔偿的严格责任标准（strict liability standard）。从文义上分析，"完全保护和保障"意味着最高程度的保护和保障，但是，这种保证水平不是存在于真空之中，它必然寄身于特定的法律体系中，由于双方未默示或明示地提到哪种法律体系，应该认为要参照一般国际法（有些 BITs——尤其是美国缔结的协定——就明确要求缔约方给予对方投资者以符合国际法的完全保护和保障），但必须同时依据"合理勤勉"原则界定国家的责任。这种自相矛盾的诉求遭到了仲裁庭的拒绝，认为将"完全保护和保障"理解为严格责任原则与该条中同时规定的"公正和公平待遇"标准存在逻辑的非关联性，将两者做并列规定，暗含这两种待遇标准是相似或至少是相容的。[1] 但正如仲裁员阿桑特（Asante）在单独意见中所正确指出的那样，有充分的证据证明"公正和公平待遇"的含义与国际法中传统的"合理勤勉"标准是一样的。如果将其理解为严格责任

---

[1] See Stephen C. Vasciannie. Bilateral Investment Treaties and Civil Strife: The AAPL/Sri Lanka Arbitration [M]. NILR 1992: 344.

原则，则没有必要在要求绝对保护的同时规定勤勉保护（diligence protection），❶ 那么其与"公正和公平待遇"就是异质的（idiosyncratic）。也就是说，缔约双方间的 FCN 条约同时规定了"公正和公平待遇"与"完全的保护和保障"即意味着如果东道国已尽到合理勤勉之责，即使投资者遭受了实际损害，也无须承担国际责任，合理勤勉的要求足以抵消严格责任的主张。况且，"充分保护和保障"是美国在20世纪60年代缔结的FCN条约中确立和发展起来的规则，没有任何证据表明该规则奠定了严格责任制度的基础，国际法院在 Sambiaggio 和 ELSI 两案中也未支持该标准等同于严格责任原则的观点。❷

一国不得假定须承担国家责任，质言之，不能仅因存在损害的事实就主张有关国家承担国家责任，"中心"在前案中的裁决只是重申了习惯国际法，但无疑会对将来的实践产生影响，而且有可能被国内投资法采纳，如独联体国家的"外资法基本元素"评论明显带有"中心"裁决的烙印，认为所谓"保护性条款"（即"公正和公平待遇、充分保护和保障与国际法要求"）并未加诸东道国严格责任。❸

## 第二节　相对待遇标准

国际法并无一国必须平等对待所有外国人的要求，更不用说像对待本国国民那样对待外国人。因此，除非有条约规定，外国投资者无

---

❶ 该"中心"在仲裁 American Manufacturing Inc. 诉 Republic of Zaire 一案中拒绝了被告认为其未给予第三国和本国国民补偿，从而亦不应承担给予原告补偿的义务的观点，指出被告对第三国未尽到"合理勤勉"并不能免除其违反"公正和公平待遇及保护和安全"的义务而产生的赔偿责任，故不能以其未给予任何第三国国民补偿来抗辩原告要求补偿的权利。See *ILM*, vol. 36 (1997)，p1549.

❷ 斯蒂芬·瓦茨安尼（Stephen C. Vasciannie）在评论该案时，支持仲裁庭拒绝"完全保护和保障"等同于严格责任原则的观点，但指出仲裁庭借用 sambiaggio 案和 ELSI 案的判决（在两案中，完全保护和保障等同于严格责任原则的主张未得到支持）作为论据，从而认为"过去的仲裁先例和最近国际法院的判决均与原告观点矛盾"，不能令人信服。他认为，在 ELSI 一案中，意大利和美国缔结的 FCN 条约中关于给予对方国民保护的待遇表述不是"完全的保护和保障"而是"持久的保护和安全"和"国际法所要求的完全保护和安全"，因此，如果能证明后两者与前者具有相同含义，那么仲裁庭的结论才是正确的。而在他看来，"完全的保护和保障"与"持久的保护和保障"是两个完全不同的术语，后者强调保护和保障的稳定性，与保护和保障的程度问题无关。因此，引用国际法院在这个问题上的判决不足为据。

❸ See Jurgen Voss Basic Elements for Foreign Investment Legislation in NIS: An Introductory note [J]. ICSID Review p98.

权要求东道国给予最惠国待遇或国民待遇。中外 BITs 中规定的相对待遇标准最为普遍的是最惠国待遇，少数几个协定规定了国民待遇标准，为保证投资者获得较高的保护水平，中摩（洛哥）❶、中秘协定❷采取了美式 BITs 的待遇制度，即在国民待遇和最惠国待遇两种待遇标准中择优适用。一般在一个协定中只规定一种相对待遇标准，但中韩协定却同时规定了最惠国待遇和国民待遇，要求东道国在"投资、收益和与投资有关的活动方面"既给予最惠国待遇，又给予国民待遇，只是在协定议定书中明确在征收、战乱及其补偿和前述补偿的转移方面给予最惠国待遇。根据《联合国国际法委员会关于最惠国条款的规定》（草案）第 19 条的规定，施惠国在相同主题上已经给予受惠国的国民待遇不影响最惠国待遇（第 1 项），最惠国待遇亦不影响国民待遇（第 2 项）。虽然没有明确解决受惠国的确定待遇问题，但受惠国肯定会主张对其最有利的待遇水平，因此，笔者认为该条实际上含蓄表达了在两者之间择优适用的精神，完全可以推论中韩协定的上述看似矛盾的规定，表明双方同意就"投资、收益和与投资有关的活动方面"而言，适用最惠国待遇和国民待遇中最为优惠的一种。中冰协定规定以适用最惠国待遇为原则，而以劝告性的措辞（"尽量"）要求给予国民待遇，而且，中国和秘鲁、叙利亚❸、瑞士❹缔结的协定规定的最惠国待遇和国民待遇不是对等适用的，两国投资者享受不同的待遇。

（一）最惠国待遇的概念及效果

最惠国待遇发轫于国际贸易，而后逐渐辐射到包括国际投资在内的许多国际法领域，❺ 现已被各国缔结的 BITs 所广泛采用，就连"卡尔沃

---

❶ 见该协定第 3 条（1）、（2）。

❷ 该协定第 3 条（1）、（2）和第 5 条规定给予中国投资者在投资和与投资有关的活动和战乱损失补救方面以最惠国待遇，而专门附以议定书规定在上述事项上中国投资者还应享受不低于秘鲁给予其本国国民的待遇。

❸ 在这两个协定中，规定中国投资者享有国民待遇，而对方投资者则享有最惠国待遇。见中秘协定议定书（中国投资者在投资和与投资有关的活动以及战乱损失补偿方面享受国民待遇）、中叙协定议定书第 1 条。

❹ 该协定第 4 条（3）要求给予最惠国待遇，但该协定议定书补充规定中国应给予瑞士投资者接近于国民待遇的待遇。

❺ 关于最惠国待遇原则的起源、流变，参见赵维田. 世贸组织（WTO）的法律制度 [M]. 长春：吉林人民出版社，2000：51 - 55。

主义"的发源地拉丁美洲国家也改弦易辙,在其与其他地区国家及其相互间缔结的 BITs 载入了最惠国待遇条款。目前对最惠国待遇最具权威的定义是联合国国际法委员会在《最惠国条款最后草案》第 5 条,即施惠国给予受惠国或者与受惠国有确定关系的人或物的优惠,不低于该施惠国给予第三国或与之有同样关系的人或物的待遇。

最惠国待遇的实质是要求平等地对待外国人,国际法院在"摩洛哥的美国国民"一案中将最惠国条款的目的解释为,"建立和维持在任何时候有关国家之间的非歧视的基本平等"❶,它是一种受惠国在最惠国待遇条款规定的范围内立即和无条件地享有各种优惠且无须提供任何对价(consideration)的权利。受惠国可以主张的优惠待遇受三个条件的限制:①寻求的优惠必须属于该条款支配的事项;②必须在该条款的有效时间之内;③必须符合该条款规定的限制和条件。❷ 因此,前述无条件是指施惠国不得在该条款已经规定的条件之外另行附加其他条件。至于何谓"支配事项"以及是否属于同一类或何谓相同产品在实践中常常难以判断。❸

依据最惠国待遇的精神,第三国的优惠待遇是被禁止的,同时,受惠国的优惠待遇却又是允许的。倘若第三国被给予国民待遇,而国民待遇又高于最惠国待遇,最惠国待遇适用的效果将是国民待遇的"泛化"或"多边化"。❹ 同时,由于给予第三国的优惠待遇并不都来源于与东道国缔结 BITs 的国家,完全有可能与东道国国内法规不符,因此,适用最惠国待遇的结果将极大冲击、瓦解东道国对外国投资的管理权。

中外 BITs 对每个条款均冠名的协定中,给予投资者最惠国待遇的规定径直称为"最惠国待遇条款",具有普遍适用的性质,该条款一般由三个子项构成,第一项通常规定"公平合理"等绝对待遇标准;第二项才是最惠国待遇含义的集中表述;第三项规定最惠国待遇标准排除适用的情形。当然,并非所有的协定均采用这种固定模式,一些协定将这两种

---

❶ I CJR (1952), p192.

❷ "中心"在 AALPs 诉 Sri Lanca 一案中拒绝了原告要求被告给予补偿的主张,其理由即是斯里兰卡未对任何第三国的投资者给予补偿,依据英国与荷兰 BIT 确立的最惠国待遇标准,被告亦不承担补偿义务。

❸ M. Rafiqul lslam. International Transaction, Trade and Investment [M]. Law and Finance 2001: 215.

❹ See M. Somarajah, *supra*, p251.

待遇标准规定在不同的条款中。❶此外，在一些具体事项上也规定给予投资者以最惠国待遇。

(二) 最惠国待遇条款的适用范围及例外

1. 适用范围

如果没有施惠国和第三国的任何义务，施惠国与受惠国之间的最惠国条款便毫无实质意义，投资者和东道国的权利义务便无所参照，因此，欲确定缔约方投资者的权利和东道国的义务，不可不对东道国与其他国家缔结的有关投资事务的协定作全面的分析。有必要说明的是，绝大多数中外BITs对所谓"第三国"未作限定，即包括与我国订有BITs的国家，也包括未与我国缔结BITs的国家；而我国与前西德签订的BITs则将这种第三国限定在"与缔约另一方订有同类协定的第三国投资者的投资（和与投资有关的活动）所享受的待遇"；给予第三国投资者的优惠或特权的依据可能是国内法或双边、多边条约，❷但中瑞（典）协定第2条（3）却规定"缔约一方也有按在本协定签字前同其他国家缔结的双边协定的规定，给予其他国家投资者投资以更优惠待遇的自由"，将此种优惠待遇作为适用例外，中阿（根廷）协定也有类似规定。❸

依理，仅就中国作为东道国而言，我国给予境内外国投资者的所有待遇都应在考察的视野，但大部分其国民在我国投资的国家均与我国订有BITs，而且我国通常不会在两类国家的投资者之间采取差别措施，所以借分析BITs的规定应该可以窥其全貌。

最惠国待遇的适用范围包括：

（1）投资、收益❹和与投资有关的活动。如中毛❺、中瑞（典）、中罗（1983）、中马（来西亚）、中巴（布亚新几内亚）（以上协定仅提及"投资"），中芬、中蒙、中捷、中斯（洛伐克）、中阿（联酋）、中阿

---

❶ 如中德、中芬、中意、中挪、中奥、中新（加坡）、中科、中斯（里兰卡）、中英、中马（来西亚）等协定。

❷ 但该协定在"征收、国有化及补偿"条款却没有这种限制。

❸ 中阿（根廷）协定规定阿根廷与意大利（1987, 12, 10）、西班牙（1988, 6, 3）签订的提供优惠贷款的双边协议中的优惠、特权和特许不延及中国投资者，见该协定第3条（4）。

❹ "投资"当然包括其收益，但有些协定对此并未明确。

❺ 该协定仅提及"投资和收益"，而未有"与投资有关的活动"。

（曼）（以上协定则规定及于投资或收益）；中德、中意、中丹、中奥、中科、中英、中新（西兰）、中波、中巴（基斯坦）、中保、中加（纳）、中前苏联、中匈、中蒙、中捷、中斯（洛伐克）、中葡、中西、中乌（兹别克斯坦）、中玻、中吉、中亚、中菲、中哈、中韩、中乌（克兰）、中阿（根廷）、中摩（尔多瓦）、中土（库曼斯坦）、中越、中白、中老、中阿（尔巴尼亚）、中塔、中格、中克、中爱、中斯（洛文尼亚）、中立、中乌（拉圭）、中阿（塞拜疆）、中厄、中智、中埃（及）、中秘、中罗（1994）、中牙、中印（尼）、中津、中摩（洛哥）、中古、中沙、中黎、中赞、中柬、中孟、中阿（尔及利亚）、❶ 中希、中阿（联酋）、中冰、中阿（曼）、中以❷。

依据中德协定议定书，"与投资有关的活动"是指对于投资的管理、运用、使用和利用。❸ 中意协定还包括与投资有关的国民的入境、逗留和旅行。❹ 中澳协定包括的范围更广，如依据东道国法律，组织、控制经营、维护和处置公司、分支机构、代理、办事处、工厂或从事业务的其他设施；缔结、履行和执行合同；取得、使用、保护和处置包括工业产权和知识产权在内的所有各类财产以及资金借入、购买和发行股票、购买和出售外汇。❺ 中日协定的解释包括以下四类：①维持分公司、代理店、办事处、工厂和其他用于业务活动的适当设施；②控制和管理自己建立或取得的公司；③雇用和解聘专家，包括技术人员、高级职员、律师和其他员工；④缔结和履行合同。❻ 中新（西兰）协定对"与投资有关的活动"没有采取完全列举的方式，它包括除原料和辅料、动力、燃料及各种经营和生产资料的购买、销售和运输等。❼

而所谓"待遇低于"和"歧视措施"主要是指限制获得原材料、

---

❶ 这些协定是将"投资"与"与投资有关的活动"规定在一个项中的。
❷ 这些协定将"与投资有关的活动"从"投资"中剥离出来，采取分项规定的方式。在中法协定正文中，并未将"与投资有关的活动"从"投资"中剥离出来，但从议定书对最惠国待遇适用的具体领域的明确来看，"投资"和"与投资有关的活动"是叠合的。见该协定议定书第1条（1）。中英、中以协定中并未出现"与投资有关的活动"的字眼，但从其内容来看，与其他协定对"与投资有关的活动"的解释一样。
❸ 对此作类似解释的还有中荷协定。
❹ 见该协定议定书第2条。
❺ 见该协定第1条1（f）。
❻ 中阿（联酋）不包括第3项，见该协定第1条对"与投资有关的活动"的界定。
❼ 中阿（曼）协定对"与投资有关的活动"的解释也采取不穷尽列举的方式。

辅料、能源和燃料、生产设备与操作工具及其他具有类似效果的措施。❶ 当然，并不是所有或任何时候采取的不平等措施均为"歧视措施"，如果缔约一方因其国民经济在某些时期安排上的优先而采取，且不是专门针对缔约另一方投资者或有缔约另一方投资者参股的合资经营企业，以及因公共安全和秩序、国民健康或道德而采取的措施，不应视为"歧视措施"或因维护公共秩序有权采取歧视性的措施。❷ 需要进一步解释的是，中德协定第3条前3款规定最惠国待遇标准，而第4条另行要求缔约任何一方保证，在不损害其有关外国人参股的合资经营企业和外资企业法律的情况下，对中外合资企业和外资企业的外国投资者不采取歧视措施，❸ 歧视可能存在于外国人之间或外国人与本国人之间，既然前款已经规定了最惠国待遇标准，从逻辑上来讲，似乎没有必要重复强调，至于是否是国民待遇标准，仍尚待确证。其实也并非所有的"非歧视"待遇标准不能确定其指称，如中德协定第4条（2）要求缔约方在战乱损害补偿措施上对对方投资者不予歧视，该条（3）明确缔约一方的投资者在另一方境内就该条规定的事项享受最惠国待遇。显然，此处，"非歧视"即要求在外国人之间不得歧视。中—比卢经济联盟协定虽然没有明确用"与投资有关的活动"来表述，但该协定第3条（2）将该条第1款所说的直接或间接投资的管理、经营、使用、清算单列，而且第3款是将前两款中提到的待遇标准并立的。由此可见，在该协定中，给予投资者的投资和其投资的管理、经营、使用或清算等与投资有关的活动方面以公平待遇的前提条件是不一样的，前者没有设置任何限制性条件，后者则把出于维持公共秩序和维持法律的目的作为可以排除适用公平待遇的考虑因素。

---

❶ 作同样解释的还有中意协定，中法、中科协定议定书最惠国待遇的适用领域较中德协定更广，还包括"各种生产和经营资料"，而且也不限于"获得"，除"购买"外，还包括"销售""运输"（中阿（联酋）协定指明包括国内外）。中澳、中巴（布亚新几内亚）协定仅强调不得对投资的管理、维护、使用、享有和处置采取不合理和歧视性措施，并未针对该协定对"与投资有关的活动"解释所包括的全部事项。

❷ 见中德协定议定书第3条（2）、（3）。中—比卢经济联盟只是将为维持公共秩序和维持法律的目的可对投资者采取必要的不公平的措施列出，见该协定第3条（2）。作类似规定的还有中摩（洛哥）协定第2条（2）。

❸ 中丹协定也有类似规定，不过，它包括投资及其管理、使用、享有和处理等方面。

第三章　中外双边投资条约中的投资待遇条款（一）：一般待遇条款

中白协定中文本的规定令人费解，❶ 该协定第3条（1）规定缔约任一方给予对方投资者的投资不低于第三国投资者的投资的待遇，该条第2项强调"本条第一款所述的待遇，应不低于给予任何第三国投资者的投资和与投资有关的活动的待遇"，对照两款，后者在重复前款规定的同时，增加了"与投资有关的活动"，两款的规定与最惠国待遇的适用范围直接相关，这两款之间究竟有何区别，无法从对条约解释中得知，有赖于条约的实施。（2）征收措施。❷ （3）投资者因征收和战乱遭受损失时采取的措施。❸ （4）投资和收益的回汇。❹ （5）因代位而取得款

---

❶ 该协定是用中文和白俄罗斯文写成，由于笔者手头上没有白俄罗斯文文本，所以只能依据中文本来分析。

❷ 如中—比卢经济联盟协定第4条规定："与对第三国投资和投资者所采取的措施（指征收、国有化或其他类似措施——笔者注）相比，是非歧视性的。"

❸ 如中罗（1983）协定第4条（4）、中德协定第5条、中韩协定议定书第4条（2）（该协定正文规定在国有化、征收及其补偿方面保证给予非歧视待遇，从议定书对该款的补充规定来看，非歧视待遇同时指最惠国待遇和国民待遇，这与该协定"投资待遇"条款的精神一样）；中挪协定第4条（2）、中丹协定第5条（1）、中荷协定第6条、中波协定第4条（4）、中澳协定第9条、中马（来西亚）协定第2条、中新（西兰）协定第7条、中巴（基斯坦）协定第4条（4）、中保协定第4条（4）、中加协定第4条（4）、中前苏联协定第4条（3）、中巴（布亚新几内亚）协定第4条、中匈协定第4条（3）、中蒙协定第4条（3）、中捷、中斯（洛伐克）协定第5条（1）、中葡协定第4条（3）、中西协定第5条（1）、中乌（兹别克斯坦）协定第4条（3）、中吉协定第4条（3）、中玻协定第4条（3）、中希协定第5条（1）、中亚协定第4条（3）、中菲协定第4条（4）、中哈协定第4条（3）、中韩协定第6条（1）、中乌（克兰）协定第4条（3）、中阿（根廷）协定第4条（3）、中摩（尔多瓦）协定第4条（3）、中土（库曼斯坦）协定第4条（3）、中越协定第4条（3）、中白协定第4条（4）、中老协定第4条（3）、中阿（尔巴尼亚）协定第4条（3）、中塔协定第4条（3）、中格协定第5条、中克协定第4条（3）、中阿（联酋）协定第5条（1）、中爱协定第4条（3）、中乌（拉圭）协定第5条、中阿（塞拜疆）协定第5条、中厄协定第5条、中智协定第5条、中冰协定第5条、中埃协定第5条、中秘协定第5条、中罗（1994）协定第5条（1）、中牙协定第4条（3）、中印（尼）协定第5条、中阿（曼）协定第5条、中摩（洛哥）协定第5条、中以协定第4条（3）、中古协定第5条、中南协定第5条、中沙协定第4条（4）、中毛协定第7条、中津协定第5条、中黎协定第5条、中赞协定第5条、中柬协定第5条、中孟协定第5条、中阿（尔及利亚）协定第5条。（这些协定规定最惠国待遇不涉及征收，只涵盖缔约方因战乱等造成的损失而采取的措施，其中除少数协定［如中巴（布亚新几内亚）、中匈、中蒙协定等］直指补偿或赔偿措施外，按通常理解，为弥补战乱损失而采取的措施不限于恢复、补偿或赔偿，还包括其他有关的解决措施或者如中西、中智协定那样径称"待遇"或"任何措施"。中澳协定第3条（3）（仅包括征收和国有化的补偿）。中意协定第4条（3）要求东道国在海外投资因战乱等损失而采取补偿时，应给予"不低于（not less favorable than）任何第三国国民或公司所享受的待遇"，该条（4）又规定"缔约一方国民或公司在另一方领土内就本条所述事项应享受最惠国（most-favored-nation）待遇"，从形式逻辑上分析，中意两国应该是将两者看成是两个不同的待遇标准的，但在中挪、中芬协定（冠以"最惠国条款"）中，"最惠国待遇"被解释为"不低于第三国国民或公司所享受的待遇"，而在中瑞（典）、中罗（1983）、中法、中—比卢经济联盟等协定的相应条款并未冠名，采用的是"不低于（not less favorable than）"的表达方式，即使是中意协定也是如此处理，这就提出了一个问题，两者是否是同一的。

中泰协定在该问题上的规定有所不同且比较具体，如第5条1（3）要求在确定被征收财产的价值时，待遇应不低于给予第三国投资者；该条3规定在因战乱等造成损失对投资者可能进行的援助时，待遇应不低于第三国投资者。同时，该条4又规定，"在不损害本条上述规定的情况下，应给予任一缔约方的国民和公司在该条所涉事项上不低于任何第三国国民和公司的待遇"，应看成是对上面两款的补充。

❹ 如中挪协定第6条（2）、中澳协定第3条（3）、中巴（布亚新几内亚）协定第6条（3）（不过，该协定的措辞不是"不低于……"而是"同等"）、中西、中阿（联酋）协定、中阿（曼）协定第6条（2）、中摩（洛哥）协定第6条、中黎协定第6条。

项所享受的待遇。❶ (6) 司法诉讼和行政申诉权利。❷

在最惠国待遇标准的适用事项上,中—比卢经济联盟协定的处理方式有些特别,除了在具体事项上规定了最惠国待遇标准外,还另以第11条重申,"在本协定所管辖的所有事项,缔约一方投资者在缔约另一方领土内享受最惠国待遇"。

2. 适用例外

最惠国条款的目的是给予所有外国投资者以法律上的平等权利,但并不必然产生平等的实际利益,为避免此种事实上不平等后果的发生,在适用时设计了几种例外,其目的就是将这种不平等的结果减至最小。因此,从这个意义上讲,最惠国待遇标准的适用并不是无条件的。

美国缔结的 BITs 中对国民待遇和最惠国待遇例外的规定专门以协定附件或议定书的形式。中外 BITs 中的"待遇条款"一般都包括适用例外,少数协定则以专门条款予以单列。❸ 此外,还散见于其他条款或协定议定书或附件。

中外 BITs 明文规定最惠国待遇的适用例外比较常见的有:

(1) 因参加关税同盟、自由贸易区、共同市场或地区性经济组织❹而给予第三国投资者的待遇;该例外包括了处于经济一体化进程不同层次或阶段。有必要指出,在中吉、中亚、中乌(克兰)、中土(库曼斯坦)、中塔协定中,这种优惠只能基于在该协定签字之前即已存在的相关协议;中毛协定第5条排除最惠国待遇标准适用的范围较其他协定为宽,除既存的区域性经济组织外,还包括通过某协议在将来合理的期限内成立或扩大的此类经济组织,❺ 这种区域性经济组织,已不仅仅局限于关税同盟、自由贸易区、共同市场等,还增加了货币、海关、金融等区域性安

---

❶ 如中科协定第7条(2)、中阿(联酋)协定第8条(2)、中阿(曼)协定第7条。

❷ 如中日协定第4条规定:"缔约任何一方国民和公司在另一方境内,为行使和维护自身的权利,在请求或接受法院审理和向行政机构申诉的权利方面的待遇,不应低于其国民或公司或第三国国民或公司的待遇。"中韩协定另增加了行政仲裁方面的待遇,该协定第9条(2)再次强调给予投资者在求助当地救济手段方面以最惠国待遇或国民待遇。那些未对"投资和投资有关的活动"作出解释的协定,应该是不包括前述事项的,否则没有单独加以规定的必要。

❸ 如中新(加坡)、中斯(里兰卡)、中毛协定。

❹ 我国与前苏东国家缔结的协定还增加了"经济互助委员会",如中波、中前苏联、中乌(兹别克斯坦)、中土(库曼斯坦)、中塔协定。

❺ 中挪、中马(来西亚)、中韩、中白、中阿(联酋)、中冰、中南协定中,并没有要求这种区域性经济组织必须是既存的,将来成立的亦可;中瑞(士)、中希、中南、中毛协定规定即使是作为此类区域性国际经济组织的准成员国而给予其他成员国的优惠也在最惠国待遇之外。

第三章 中外双边投资条约中的投资待遇条款（一）：一般待遇条款

排；中菲协定还将双方根据其参加的地区性或亚地区性安排或导致关税同盟或自由贸易区的措施也排除在外；中新（加坡）协定第5条（2）规定，缔约方在同一地理区域内与第三国或多国旨在促进经济、社会、工业或货币方面等特定项目范围之内的地区性合作的任何安排而给予其他国家的优惠、特权也排除适用最惠国待遇，而中巴（布亚新几内亚）协定并未将此限定在同一地理区域，而且明确规定此种地区性或分区性安排仅与资本流动有关；❶此外，上述地区性或亚地区性的国际协定带有很强的闭锁性，这样便尽可能地压缩了排除最惠国待遇适用的范围。而中印（尼）、中阿（曼）协定在这项例外中，增加了经济多边性或国际性的协定，则有可能扩大最惠国待遇适用的范围。❷

区域经济一体化趋势的加强是国际经济生活中与经济全球化进程并行不悖的二重协奏。区域性国际经济组织因为其成员地理位置毗邻、发展水平相当、基本制度差别不大，更容易在包括投资政策在内的经济问题上达成共同意见，将不同的经济区域整合为一个单元，避免成员国间的任何歧视及对私人投资者提供某种保证，❸因此，会给予其成员国国民投资优惠政策或措施。区域性经济组织的目的首先是促进内部贸易的自由化，在投资领域亦应按照GATT/WTO的有关规定对此类组织进行审查，以决定是否将其给予成员国投资者的优惠、特权排除在最惠国标准之外。GATT第24条以及WTO《关于1994年GATT第24条的谅解》、GATS第5条对上述区域性经济组织的设立、存续期限及监督审查设置了相当严格的条件和限制，❹同时规定可将因该条款引起的争议诉诸WTO争端解决机制，但其实际效果却不太理想。❺和我国签订BITs的国家大多归属于一体化程度高低不一的区域性国际经济组织，如欧盟、东南亚国家联盟、亚太经合组织、独联体、安第斯条约组织、北美自由贸易区等。而

---

❶ 见该协定第3条（2）；中阿（联酋）协定第4条（3）也是如此规定。
❷ 见中印（尼）协定第4条（3）、中阿（曼）协定第3条（3）。
❸ See Robin Burnett. Negotiation of International Agreements in the Field of Commerce and Investment – Problems of Relevance to Newly – Independent States [J]. JWTL, 1985 (19)：236.
❹ WTO成员方可在三个特定条件下缔结、参加区域贸易协定（RTAs）：第一，GATT第24条第4—10段规定的情形；第二，发展中国家成员之间的优惠贸易安排；第三，GATs第5条关于服务贸易领域的区域协定。几乎134个成员方都与其他国家缔结了RTAs。1996年WTO部长理事会成立了区域贸易协定理事会（CRTA），主要职能是审查RTAs，讨论RTAs的含义及其与多边贸易体制之间的相互关系。
❺ 有关论述详见赵维田. 世贸组织（WTO）的法律制度 [M]. 长春：吉林人民出版社，2000：82 – 100.

我国却未参加任何此类组织或条约，依据此种例外条款，我国投资者在其成员国境内的投资不能主张享有上述优惠或特权，将合法地导致我国投资者与其成员国投资者之间的歧视待遇，如美国就强烈反对欧盟援引此种有利于欧盟成员国国民的例外规定。因此，有学者主张对这种组织或条约进行严格甄别，限定其必须具有"纯自由化"效果。❶

（2）根据避免双重征税协定或其他有关税收问题的国际协议❷而给予第三国投资者的待遇；中德协定还规定，缔约一方没有义务根据其税法仅给予在本国境内有住所的自然人和公司的税收优惠、免税、减税，扩大到在缔约另一方境内有住所的自然人和公司，即将该优惠排除在最惠国待遇适用范围之外。

中挪、中泰、中新（西兰）、中前苏联、中阿（联酋）、中冰、中以、中毛协定还将根据国际协定和国内立法给予第三国投资者的税收优惠排除在最惠国待遇适用范围以外，中乌（兹别克斯坦）、中吉、中亚、中哈、中希、中韩、中乌（克兰）、中土（库曼斯坦）、中白、中塔协定既未将此种协定限定在避免双重征税协定，也没有排除东道国国内税法的规定，仅仅提及"有关税收问题的国际协定和其他税收协议"；中新（西兰）、中牙、中印（尼）、中古、中南、中沙、中赞、中柬、中孟、中阿（尔及利亚）、中叙协定将有关税收的国际协定限制在缔约双方与第三国签订的关于所得税避免双重征税和防止偷漏税的双边协定，中黎协定在此基础上增加了以互惠为基础的有关税收的协议。

（3）为方便边境贸易给予其邻国的优惠。极少有协定对"边境贸易"作出解释，在实践中，为便利边境贸易而给予优惠或特权并不一定施与邻国，受惠对象可能是一切参与边境贸易❸的国家或地区，中捷、中斯（洛伐克）协定第2条将"边境贸易"限定为"缔约一方与其接壤的国家为方便两国边境贸易居民的需要，在特定的边境地区以优惠待遇进行的

---

❶ See Michacel Sandller. ABA Section of International Law and Protection: A Report to the House of Delegates: Multilateral Agreement on Investment [M]. International Lawyer, 1997: 207.

❷ 一些协定同时还包括"任何全部或主要与税收有关的国内立法"，一般而言，一国不大可能在国内立法中专门就特定国家的国民作出规定，因此，严格讲来，该项不属于最惠国待遇的例外。

❸ 在绝大多数协定的英文本中，"边境贸易"表述为"frontier trade"，但在少数协定如中印（尼）协定中，则为"across – border"。在WTO协议附件IA的GATT1994中，"边境"是指邻国边境线两侧各15千米的区域，但若该区域无人居住，可不拘于15千米。

贸易"。由此可见，在缔约双方看来，边境贸易限于居民消费资料的交易。另外，根据《最惠国待遇条款》（草案）第25条（2），这种待遇应是施惠国为了方便边境贸易给予一个接壤的第三国的待遇。

这种优惠或特权是来自实践还是源于国际协议，在不同的协定中有不同的规定，中国与前苏联、东欧国家签订的协定如中前苏联、中乌（兹别克斯坦）、中吉、中亚、中哈、中乌（克兰）、中摩（尔多瓦）、中土（库曼斯坦）、中白、中塔协定就要求根据关于便利边境贸易的协议。明确这一点对范围最惠国待遇及公平待遇适用的例外非常重要，因为在边境贸易实践中给予邻国的优惠或特权可能超出有关协议；当然，作如此规定的并不限于这类国家，如中阿（根廷）、中牙、中毛、中津、中黎、中叙协定也要求此种优惠源于国际协议。

就与施惠国不接壤的受惠国而言，它无权援引最惠国待遇条款主张享有施惠国给予一个与其接壤的第三国的关于边境贸易的优惠，❶ 我国与非接壤的国家缔结的协定似乎没有必要对此予以明确。

当然，在有的协定中，这三种例外并不全部包括在内，如中瑞（典）、中法、中—比卢经济联盟协定就未将税收和边境贸易优惠作为例外，中巴（布亚新几内亚）、中希、中韩、中阿（联酋）、中乌（拉圭）、中冰、中摩（洛哥）、中以协定规定的例外没有包括边境贸易优惠或特权；中土（耳其）协定不包括税务方面的优惠或特权；中丹协定规定的例外仅有缔约双方签署的全部或主要是关于税收的国际协议。❷

在前述例外之余，个别协定还另行规定了其他几种解除最惠国待遇适用的情形：

（1）"祖父条款"。❸ 依理，最惠国待遇要求施惠国将与在其和受惠国缔结含有最惠国条款的协定之前或将来给予第三国的所有优惠和特权均应施与受惠国，但最早缔结的中瑞（典）协定第2条（3）规定"缔约一方也有按在本协定签字前同其他国家缔结的双边协定的规定，给予其他国家投资者投资以更优惠待遇的自由"；有时缔约各方与第三国缔结的某类专门项目的双边协议也排除在最惠国待遇适用范围之外，如中阿（根廷）协定就规定阿根廷与意大利（1987，12，10）、西班牙（1988，

---

❶ 《最惠国待遇条款》草案第25条（1）。
❷ 见该协定第3条（5）。
❸ 借用陈安、曾华群语，见陈安，曾华群. 国际投资法学 [M]. 北京：北京大学出版社，1999：432.

6，3）签订的提供优惠贷款的双边协议中的优惠、特权和特许不延及中国投资者。❶

（2）基于保护本国根本的安全利益、保障公共健康、预防动植物病虫害及保护环境所采取的禁止和限制措施不得视为对最惠国待遇条款的违反。❷

（3）给予某类国家在特定项目或经济部门投资的优惠待遇。中黎协定议定书第3条规定最惠国待遇的例外还包括在不实质损害中国投资者的投资或与投资有关的活动的条件下，黎巴嫩共和国为发展本国经济之目的对其他阿拉伯国家个别投资项目采取的促进措施，而且延及在不动产领域的投资。

（4）给予具有某种特殊地位的投资者的优惠待遇。如中泰协定规定，依据泰国投资促进法和中国有关促进投资的法律给予某个特定个人或公司的"受促人（promoted person）"或"受惠人（favored person）"地位，缔约对方的投资者也不得要求最惠国待遇。

（5）基于互惠的给予第三国投资者在税收、费用和财政减免方面的任何优惠。如中荷协定第3条（5）。

值得引起注意的一个问题是，由于国际贸易与国际投资不可分割，发展中国家在国际贸易制度中享有的优惠待遇是否也应该给予与其订有BITs的国家呢？若单从直接规定例外情形的条款来分析，当然不能得出肯定的结论；但联想到绝大多数协定均有的优先适用的国内法和国际条约的规定，又是否可以给予肯定的回答？

最惠国待遇是合乎形式正义的法律原则，但很难在不平等者之间产生实质正义的结果，因而，国际贸易领域内的最惠国制度理所当然受到广大发展中国家的质疑。1964年，联合国贸易和发展委员会（UNCTAD）第一次大会指出最惠国条款在全球贸易中的适用其实是针对不发达国家的歧视待遇的一种间接形式。UNCTAD秘书长在提交给本次大会的报告中说："不管最惠国原则在调整平等者之间贸易关系中如何合理，但在包括极不平等经济实力的国家的贸易中仍然不是一个合理的概念。"❸ "普遍

---

❶ 见该协定第3条（4）。

❷ 如中德协定议定书第3条（3）；还有一些协定专门以"禁止和限制"条款就此作出规定，如中新（加坡）、中新（西兰）、中毛协定。

❸ See M. Rafiqul Islam. The Most Favoured Nation Clause [M]. Cambridge University Press, 1987: 219.

第三章　中外双边投资条约中的投资待遇条款（一）：一般待遇条款

的、非互惠的、非歧视优惠制度"❶ 即是矫正这种实质不平等状况的制度创新，它强调其他国家不得借最惠国待遇条款主张享有发达国家给予不发达国家的优惠待遇。因此，对上述问题同样应给予否定的回答。同时，在WTO法律体系中，发展中国家相互间给予的优惠待遇是不在最惠国待遇适用范围之内的，而中外BITs对此未作明确规定。联想到各国对国际贸易自由化的要求远高于国际投资，将此类优惠待遇排除在外是符合逻辑的，《最惠国待遇条款》（草案）第23条（"最惠国待遇条款和普惠制的关系"）实际上回答了这个问题，即受惠国无权根据最惠国待遇条款，享受发达的施惠国在其制订的普惠制计划内给予发展中的第三国在非对等基础上的优惠。

### （三）国民待遇的适用范围及例外

所谓国民待遇，是指一国在一定范围内给予在其领土内的外国人以本国公民所享受的同等的待遇，❷ 国民待遇极少毫无限制地严格遵循，许多协定规定只有在"相同"或"近似"的情形下才能适用国民待遇，也就是说，要求"相似企业""相似投资""相似经济活动"。因此，由于内外投资者的情形很少完全相同，当协定及其附件未能就何谓相似条件、活动或企业预先作出明确规定的情况下，国民待遇标准将很难被严格执行。一般而言，发展中国家和社会主义国家在国内外投资者之间实施差别待遇，给予外国投资者国民待遇被认为是对外国投资者权利的更大保护，但同时规定了许多例外，在这些领域或事项上不适用国民待遇，例外范围如此宽泛以至于抵消了国民待遇的适用效果。❸ 继任政府尤其是通过革命而成立的新政府往往借助"情势变更"条款否认前任政府给予外国投资者的保证。晚近，在保护外国投资方面出现了一种将国际最低待遇标准和人权标准结合在一起的所谓"体面结合"的做法，人权标准要求不得在本国国民和外国人之间采取歧视政策，但这绝不是国际法的现

---

❶ 简称普惠制（GSP）。1979年东京回合通过"enabling clause"将这种带有临时性的制度转换成一种永久性的制度，使其在GATT法律体系中获得了完全的法律地位。它将两类优惠待遇排除在最惠国待遇适用之外：（1）发达国家和发展中国家之间的优惠贸易关系；（2）发展中国家特殊贸易安排。

❷ 王铁崖. 中华法学大词典.（国际法卷）[M]. 北京：中国检察出版社，1996：248.

❸ See Nancy J. Goodman. International Trade: Poland Bilateral Investment Treaty: A Reflection of United States Efforts to shape the Economic Develeopment of Eastern Europe [J]. Harward International Law Journal, 1991 (32): 257.

状。但在通常情况下,国民待遇意味着某种优惠或特权,因而,国民待遇在各国国内法或包括 BITs 在内的国际条约中开始大量出现。不过,总体来说,社会主义国家和大部分发展中国家对国民待遇标准表现出谨慎接受的态度。

很少有协定规定对外国投资者及其投资给予国民待遇,中英协定在这方面开了先河,继之者有中捷、中斯洛伐克、中西、中斯(洛文尼亚)、中冰、中秘、❶ 中南、中沙协定,但都不是将国民待遇作为单一的标准,而采取与最惠国待遇混合规定的方式,而且实施国民待遇标准的强制性在协定之间存在程度差异。在中秘协定中,给予国民待遇的条约义务甚至并不是由双方承担的,而只是秘鲁政府单方面的义务。中英、中斯(洛文尼亚)、中冰、中南协定的措辞比较有弹性,它规定应首先在投资和收益、投资的管理、使用、享有、处置方面给予最惠国待遇,只有在条件允许的情况下,尽量根据其法律和法规的规定给予与本国国民或公司相同的待遇即国民待遇。至少从英国方面来看,其缔约意图旨在为其在华投资者提供较高待遇。❷ 根据我国当时及现行外资法,外国投资者在许多方面享受"超国民待遇",如果将该协定规定的国民待遇理解成可以完全覆盖或替代最惠国待遇,则英国可能难遂初衷;但若理解为部分覆盖或替代最惠国待遇即其他同类协定或给予第三国投资者某些方面的待遇更为优惠,则适用之;如果其他同类协定未加规定而在国内法中给予本国投资者的待遇更为优惠,则适用国内法的规定,必然带来国民待遇的"泛化",因为其他与中国订有同样协定的国家可以援引其中的"最惠国待遇"条款要求中国给予不低于英国投资者的待遇。逐步实行国民待遇是我国利用外资的基本策略,但现在可能因此而成为立即和自动实行的标准,这显然与我国的外资政策不相符。而中捷、中斯(洛伐克)协定就没有中英等协定中"尽量"的弹性措辞,明确要求缔约双方给予对方投资者的待遇不低于给予本国投资者的待遇。

中西协定在规定给予对方投资者最惠国待遇后,进一步强调给予国民待遇,也就是说,该协定提供的是最惠国待遇与国民待遇两种标准择优适用的模式。换句话说,如果最惠国待遇较国民待遇为高,适用最惠

---

❶ 该协定以议定书的形式专门规定了国民待遇条款。
❷ 有西方学者称,中国之所以同意给予英国投资者国民待遇,是为了换取英国在香港问题上的妥协和让步。

## 第三章 中外双边投资条约中的投资待遇条款（一）：一般待遇条款

国待遇；反之，适用国民待遇。

1. 适用范围

中日、中捷、中斯洛伐克协定对准入后的投资者待遇的规定容易引发争执，中日协定第 3 条第 1 款要求给予投资财产及收益、与投资有关的业务活动最惠国待遇，但对最惠国待遇标准的适用范围未作厘定，这当然可以借助其他协定加以明确；第 2 款正文要求在同样的范围即投资财产及收益、与投资有关的业务活动方面给予国民待遇，除在第 3 条（2）规定有国民待遇标准外，其他规定了待遇标准的条款均采用最惠国待遇，如第 4 条司法诉讼和行政申诉的最惠国待遇、征收措施和征收补偿以及就征收措施、补偿额的司法诉讼、行政申诉方面的最惠国待遇、对战乱损失所采取措施的最惠国待遇，合理的解释是除上述方面实施最惠国待遇外，其他方面和事项应采取国民待遇。然而，双方达成的会谈纪要第 2 条对"低于给予该缔约方（东道国——笔者注）国民和公司的待遇"的解释证明我们上面的理解过于宽泛，该条将"国民待遇"标准的适用范围限定在原材料和辅助材料、电力或燃料、各类生产或操作工具的采购；在国内外销售产品；在国内外借款；引进技术；在国外设立分支机构等方面；而中捷、中斯洛伐克协定除要求东道国在战乱损失时采取的措施方面给予最惠国待遇外，再未就两种待遇标准的适用范围作任何规定，因而，主张除此而外的其他方面应给予国民待遇就成为合乎逻辑的诉求。

上述待遇标准是就具有各方国籍的自然人以及依据东道国法律和法规设立且在东道国境内具有住所的公司的投资待遇而言的，在其他协定中，一般极少对由第三国国民或公司实际控制的缔约一方的公司与前者的待遇作出区分，中日、中韩协定则用专门条款对此作了规定。中日协定第 12 条规定在缔约方与第三国没有同类协定的条件下，在投资许可和与投资许可有关的事项、投资财产及收益、与投资有关的业务活动、征收及补偿及其司法、行政救济、战乱损失弥补措施、协定的时间效力等方面给予缔约一方国民或公司拥有实质利益的第三国公司不低于其他任何第三国国民或公司拥有实质利益的该第三国公司的待遇；除该条规定的投资许可和与投资许可有关的事项外，缔约任何一方投资者拥有实质利益的第三国公司享有不低于缔约另一方拥有实质利益的第三国公司在其境内的待遇。为方便讨论，我们以中国作为投资接受国，就第 1 款假想一个案例：A 国（相对中日协定而言，A 国为第三国）甲公司在中国投资，日本投资者（国民或公司）拥有该公司的实质利益，而 A 国与中国未签订关于投资保护的协定，

A国乙公司也在中国投资，而B国投资者（属其他任何第三国国民或公司）拥有该公司的实质利益。在此种情况下，中国给予甲公司的待遇不得低于给予乙公司的待遇，因其着眼于给予拥有实质利益的外国人之间以平等待遇，只是这两类公司的国籍国相同，因此，所以我们不妨称之为"类最惠国待遇"。在第2款规定的情形下，假定A国丙公司在中国境内投资，中国投资者拥有该公司的实质利益，中国应给予甲公司以不低于丙公司的待遇，因其着眼于给予拥有实质利益的外国人和本国人以平等待遇。这两类公司属于同一国籍，因此，我们不妨称之为"类国民待遇"。中韩协定在中日协定规定的事项基础上，增加了"投资和收益的汇回"，而且在给予"类国民待遇"的事项中并未剔除投资许可和与投资许可有关的事项。

国民待遇标准的适用范围除投资、收益和与投资有关的活动外，❶ 还涉及司法诉讼、行政仲裁、行政申诉、❷ 国有化或征收及其补偿❸。

2. 适用例外

在多数中外BITs中，最惠国待遇和国民待遇的例外是合并规定的，而在其他几个规定有最惠国待遇或"类国民待遇"条款（如中韩协定）的协定中，则单独予以规定。依据GATT1994第3条"国内税收与管理的国民待遇"的规定，国民待遇标准的参照物应该是东道国通过其国内法给予本国国民的待遇或针对本国国民的管理措施，因此，根据其参加的区域性经济组织或协议以及有关税收的国际协定应只属于最惠国待遇适用的例外。一般而言，一国不可能在国内立法中专门就特定国家的国民的税收作出规定，所以，唯有"任何全部或主要与税收有关的国内立法"属于国民待遇的例外。在这些协定中，排除最惠国待遇适用的原因主要是出于公共秩序、国家安全和国民经济发展优先次序的考虑，如中捷、中斯（洛伐克）协定规定"为了公共秩序、国家安全或国民经济正常发展的优先顺序，在实际需要时，给予缔约另一方投资者的差别待遇，不应视为低于该缔约一方投资者所享受的待遇"；在中韩协定中，即使是在上述情形下必须在对方投资者和本国投资者之间实行差别待遇，也不得

---

❶ 中冰协定将国民待遇的适用范围限定在投资者对其投资的管理、使用、享有或处置方面；而中沙协定则规定给予投资和收益以最惠国待遇和国民待遇，而给予投资的管理、维持、使用、享有或处置等以最惠国待遇。

❷ 如中日、中韩、中秘协定。

❸ 如中韩协定议定书第4条（2），该项放在补充规定正文第5条（4）（该项要求缔约双方给予征收或国有化及其补偿非歧视待遇—笔者注）的目下，但根据议定书的规定，在国有化或征收及其补偿给予国民待遇并非没有丝毫限制，保留对国民待遇作出或维持例外规定的权利。

任意为之，须根据有效的法律和法规，而且这种差别待遇是普遍给予所有外国投资者的，非专门针对缔约对方的投资者或对方投资者拥有股份的合营公司。❶

进而，何谓"拥有实质利益"呢？中日、中韩协定对此作出了解释，但均未提供具体确定的标准，只是要求"实质利益"应能达到控制公司或对其经营决策程序具有决定性影响的程度。从实际情况看，由于外国投资者在原材料供应、生产技术、产品销售、企业管理等方面对其所投资的公司施加决定性影响，持有多数或优势股权并不是对公司实施控制的唯一途径。因此，到底何谓"实质利益"在中日两国看来须由缔约双方根据个案具体情况协商决定，❷ 而中韩协定却没有类似规定。❸ 为了对在其境内投资的缔约对方投资者进行管理，东道国政府可能通过法律要求投资者履行某些特别手续，只要这些手续实质上不构成减损和抵消国民待遇的效果，应允许东道国政府保留在这方面立法的权利。

3. 我国在给予外国投资者国民待遇应注意的问题

（1）通过国内立法和在中外 BITs 中明确国民待遇指向的国内投资主体。国民待遇要求在相同或相似情况下给予外国投资者以不低于本国投资者的待遇。我国是一个以公有制为主体，多种经济成分共存的所有制多元化的社会主义国家，将国民经济的组成划分为国有、集体、私营、混合、外资等，对各种经济成分的政策倾向是有差异的，因此，"国民"所指为何，不太清楚；而且，为实施西部开发战略，给予在该地区投资的国内投资者许多优惠政策，即国内投资者在国内不同地区的投资待遇亦有差别，在不可能马上消除国内不同身份的投资主体差别待遇的情况下，应首先在国内法或中外 BITs 对何谓"国民"加以限定，在这两个问题上，独联体国家专家草拟的"外资法基本元素"和美加之间的《自由贸易协定》第 1604 条的规定可作为借鉴，前者建议在国内投资法中对"国内投资者"进行定义，目的是明确国民待遇标准指向的对象，反映了国有企业或国家机关在独联体国家的持续重要性，该元素确保国民待遇条款保护的外国投资者将有利于国有竞争者的待遇视为歧视待遇，也就

---

❶ 见该协定议定书第 2 条。
❷ 见该协定议定书第 9 条。
❸ 有此规定的协定不多，如中韩协定议定书第 3 条。

是说，国民是指非国有企业或国家机关。❶ 在我国，国有企业在各个经济部门和行业几乎无所不在，若将其一概排除在"国民"概念之外，无疑几近彻底地否定了国民待遇的适用；而且，国有企业和国家机关以外的其他经济成分在经济活动中所享有的待遇也不尽一致，仍然存在确定何谓"国民"的问题。在这种情况下，国有企业更有必要退出所有竞争性的行业和部门，然后将涉足关系国民经济命脉及民族文化同一性的国有企业规定不作为国民待遇参照的标准，进而统一国内其他经济成分的待遇。后者提供了在本国境内存在不同待遇的情况下如何确定外国投资者主张的"国民待遇"的规则，该问题不仅与我国对外国投资者承担的义务有关，而且直接关系到我国投资者在联邦制国家的待遇。在联邦制国家中，邦或省可能会给予其他邦或省的投资者特权或优惠，在这种情况下，怎样确定给予外国投资者的待遇，多数国内法和国际协议并未特别指明。这种立法缺陷同样存在于中外投资保护协定中，美国与加拿大缔结的《自由贸易协定》第 1604 条规定"国民待遇即指不低于缔约一国州或省在相同情况下给予其他州或省投资者的待遇"。❷

（2）可以考虑以协定议定书的形式规定排除国民待遇适用的部门和领域。例如，关系国计民生的重要经济部门、公用行业，如金融服务、政府采购和交通运输，以及保持民族文化同一性的文化产业。

（3）分阶段、分部门地逐步废除外资的次国民待遇和超国民待遇，进而统一内外资待遇水平。多数学者认为我国目前对外国投资采取的是一种国民待遇、次国民待遇和超国民待遇的混合待遇制度，❸ 其实，从法律的观点分析，国民待遇要求给予外国投资者的待遇不低于本国国民，也即给予外国投资者的待遇可以等于、大于本国国民所享受的待遇，所谓超国民待遇仍是国民待遇的应有之义，并非一项独立的待遇标准，如 A. A. Fatouros 就认为国民待遇的含义是要求给予外国投资者不少于本国投资者的待遇（no less favorable than treatment of host country nationals），故给予外国投资者较本国国民更为优惠的待遇是国民待遇原则允许的，只

---

❶ See Jurgen Voss. Basic Elements for Foreign Investment Legislation in the NIS: An Introductory note [J]. ICSID Review – Foreign Investment Law Journal vol. 9, p83. 发达国家有时也采取这种方法，如美加自由贸易协定就将某些特权保留给加拿大皇家公司。

❷ See Jean Raby. The Investment Provisions of the Canada – Untted States Free Trade Agreement [J]. AJIL 410.

❸ 李先波. 关于我国外商投资待遇制度的回顾与展望 [J]. 浙江社会科学, 2000 (1): 78.

是会产生某些政策问题。❶ 当然，用"超国民待遇"表述外国投资者享有的高于我国国民的待遇并无不可。目前外国投资者在我国享有的高于我国国民的待遇主要表现在：税收优惠、进出口经营权、外汇管理优惠、信贷优惠、企业设立程序（主要指注册资本认缴时间）等方面；低于我国国民待遇的主要表现在：准入部门和领域的限制、企业或公司组织形式的限制、服务收费及履行要求等。❷

（4）审慎运用国内立法对国民待遇标准的绝对控制权。规定国民待遇的协定均冠以"依据缔约各方法律法规"的前提，该前提被国内外学者认为是对国民待遇的一项实质性限制，等于承认各方实际上保留了对实行国民待遇的自由裁量权，各方可以通过制订或修改本国立法，设定对外资的国民待遇。❸ 在 GATT/WTO 的法律制度中，成员方的立法主权并非毫无节制的，应当"冻结"或"退回"对外国投资者的歧视性措施，即在承诺给予外国投资者国民待遇之后，不得再通过任何方式增加新的歧视性政策，并应分阶段地逐步取消现有的歧视性政策。即令条约未正式生效，只要一经签署，缔约方不得滥用自由裁量权，妨碍条约目的和宗旨的实现。

（5）在统一内外资待遇水平的基础上，将国民待遇与产业政策和区域经济发展结合起来。质言之，通过给予国民待遇诱导外资投向的经济部门和行业，促进产业结构调整和升级；引导外资投向落后区域，促进国民经济保持整体均衡的发展态势。

---

❶ See A. A. Fatouros. Goverment Guarantees to Foreign Investment [M]. Columbia University Press, 1962: 196.
❷ 卢进勇. 入世与中国利用外资和海外投资 [M]. 北京：对外经济贸易大学出版社, 2001: 102 - 104, 106 - 108.
❸ 陈安, 曾华群. 国际投资法学 [M]. 北京：北京大学出版社, 1999: 432 - 433.

# 第四章 中外双边投资条约的投资待遇条款（二）：投资准入、投资和收益转移、履行要求

## 第一节 投资准入

（一）中外 BITs 中有关投资准入的规定

各国缔结的 BITs 在投资准入问题上有两种不同的诉求，美国要求国民待遇，以达到投资自由化的目的；而欧洲式的 BITs 仍强调东道国法律的权威性。

中外 BITs 中投资准入包括资本准入和与投资有关的人员、雇员的准入，通常在定义条款、鼓励和促进投资条款和投资待遇条款中予以规定。从措辞来看，接近于欧洲模式。与其他条款相比，表现出高度的一致性，但在资本准入和人员准入方面的强制程度有明显区别，在与东道国有关法律的关系上，适格投资的定义和关于与投资有关的人员或雇员的规定方式代表着两个不同的发展取向，前者的开放性特征可能会突破国内法，而后者，除中瑞（典）、中罗（1983）等少数协定没有规定外，多数协定仅要求缔约方对对方与投资有关的人员的入境、居留和工作许可申请给予"善意考虑"的软性约束又赋予东道国部分自由裁量权。❶ 资本的市场准入则完全取决于东道国，❷ 在要求用于投资的各种财产的形式须符合东道国法律规章的同时，载明此种投资项目须经东道国政府批准、接受、允许或认

---

❶ 见该协定议定书第 3 条（4）。作类似规定的还有中法协定。
❷ 值得指出的是，投资准入并不是在任何情况下绝对取决于国内法律规定，一国可能根据其自愿参见的国际协议对外国投资者开放某些经济部门，如我国《对外贸易法》（1994）第 23 条规定："中华人民共和国在国际服务贸易方面根据所缔结或者参加的国际条约、协定中所作的承诺，给予其他缔约方、参加方市场准入和国民待遇。"

可,尊重东道国的行政程序。有的协定还明确提到了各自的投资审批机构或做法,如中马(来西亚)协定规定,"投资"对马来西亚而言,系指在由其适当的部门(approriate department)根据其立法、行政实践,归类为"批准项目"(the approved items)中进行的全部投资;对中国而言,系指我国各级外商投资审批机关根据我国立法、行政实践批准的全部投资。中日协定较为特别,虽有此要求,但同时规定若不违反东道国法律规章亦可。对适格投资的这两种要求在协定中文本中不太容易区分,但在英文本中却比较明显。

外商投资是否已获东道国政府批准,对投资者利益影响很大。一方面,未获批准的投资不能享受协定所给予的优惠,如中泰协定对此就有明确规定;另一方面,投资者母国官方或民间海外私人投资公司往往将未经东道国政府批准的投资项目排除在保险或保证范围之外,在其投资权益因东道国政府行为或事件而遭受损害时,由于不在 BITs 保护之下,不能享受其中规定的实体性和程序性权利,难以获得协定提供的救济。此时,投资者可能的救济手段只有诉诸东道国法律及有关损害外国人利益的传统国际法制度,如用尽当地救济、母国外交保护、追究东道国的国家责任等。由于资本输出入国在该领域分歧较大,而且,尤其是一旦投资者寻求本国外交保护时,不再是其本人和东道国之间的法律关系,而"异化"成其本国与东道国之间的国与国的政治、外交关系,投资者实际上几乎丧失对求偿的控制和处分权,很难借此获得有效救济。因此,在这两类投资之间会存在歧视待遇。不过,几乎所有协定都施加缔约方在符合或不违背法律、法规及国家目标和经济优先发展秩序的前提下批准、接受此种投资的义务。中泰协定甚至规定,"缔约任何一方国民和公司得自由地为本协定生效之前或之后进行的任何投资申请上述批准"。也就是说,可以要求对未经批准而进行的投资给予事后追认。

长期以来,发达国家和发展中国家在投资的市场准入问题上的国内立法、实践以及国际诉求的差异和分歧蕴含了其不同的价值理念,最大限度的投资准入自由化背后的理论基础是自由市场经济理论和作为个人基本人权的经济自由权,而严格管制外资准入则反映了经济民族主义的情绪。无法否认,外资并无自由进入他国境内的绝对权利;而且,20 世纪 70 年代以前,发展中国家和发达国家均建立了复杂的投资审查和控制的制度构造,然而实践证明此举固然有其积极作用,但也产生了一些不容忽视的负面效应。随着市场经济体制由世界"中心"区域向"边缘"

地带扩张,以及全球引资环境竞争性态势的加强,80年代以后许多国家开始废除或大幅弱化投资审查制度和其他对于准入的控制,❶发展中国家更是主动或被动地竞相修改外资法,逐步放松准入管制,一些区域性和全球性国际经济组织亦积极参与推动投资准入的自由化运动。

在这种国际背景下,我国亦应与时俱进,借鉴其他发展中国家的立法和实践经验,同时适当考虑发达国家的一贯主张以及某些国际组织的建议,改革投资准入制度。

(二) 改革我国投资准入制度的建议

1. 简化投资审批程序,降低、统一审查标准,提高审批效率,同时加强对投资审批机关的管理,防止审批的无序状态

设置投资审批程序对外资进行审查、甄别,确保其达到东道国利用外资的目的,但程序过于繁苛则有可能沦为阻碍投资的行政壁垒。

除少数允许外资自由进出的国家外,绝大多数国家都实行外资审批制度,从不同角度可以对各国外资审批制度做如下分类:①按审批程序和机构,分为单一审批制和复合审批制。前者统一由一个机构审批所有投资项目,而后者则区别投资额度、行业、地区或有无特别要求由不同层次、部门的审批机关单独或联合审批。一般而言,单一审批制较复合审批制简便、快捷、省时、经济,更适应外国投资自由化的总体趋势,20世纪80年代以来,各国投资法的重要修改之一即放弃复合审批制,采用单一审批制。目前,绝大多数拉美国家、中东、东欧、澳大利亚、新西兰等国均采用单一审批制,坚持复合审批制的国家已不多见。②按审批对象,分为项目审批制和合同审批制,也就是说,对外商投资项目和利用外资合同分别由不同审批机关和审批程序进行审批。③按审批方法,分为逐一审批制和选择审批制。前者要求所有外资项目必须经过审批,而后者则将审批范围限定在超出法律规定条件的外资项目,如澳大利亚规定外资不超过1000万澳元的项目无须审批,巴西、泰国、菲律宾等国规定申请优惠待遇或投资超过一定数额或比例才须经审批。④按投资者应履行的审批手续,分为核准登记制和审批登记制。前者由审批机关对外国投资者提交的各种文件的真实、合法性进行形式审查,认为合格即核准其设立登记并颁发证明执照;而后者则首先要求投资项目的专业主

---

❶ 目前除美国、英国、德国、瑞士、荷兰外,其他的发达国家均实行了外国资本进入审查制度。

管部门或者政府主管部门对投资项目进行实质审查合格后,发给批准文件,再由投资者凭该批准文件向登记机关提出设立企业的登记申请,最后由登记机关按登记程序作出是否予以登记的制度。❶

与世界各国投资审批制度日益自由和趋同的发展取向相比,目前,我国的投资审批制度仍过于烦琐,且标准不一。我国实际上要求所有外商投资项目须经审批,且采取复合审批制度,审批机关计有国家外经贸部,国务院授权的部门,省、自治区、直辖市和计划单列市、经济特区人民政府。由于我国采取自东南沿海到内地的梯度推进的改革开放战略,导致审批权限因地而异。审批机关在收到法律要求的全部申请文件后给予批准或不批准的期限因区别中外合资、外资(90天)和中外合作(45天)或者投资者是否是华侨、港澳台同胞(45天)而不同。此外,还就几类特定企业(如外商投资广告企业、外商投资股份有限公司、外商投资性公司、外商投资建筑业企业、中外合资对外贸易公司等)设置了专门的审批制度。审批程序还可能因其属于限制类投资项目而与其他投资项目有所不同。在实际工作中,或由于官僚主义作风,审批效率低下,挫伤外商投资热情;或标榜政绩或相互间恶性竞争,无原则地降低门槛,导致无政府状态,审批制度形同虚设。

当然,我国地域广阔,各地经济发展水平不一,在全国范围内采用统一的较为宽松的投资审批制度不太现实。但完全可以对鼓励和允许类的投资项目采取选择审批制度,保留复合审批制的同时,在条件成熟的地区逐步扩大登记备案制的试点范围和开展核准登记制的试点改革。

2. 拓展外商投资领域

外商投资方向是外资准入的重要条件之一,它直接关系外资参与东道国经济的广度。实际上没有哪个国家对外资全面开放,国外实践一般都禁止或限制外国投资进入涉及公共利益或者事关国家安全、国防事务及文化同一性的部门,诸如武器、弹药、爆炸物及战争设施等影响公众日常生活的产品的生产对外资完全封闭,运输、通信、公共设施、通信媒介及银行、保险等行业也限制外资介入,包括钢铁工业、水电在内的

---

❶ 唐民皓. WTO与地方行政管理制度研究 [M]. 上海:上海人民出版社,2000:98. 亚洲的香港、新加坡,外国投资者不需要任何特别认可即可投资兴业,简单登记即可;拉丁美洲的墨西哥和阿根廷也有类似规定。见姚梅镇. 比较外资法 [M]. 武汉:武汉大学出版社,1993:521 - 522.

诸多关键产业有时也会被保留或加以限制，商业批发、零售常常保留给本地企业。即使是奉行投资自由化的美国在其缔结的 BITs 附件中保留的"国民待遇"的例外也多达 16 种。

《外商投资产业指导目录》是我国进行投资审批的依据，该目录将外商投资项目分为鼓励、允许、限制、禁止四类，列入限制、禁止类的项目和产业仍嫌过多。我国已经在利用外资方面积累起来了丰富经验，完全有能力驾驭外资，在以后的编制和修订中，应逐步减少限制、禁止类投资项目和产业的目录，并且采取"消极清单"的形式。

同时，由于我国并未承诺在投资准入方面给予外资国民待遇和最惠国待遇，可以在与其他国家缔结或修订 BITs 时，根据缔约对方的具体情况，有针对性地开放市场和投资领域，充分利用和发挥其比较优势。

3. 灵活把握外资股权比例

许多国家（包括美国、加拿大等发达国家❶）规定外商投资项目应该采取国内外资本联合的形式，发展中国家为避免国内某些幼稚产业被外资控制以及对本国利益构成威胁，更是倾向要求外资与国内资本的联合。对外资股权比例和企业形式的限制是投资实质审查的又一项重要内容，从我国中外合资、合作企业法及其实施细则来看，我国对外资股权的态度是矛盾的，一方面，要求具有法人资格的合资、合作企业的外方出资以及中外合资股份有限公司外方购买、持有的股份一般不得低于注册资本的 25%，一方面又疑虑外资会统制民族经济。一些限制类产业禁止外商独资或中方必须控股或占主导地位，如果合资、合作企业股权比较分散，却固守不低于 25% 的外资比例，中方很有可能不能占据控股或主导优势，达不到限制外资的本来目的；在这种情况下，若拒绝外商的投资申请或撤销对该投资项目的批准，又会影响利用外资的规模。可在统一内外资企业所得税率的前提下，降低对外资股权比例的限制，以高于 10% 为宜。同时，应考虑到外商更倾向于采取独资企业的组织形式。

---

❶ 美国担心外国人控制那些战略上比较重要的粮食生产基地，艾奥瓦和密苏里州通过法律，严厉限制或完全禁止外国人取得农场，其他几个州也在考虑制订同样的法令；加拿大也规定石油、天然气产业中至少 50% 的股权为加拿大政府或国民所有 see Earl H. Fry. The politics of International Investment [M]. Mcgraw - Hill Book Company, pp. 17, 23.

4. 尽速完善有关法律，确保良性竞争，预防和削弱外资对民族经济的统治地位

对过高外资股权的疑惧，无非是担心其威胁民族企业和经济，但消除这种疑虑并非只有严格限制外资比例一途，可以仿效欧美的做法，如美国通过奥林巴斯贸易和竞争法、Exxon—Florio 修正案（1988）❶ 对进入美国的外资进行审查、甄别；欧共体内部也通过竞争法的实施确保不让实力雄厚的外国公司进入并运用其支配地位挤压较弱的欧洲公司，控制购并也同样可使强大的外国公司远离欧洲市场。在投资准入不断自由化的同时，建立和完善国内竞争法、公司法和证券法也同样可以产生异曲同工的效果。

## 第二节　投资和收益的自由转移

### （一）立法体例

外国投资者的投资原本以及利润能否自东道国自由汇出，直接关系到其投资海外的预期和利益，在评价目标国的投资环境时，投资者不能不将其列为考虑的重要因素之一。大多数发展中国家实行严格的外汇管理制度，同时并无普遍可行的相关国际法对之予以规范和调整，因此，投资原本及利润的汇出便成为 BITs 基础和必备条款。少数中外 BITs 在正文中对该问题规定得较为简略，❷ 但为便于操作和以免滋生争议，通常都会以议定书的形式进行补充，中泰、中沙协定的议定书甚至就是"投资及收益转移"条款的解释性法律文件。

从中外投资保护协定的规定来看，该条款的主要内容包括：①投资原本及利润的汇出必须以投资接受国的国内法律和规章为法律依据；❸ 有个别协定在正文中虽未强调这一点，但依据属地管辖的国际法原则，当

---

❶ Exon—Florio 法案授权美国总统暂停或终止外国投资者对美国企业的购并，如果这种购并将威胁美国国家安全利益。

❷ 中英协定在该问题上的规定最为简单，仅要求缔约双方保证对方投资者将其投资和收益以及按照与投资有关的贷款协议的任何支付款项自由转移至其本国的权利，见该协定第 6 条（1）；中日协定，也只要求缔约双方在不妨碍有关外汇限制的法律、法规的前提下，保证对方投资者自由进行支付，自由转移汇款及包括投资财产的清算价款在内的金钱证券或资金，见该协定第 8 条。

❸ 几乎所有协定未就"法律"概念的外延作出界定，而中澳、中津协定第 1 条"定义"条款明确指出，"法律"包括法规或立法和公布的行政规则、条例，因此笔者认为"法律"一语应作扩大解释，并非单指国家最高立法机关制订或颁布的法律文件。

然不得违背我国外汇管理法规，而且在议定书中作了补充规定。❶ 依据东道国国内法的规定，一方面，应保障投资者享有在转移事项上的广泛权利；另一方面，在面临某种特殊经济情势时，东道国政府亦得不受妨碍地行使法律赋予的限制转移的权利。②汇出项目的列举。③不得限定汇出币种，但必须可自由兑换。④不得不适当地迟延。

当然，上述内容并非总是集中在单一条款中给以规定，在一部分协定中，关于汇出币种及汇率的确定，往往与征收、战乱损害补偿额和因代位而产生的资金转移在"汇率"、"兑换率"或"货币转移"条款中合并规定❷，中挪协定未就汇率问题作出规定或补充规定，仅要求在投资汇回方面给予最惠国待遇。

（二）主要内容

1. 转移项目

除少数几个协定未对汇出项目做过多列举外，❸ 绝大多数协定对于投资者汇出项目的规定方式分为两类。从措辞来分析，对可自由转移的项目列举在大部分中外 BITs 中是全部列举的方式，通常规定"缔约各方允许在其境内投资的缔约另一方投资者自由转移下列款项……"在有些协定中，可自由转移的款项显然不限于清单中列举的几类，如中—比卢经济联盟协定第 5 条、中荷协定第 4 条、中波协定第 5 条、中捷协定和中斯（洛伐克）协定第 6 条、中希协定第 6 条（1）、中韩协定第 8 条（1）、中土（库曼斯坦）协定、中智协定第 6 条、中牙协定第 5 条、中摩（洛哥）协定第 6 条（1）、中阿（尔及利亚）协定第 6 条（1）就规定，缔约一方应保证缔约另一方的投资者自由转移在其领土内投资的财产，"尤其是……"或"主要是但不限于以下……"两者开列的清单相差无几，包括：①利润、股息、利息及其他合法收入；②全部或部分投资的清算款项或

---

❶ 如中德协定第 5 条及其议定书第 5 条、中法协定第 5 条及其议定书第 3 条、中泰协定第 6 条及其议定书、中—比卢经济联盟协定第 5 条及其议定书第 3 条。

❷ 如中罗协定（1983）第 7 条、中德协定第 7 条、中—比卢经济联盟协定第 6 条、中芬协定第 7 条、中意协定第 8 条、中荷协定第 7 条、中波协定第 6 条、中奥协定第 7 条、中新（加坡）协定第 9 条、中新（西兰）协定第 9 条、中巴（基斯坦）协定第 6 条、中加（纳）协定第 6 条、中前苏联协定第 6 条、中匈协定第 6 条、中乌（兹别克斯坦）协定第 6 条、中吉协定第 6 条、中亚协定第 7 条、中菲协定第 6 条、中哈协定第 6 条、中乌（克兰）协定第 6 条、中白协定第 6 条、中塔协定第 6 条、中毛协定第 9 条。

❸ 中以协定根本未作任何列举，仅要求缔约方保证不受限制地汇出投资者的投资及收益。

第四章　中外双边投资条约的投资待遇条款（二）：投资准入、投资和收益转移、履行要求

转让所得；❶ ③与投资有关的贷款协议的偿还款项；❷ ④知识产权，如著作权、工业产权、专有技术、工艺流程等的提成费；❸ ⑤技术援助或技术服务费、管理费；⑥与投资有关的承包工程的支付款项；⑦在缔约一方领土内从事与投资有关的缔约另一方国民的收入。❹

有些协定还包括投入的资金，如中罗（1983）协定第5条（1）（a）、中丹协定第6条（1）（a）、中波协定第5条（2）❺ 就规定"投入的资金"可自由转移，中德协定第5条（a）（根据该协定议定书第5条的解释，所谓"资本和维持或扩大投资所用的追加款项"是指依据当事者之间订立的合同所应履行的资本和维持或扩大投资的追加资本的回收款项）、中奥协定第5条（1）、中澳协定第10条1（a）、中保协定第5条1（a）、中捷协定和中斯（洛伐克）协定第6条1（a）、中希协定第6条2（a）、中韩协定第8条1（c）、中埃（及）协定第6条1（a）、中印（度尼西亚）协定第7条（a）、中阿（曼）协定第6条1（a）、中摩（洛哥）协定第6条1（a）、中南协定第6条1（a）将其明确为"资本和维持或扩大投资所用的追加款项"，即包括原始投资和追加投资，而中意协定第6条（5）限于"为维持在任何一方领土内的投资所需追加资金"；中荷协定第4条（b）（ii）（3）、中瑞（士）协定第6条（5）、中阿（联酋）协定第7条1（f）则限于为保证投资的持续性和发展投资所追加的资金。其中，除中澳、中希、中埃、中阿（曼）、中南、中摩（洛哥）协定在列举项目之前冠以"投资"或"资金"和"收益"的概括性措辞外，❻ 其余协定则只是要求"自由转移下

---

❶　"清算"和"清偿"在英文中均作"liquidate"，应作广义理解，既包括破产清算，也指一切有关资金的支付，在许多协定的中文本中全部或部分投资的转让所得的支付称为"清算"。中印（尼）协定在可自由转移项目中，"外国股份持有人股份的出售所得款项"和"投资者在清算时所得款项"是分别列举的，显然，此处"清算"应作狭义解释，即指外国投资企业在破产、撤销、解散等情况下的清算。

❷　中瑞（士）协定为"合同规定的偿还款"，根据该议定书的解释，此处"合同"无疑当指借贷合同；中南协定未列举此项。

❸　奇怪的是，中乌（兹别克斯坦）、中哈、中乌（克兰）、中土（库曼斯坦）、中白、中塔、中阿（曼）协定"定义"条款中含知识产权，而列举的可自由转移的款项中却不包括无形财产权的提成费或使用费；中亚协定虽也存在类似情况，但同时规定"符合缔约双方法律的其他收入"在可自由转移之列，应解释为包括无形财产的提成费或使用费。

❹　中希、中厄协定未包括缔约另一方因从事与投资有关的工作而获得的收入。

❺　该协定第5条2规定："尽管有本条第一款的规定，缔约一方保证缔约另一方的投资者自由转移用可兑换货币进行的投资，以及与该投资者在缔约一方境内的投资有关并属于他的可兑换货币的收益。"中土（耳其）协定包括的范围最广，除投资收益、全部或部分投资的清算款项外，"定义"条款涉及的所有投资形式均在可自由转移之列，见该协定第4条2。

❻　中摩（洛哥）协定采用"净资产"的概念。

列款项"。

在列举中未明确包括原始投资和追加投资的协定中，列举之前采取了与上述协定相同的表述方式。

中外投资保护协定之间在上述七类可自由汇出项目的表述上极其相似，但仍存在细微的差别，尤其表现在对于借款的规定，通常要求可汇出的贷款必须被缔约双方一致承认为投资或与投资有关，而有些协定则未明确贷款须为缔约双方一致承认为投资或与投资有关，如中法协定第5条（c）、中一比卢经济联盟协定第5条（b）、中马（来西亚）协定第6条（3）、中巴（布亚新几内亚）协定第6条（c）就规定可自由转移的借款若是"按正常手续取得"或"正常贷款"即可；而中德，中荷，中奥、中捷、中斯（洛伐克）协定将借款限定在类似参股的性质上。❶ 允许投资者一次性或分期偿付贷款应是对该项的合理解释，但中意协定第6条（3）规定可自由转移，"为直接参与投资的贷款的分期偿付款"，是否允许一次性偿还贷款则未可知。

中德、中奥等协定未将在缔约一方领土内从事与投资活动有关的缔约另一方国民的收入明确列入可自由转移的清单，中南（斯拉夫）协定仅规定缔约一方为在其境内从事与投资有关活动的缔约另一方国民收入的转移提供协助；❷ 至于允许可自由汇出的另一缔约国国民的收入数量，绝大多数协定未作规定，即便是对此有规定的某些协定，除中意协定规定应允许缔约一方国民在另一方领土内因某项投资工作的工资收入，在纳税并减除当地生活费用后全部汇回其本国，其他协定措辞则比较含混。❸ 中荷、中澳、中捷、中斯洛伐克协定在这个问题上并未将自然人的国籍明确限定在缔约国，投资者的雇员或其投资所在企业的雇员的收入均可自由汇出；中科、中澳协定稍微有点差异，在该两个协定中，"国

---

❶ 中德协定议定书第5条（b），中荷协定第5条（c），中奥协定第5条（3），中捷、中斯（洛伐克）协定第6条（c）。

❷ 见该协定第6条（2）。

❸ 如中法、中丹协定规定，应准其向本国转移其适当份额（appropriate/adequate proportion）或适当的酬金或收入；中保协定允许自由转移"部分收入"（partial earnings）；中前苏联协定允许自由转移"缔约一方公民在缔约另一方领土内从事与投资有关的工作和服务并依照立法规定的数额和程序所获得的工资和其他收入"，前苏联解体后，我国与独联体国家缔结的投资保护协定［如中乌（兹别克斯坦）、中吉、中亚、中哈、中乌（克兰）、中白、中塔协定］在该问题上的规定仍然借鉴了前者的模式，中土（库曼斯坦）协定中文本中则无"根据缔约一方立法规定"的字样。（因笔者手头没有该协定俄文文本，无从判断俄文文本是否有此要求）。

民"是缔约国国民，而"国民"的雇员却未必是缔约国国民。

在有的协定中，知识产权和专有技术的提成费以及技术援助费、技术服务费并未单独列为一项，如中瑞（典）协定第4条（a）；而中罗（1983）协定尽管将知识产权和专有技术包括在"投资"定义条款中，但在汇出清单中却不见知识产权的提成费和许可证费用；绝大多数协定在列举之前，都要求汇出款项须与投资有关；某些协定虽然在列举之前未作如此要求，但在清单中规定必须来源于投资。❶

一些协定将因国有化和战乱损失而产生的补偿也包括在清单中，❷如根据定义条款关于"投资"概念的解释，投资和收益的自由转移不仅仅包括货币资金，当然还包括以实物形式表现出来的动产从东道国境内的撤出，但极少有协定将动产列入清单，中芬协定是个例外，该协定第6条2规定："缔约一方应根据其批准的合同允许缔约另一方投资者从其领土内自由转移作为投资一部分的动产。"

2. 货币种类

多数协定规定只要可自由兑换，❸ 再未作其他要求。一部分协定则还进一步提供了某些可选择性的币种，通常规定在无其他约定的情况下，投资时使用的可兑换货币或缔约双方同意的其他可兑换货币❹、当事双方同意的货币❺、投资者本国货币或其他可兑换货币❻、初始投资时的可兑换货币或缔约双方同意的其他可兑换货币❼、国际货币基金组织分类的可

---

❶ 如中瑞（典）协定、中芬协定、中意协定、中泰协定、中保协定。
❷ 如中法协定第5条（e）、中一比卢经济联盟协定第5条（b）、中泰协定第6条（g）、中丹协定第6条（e）；中韩协定第8条1（f）、中阿（根廷）协定第5条1（h）、中土（库曼斯坦）协定第5条（2）、中保协定第5条（d）、中摩（洛哥）协定第6条（5）、中黎协定第6条1（h）、中奥、中斯（里兰卡）协定未就战乱损失作出规定：仅包括征收补偿；中印（尼）协定第7条（f）规定可自由转移"损失或损失（damages or losses）"，而该协定第5条标题为"损害或损失的补偿（compensation for damages or losses）"，"征收"另有第6条专门规定，因此，该条约中征收补偿额是否可以自由转移尚有疑问，同样，根据中意协定第6条（6）规定："全部或部分投资的转让或清算价值，包括第4条（3）所指的任何事件而发生的清算"可自由转移，该协定第4条即为征收和战乱损失补偿待遇，逻辑地分析，该协定的自由转移是否包括征收补偿额也是值得怀疑的。
❸ 中奥协定甚至未要求汇出币种必须可自由兑换，该协定的议定书第4条（1）规定："协定第5条（6）项所指的补偿款项支付，由中国政府主管当局担保以可兑换货币自由转移"，可作为除补偿额支付外，其他款项的转移并非须以自由可兑换货币进行；中罗（1983）、中德、中法、中意、中瑞（士）、中波、中日、中阿（尔及利亚）协定等协定也未明确要求。
❹ 如中罗（1983）协定第7条。
❺ 如中德协定第7条1、中奥协定第7条（1）。
❻ 如中荷协定。
❼ 如中英协定第6条（3）、中土协定第4条（2）。

自由兑换货币[1]、投资者与东道国同意的可自由兑换货币[2]、初始投资所用货币或任何其他可自由兑换货币[3]、投资者接受或投资进行时所用货币[4]、初始投资所用的可兑换货币或投资者与有关缔约方同意的任何其他可兑换货币[5]、尽量尊重投资者所选择的货币、国际货币基金组织分类的可自由兑换货币[6]。

投资者的投资可能并不全以可兑换货币进行,在有的协定中,规定东道国政府保证转移以不可兑换货币进行的投资及收益,而对于以可兑换货币进行的投资及其收益的转移则无须东道国保证,可不受限制地自由转移。[7]

3. 转移前投资者的义务

投资者(有时还包括投资者的雇员)须履行某些财政性义务之后,方可自由转移投资和收益,这些义务既包括东道国规范性法律文件规定应缴纳的各种税收,又包括投资者(雇员)依据生效法律文书而承担的金钱给付义务。[8] 有一些协定只是笼统地要求投资和收益的转移必须受东道国法律、法规、规章的支配,但丝毫不影响投资者(雇员)的财政性义务,因为后者是内涵于前者之中的。[9] 而有些协定为明确起见,另行就投资者(雇员)的此类义务作了规定。在该问题上,协定之间措辞差异较大,有的极为简略,以"法定义务"一言蔽之;[10] 有的协定明确要求投资者须缴纳税款以及兑换货币和转移款项所需的手续费;[11] 有的协定要求履行完毕财务义务;[12] 中摩(洛哥)协定规定可自由转移的只能是净资产。[13]

少数协定专门有条款规定若东道国的法律规定较协定更为优惠,则

---

[1] 如中澳协定第12条。国际货币基金组织承认的自由兑换货币有美元、德国马克、日元、英镑和法国法郎。
[2] 如中希协定第6条(I)、中希协定第6条(1)。
[3] 如中丹协定第6条(2)、中印(尼)协定第7条(2)。
[4] 如中阿(尔及利亚)协定第6条(2)。
[5] 如中英协定第6条(3)、中以协定第6条等。
[6] 如中瑞(士)协定议定书第5条(2)等。
[7] 见中波协定第5条。
[8] 如中澳协定第10条3规定投资及收益的汇回应以保护债权人的权利或保证司法或行政诉讼判决的执行,此规定在英文本中表述为"…protect the rights of creditors, or ensure the satisfaction of judgements in adjudicatory proceedings…"并未明指何种类型的判决,其实,行政诉讼判决是司法判决的下位概念,为避免不必要的争执,中文本应径直称"司法判决"。
[9] 最早缔结的中瑞(典)协定就未明确规定此种先决条件。
[10] 如中罗(1984)等。
[11] 如中—比卢经济联盟协定第5条2、第6条(2)。
[12] 如中意协定第8条。
[13] 见该协定第6条(1)。

第四章 中外双边投资条约的投资待遇条款（二）：投资准入、投资和收益转移、履行要求

优先适用东道国法律，有些协定并无该一般性条款，而是在某一事项上予以特别强调，如中泰协定议定书第1条（3）就规定，关于投资收益、贷款偿还额和技术援助、服务、管理费用的转移，若中国法律有比该协定更为优惠的规定，则适用前者。

当然，协定所规定的义务并不都具有明确的强制性，而表现出道义责任的性质，如中泰协定议定书规定中国主管机关在泰国国民转移投资收益、贷款偿还额和技术援助、服务、管理费用时遇到困难，应给予最同情的考虑和提供可能的帮助。

协定在转移投资及收益法律适用上，对缔约双方的要求可能会有所差别，如中泰协定就规定泰国在投资及收益的转移和汇率的确定方面，应依据其国内法以及其作为国际货币基金组织成员国的权利义务进行，但同时规定以互惠为前提。❶ 实际上，削减了缔约双方法律适用上的差异，中国政府也因此会享有和履行国际货币基金组织规定的权利义务。

通常，东道国都会要求外国投资者提交货币转移报告，以便其作出转移所需外汇的安排，但除中印（尼）协定对此有明确要求外，其他协定均无规定。❷

4. 东道国的协助义务

多数发达国家和某些发展中国家采取较为宽松自由的外汇管理制度，而我国长期以来对外汇实行严格管制，1996年年底才对外宣布经常项目的可自由兑换，资本项目仍不可自由兑换，我国与缔约对方之间的这种体制差异在多数协定中都以议定书的形式表现出来。中波、中澳、中日、中马（来西亚）、中新、中巴（基斯坦）、中保、中加（纳）、中苏（联）、中土（耳其）、中巴（布亚新几内亚）、中匈、中蒙、中葡、中西（不过，该协定规定东道国应允许缔约另一方投资者或其投资的公司不受歧视地进入官方外汇市场，以使其可能购买到所需外汇）、中乌（兹别克斯坦）、中玻、中吉、中亚、中菲、中哈、中韩、中乌（克兰）、中阿（根廷）❸、中摩（尔多瓦）、中土（库曼斯坦）、中越、中白、中老、中

---

❶ 见该协定议定书第2条（2）。
❷ 见该协定第7条（3）。
❸ 该协定仅规定转移应从阿根廷投资者在中国的外汇存款账户中进行，未考虑外汇存款账户中存款不足时的情形；与其他类似协定不同，该协定还就中国投资者的转移也作出了规定，允许中国投资者在任何情况下均有权使用其出口收入进行转移（见该协定议定书）。

115

阿(尔巴尼亚)、中塔、中格、中克、中爱、中斯(洛文尼亚)、中立、中乌(拉圭)、中阿(塞拜疆)、中智、中冰、中埃、中秘、中罗(1994)、中牙、中印(尼)、中阿(曼)、中摩(洛哥)、中以、中毛、中津、中黎、中赞、中柬、中孟、中阿(尔及利亚)、中叙❶协定在外资企业外汇存款账户余额不足支付转移所需外汇时如何处理未作进一步规定。因此,议定书对正文中"投资及收益的自由转移"条款进行解释时,通常只涉及中国。(中德)议定书对该条的解释主要包括两个方面的内容:第一,要求外国投资者须在合资经营企业或外资企业的外汇存款账户中转移;第二,当合资经营企业或外资企业的外汇存款账户中没有足够的外汇可供支付时,在该议定书规定的情况下由中国政府从外汇储备中提供支付所需的外汇。通常包括:❷ ①资本和维持或扩大投资所用的追加款项;②无形财产权的许可使用费用或提成费;❸ ③全部或部分投资的清算款项;④由中国银行担保的贷款本金和利息;❹⑤中国政府批准其产品销售为不可自由兑换货币的合资经营企业或外资企业的"收益"。❺ 而中法协定在第二个方面的规定与中德协定有明显不同,前者增加了两种情况,即如果中国政府主管部门特别批准允许兑换外汇或者中国政府批准的合同规定了外汇来源的,中国政府应给予保证;被中国政府专项批准其产品或服务销售为不可兑换货币的投资者,转移的项目也不像中德协定明确仅限于"收益"。而且,在上述情况下,对于投资者在中国的独资或合资企业的外汇账户中外汇是否足够在所不问。同时,该协定还将征收、战乱损失补偿的转移专列出来,要求中国政府主管部门保证兑换并允许自由转移。中—比卢经济联盟协定与前两个协定又稍有不同,规定投资者外汇账户中存款余额不足支付时,中国政府允许将人民币兑换

---

❶ 该协定议定书第2条分别就投资及收益转移缔约双方应承担的义务作了规定,根据该条的规定,双方的条约义务呈现不对等性,中国仅要求对方投资者在转移收益、全部或部分投资清算款项以及贷款偿还额提请外汇管理部门批准;而叙利亚方面,投资及收益条款中列举的所有项目须从中方企业的外汇账户中转移。

❷ 中瑞(士)协定另增加"用于支付投资管理费用的款项",但该协定议定书要求必须预先在投资契约中加以规定,关于投资契约中未曾涉及的费用,则应得到中国主管当局的事先批准。

❸ 有些协定还包括技术援助和技术服务费用,如中阿(联酋)、中沙协定。

❹ 依据中瑞(士)协定,贷款的担保方不限于中国银行,国家外汇管理局授权的其他中国组织亦可。

❺ 中捷、中斯洛伐克、中阿(联酋)、中沙协定有相似规定,只不过未将服务包括在内,见中捷、中斯洛伐克协定议定书第3条(一)(3)、中阿(联酋)协定议定书第5条(1),中沙协定议定书第2条(3)。

第四章 中外双边投资条约的投资待遇条款（二）：投资准入、投资和收益转移、履行要求

成可兑换货币，转移征收补偿（该协定没有战乱损失补偿条款）、中科、中阿（联酋）协定将战乱损失补偿的保证义务局限于东道国军队或当局征用或该国军队或当局非因战斗行动或情势必需而损害的财产的补偿额部分，不包括东道国因境内发生战争或其他武装冲突、国家紧急状态、叛乱、骚乱或暴乱而给予外国投资者的补偿，全部或部分投资清算款项、由中国银行担保的贷款，不过在转移"投资收益"（包括无形财产权的提成费和使用费）时，中国政府只承担将经特别批准其产品或服务主要在国内销售或提供的企业的外汇账户存款不足支付的部分用人民币兑换成其他可兑换货币的义务。❶ 与前两个协定明显不同的是，中泰协定就缔约双方的国民所投资企业的外汇账户存款余额不足时承担的义务均有规定，而且义务的宽窄程度不同。中国政府在无形财产权的许可证或提成费、投资清算款项、国民收入❷和征收、战乱损失赔偿、由中国银行担保的贷款方面应将人民币兑换成可自由兑换货币以供转移，经批准其产品或服务主要在中国境内销售或提供的泰资企业，中国政府在其外汇存款账户余额不足时，只承担将转移投资收益和技术援助、服务、管理费用所需外汇用人民币兑换成可自由兑换货币的义务。中奥协定要求中国政府在原始资本和追加资本、无形财产权的许可证或使用费、投资清算款项以及中国银行担保的贷款提供外汇账户缺额所需的外汇，而对于转移投资收益的缺额只限于经批准其产品销售为不可兑换货币的企业。中英协定将对"投资收益"缺额的兑换义务指向的企业未明确要求其产品或服务主要在中国境内销售或提供，而以"主要在中国境内进行经济活动"笼而统之。

当然，一国关于外汇限制的国内法规定不得违背其承担的国际条约义务，同时亦不妨碍其依据国际条约享有的权利，如中智协定第6条（4）规定，外汇限制"不影响缔约任何一方作为国际货币基金协定的缔约国关于外汇限制具有或可能具有的权利或义务"。

东道国在投资及收益的转移方面除承担其国内法和投资保护协定规定的实体性义务外，有的协定还要求其提供转移程序上的便利。❸

5. 转移期限要求

除中玻、中吉、中亚、中哈、中乌（克兰）、中摩（尔多瓦）、中土

---

❶ 见该协定议定书第3条。
❷ 中瑞（士）协定在此问题上未包括国民收入；中阿（联酋）协定亦包括国民收入。
❸ 见中黎协定第6条3。

(库曼斯坦)、中越、中白、中老、中阿（尔巴尼亚）、中塔、中格、中克、中爱、中阿（塞拜疆）、中厄、中埃、中秘、中罗（1994）、中牙、中古、中南、中沙、中毛、中赞、中柬、中孟、中阿（尔及利亚）、中叙协定未作明确规定外，其他协定均要求投资及收益的转移不应不适当地迟延。❶ 但相当多的协定就转移所需的时间并没有进一步明确指示，有些协定将投资及收益的转移和征收、战乱损失补偿、投资者本国政府或其机构因代位取得的款项支付的转移所需的时间一并予以规定，要求转移须在履行手续一般所需时间内完成。转移手续所需的时间一般在国内法中规定，同时也不排除适用国际惯例。❷ 一部分协定还规定了具体时间，在该期限内完成转移，即应视为没有无故迟延，与其他几类转移所需时间期限规定来看，投资及收益的转移所需时间较短，如中德、中奥、中瑞（士）协定要求自投资者提出转移申请之日起，不得超过3个月或90天，中西、中韩协定则以6个月为最长期限。

6. 汇率

关于兑换率，有的协定根本未对征收补偿额的转移做任何规定；❸ 大部分协定采用转移之日东道国的官方汇率；❹ 有的协定要求按转移时实际使用或通行的或有效的汇率（通行汇率对于采取不同汇率制度的国家可能有不同的指称，有可能是官方汇率，也有可能是市场汇率或依据其他标准确定的汇率）。至于是投资者本国抑或东道国实际使用的汇率，在有的协定中并不清楚，当然，这种汇率并非完全不可确定，如中德、中荷协定规定该汇率必须符合转移时国际货币基金组织特别提款权同有关货币的汇率折算而得出的套汇率❺。同时，虽然有的协定要求适用东道国的

---

❶ 中保协定要求转移应"及时"进行。
❷ 如中法、中黎协定议定书就规定"合理期间"即指根据国际金融惯例通常完成转移手续所需要的时间；中意协定议定书第5条也要求转移须遵循国际财政金融惯例正常所需的时间，但进一步确指"一般不超过6个月"。
❸ 如中瑞（典）协定、中挪协定、中阿（联酋）、中荷、中日协定等，但中挪协定第6条2、中阿（联酋）协定第7条2规定在"投资的汇回"方面给予最惠国待遇，据此，可间接确定兑换率。
❹ 如中罗（1983）协定第7条、中法协定第5条、中芬协定第7条、中泰协定第6条（3）、中丹协定第6条（2）、中巴（基斯坦）协定第6条、中苏（联）协定第6条、中捷、中斯（洛伐克）、中乌（兹别克斯坦）、中吉、中菲、中亚、中哈、中韩、中土（库曼斯坦）、中越、中白、中塔、中爱、中立（该协定措辞为"中央银行订立的通行汇率"）协定；中澳协定表述为"法律确定的汇率"。
❺ 如中德协定第7条、中荷协定第7条。

官方汇率,但从措辞来分析,该汇率并非可适用的唯一汇率,如中—比卢经济联盟协定第6条2规定,"在任何情况下,适用的汇率应是公平的……"换言之,如果缔约双方在与第三国的货币兑换方面适用了较该汇率更为优惠的汇率标准,即构成不公平,应根据最惠国待遇原则,后者应让位与前者优先适用。也有一部分协定提供了几种有顺位关系的汇率,如中新(加坡)协定第9条、中科协定第6条3、中斯(里兰卡)协定第9条、中新协定第9条、中毛协定第9条规定首先适用通用的市场汇率,只有在不存在市场汇率的时候,才适用官方汇率。而中加(纳)、中匈、中乌(拉圭)协定正好相反,规定首先适用官方汇率,在没有官方汇率的情况下,适用市场汇率。中科协定规定官方汇率并非由东道国任意决定,而要求与国际货币基金组织相一致,在不存在此种汇率时,应根据对特别提款权或美元或缔约双方同意的任何其他可自由货币的官方汇率来确定。中沙协定第5条第2款要求适用东道国的通行汇率,第3款对所谓"通行汇率"作出了解释,实际上也是一种有顺位关系的汇率选择安排,规定"通行汇率"应是符合国际货币基金的官方汇率;若无此汇率,则依据特别提款权或美元或缔约双方同意的少数协定规定几种可任意选择的汇率。❶ 值得注意的是,中马(来西亚)分别规定了缔约双方适用的汇率。❷ 在中以协定中,货币兑换率的确定甚至取决于投资者的意志,若投资者另行同意,则适用其表示同意的汇率,否则,东道国的外汇汇率只能是"剩余规则"。❸ 当然也有协定要求采用市场汇率。❹

一般而言,征收和战乱损失补偿、投资及其收益的转移适用同一兑换率,但由于各国汇率制度的不同,其间可能也有所区别,如中—比卢经济联盟协定议定书第4条规定中国投资者在该联盟境内的投资收益(含无须财产权的提成费或使用费)转移需根据申请转移相关的业务类别来确定兑换率。

7. 其他规定

(1)汇出款项的接受国。绝大多数协定对此没有明确要求,而中荷、

---

❶ 如中巴(布亚新几内亚)协定第6条2规定依"转移之日时适用的官方汇率或汇出时的通用汇率"。

❷ 该协定第6条(2)规定,在马来西亚方面,按转移时通用的汇率;在中国方面,按官方汇率。

❸ 见该协定第6条。

❹ 中黎协定第6条2、中柬协定第6条2。

中日协定则规定此种转移限定在缔约双方境内；中日、中智协定还允许此种转移可在东道国与任何第三国之间进行。

（2）转移的顺序。投资和收益的转移通常首先从投资者的外汇账户中支付，只有在外汇账户余额不足以支付时，才由东道国政府保证动用外汇储备将本国货币兑换成其他可兑换货币以供支付，因此可能会影响东道国国际收支平衡。同一投资者可能同时提出转移征收和战乱损失补偿额，缔约双方出于平衡本国国际收支的考虑，有时会在协定中就征收和战乱损失补偿和其他投资及收益的转移关系作出规定。中泰协定在这方面开了先河，该协定第6条2规定："如缔约一方按第5条（即征收和战乱损失补偿——笔者注）规定支付了巨额款项，该缔约方可要求以合理的分期付款方式进行此项转移（指除征收和战乱损失补偿的转移——笔者注）"；中奥和其他一些协定则无此种变通，要求中国政府主管部门对征收和战乱损失补偿予以保证；中新（加坡）、中斯（里兰卡）、中毛协定规定投资和收益的转移不影响征收和战乱损失补偿的转移。❶

（3）国际收支困难时期对自由转移的限制。即使在 BITs 中规定了投资和收益的绝对汇回权，也不能妨碍处于经济紧急状态的国家的国家原因"情势变更"原则，对该权利进行限制。典型的情况是一国发生特殊的国际收支困难时，该国当有权对任何款项的汇出加以适当的限制，如中斯（里兰卡）协定第8条3就授权缔约方在有限的时间内，有效并善意地履行其法律赋予的权力，但本国法赋予的权力在时间和范围上并非毫无约束，如中科、中阿（联酋）协定更为详细，将"有限的时间"具体为在本国国内外汇管理法规之外增加不超过6个月，不过，在上述期限内应允许汇回转移款项的50%；中英协定明确规定"此种权力不得用于阻止利润、利息、股息、使用费或酬金的转移，并应保证每年至少转移20%的投资及其他任何形式的收益"。❷

（三）两点建议

我国实行比较严格的外汇管理制度，但同时给予外商投资企业某些所谓"超国民待遇"；20 世纪 90 年代中期以后，又对外汇管理体制进行了一系列重大改革。然而，结合中外 BITs 本身的规定及对照其他发展中

---

❶ 中毛协定第8条2规定，投资及收益的转移"不得影响依照本协定第6条支付的补偿额的转移"，该协定第6条只包括征收补偿，而关于战乱损失补偿另由第7条规定。

❷ 见该协定第6条（2）。

国家的相关制度,仍有进一步变通的必要。

1. 统一外商投资企业外汇账户的用途

依据我国外汇管理制度,外商投资企业在我国境内开立的外汇账户按用途分为外汇结算账户、外汇资本金账户、贷款专用账户、还本付息专用账户,应严格根据外汇局核定的账户类别、收支范围、使用期限和在最高额度内使用账户。其实,几类账户的用途在某些方面是重叠的,如外汇结算账户和外汇资本金账户都可支付经常项目和经外汇局批准的资本项目的支出,而贷款专用账户和还本付息专用账户均可支付外汇贷款。在不可能允许外商投资企业只开立单一账户的情况下,无论是出于统计还是监管的目的,必须严格按功能设置账户。

2. 适当放宽对投资原本汇出的严格限制,保证经常项目下的外汇自由支出

从中外 BITs 对自由转移项目的列举来看,同时包括资本项目(如投资资本和维持或扩大投资所用的追加款项以及贷款等)和经常项目(如利润、股息、红利等),而根据《中外合资经营企业法》第 10 条和《外资企业法》第 19 条的规定,投资原本一般应在企业经营期满或终止清算之后才能汇出,虽然可以依据国内法的规定履行该项义务,但显得过于严苛。资本自由流动逐渐成为一种趋势,发达国家对此很少限制,如欧共体从 1994 年 1 月 1 日起,对成员国之间以及成员国与第三国之间的资本流动所规定的一切限制,以及对成员国之间与成员国与第三国之间的支付所规定的一切限制,均予以禁止。❶ 总体上说,发展中国家对资本转移控制比较严格,但至少是为了 BITs 的目的,也允许投资原本有条件的汇出,如中智协定第 6 条 5 要求,"进入智利共和国领土内的资金一年后方可汇出,除非其立法另有更优惠的规定"。较为妥当的做法是在中外 BITs 中规定投资原本可在实际投入一定年限后逐年按比例汇出或将资本转移的单向义务规定为双向义务。

大多数发展中国家对利息、红利、特许权使用费、工资和薪水等经常项目的转移不加限制,我国外商投资企业法也规定外国投资者从企业获得的合法利润、其他合法收入以及外资企业的外籍职工的工资收入和其他正当收入,除要求依法缴纳个人所得税后,可以汇往国外,再无其他障碍,尤其是我国已实现了人民币在经常项目下有条件的可自由兑换,

---

❶ 见《欧共体公约》第 73B 条。

外国投资者的利益是有保障的。因此，部分中外 BITs 中对属于经常项目支出的数量限制应予取消。

## 第三节　履行要求

履行要求是东道国为实现某种经济目标而在投资准入阶段和实际营运阶段要求外国投资者满足的强制性或诱惑性条件，如果滥用，势必导致限制和扭曲国际贸易的消极影响，妨碍公平竞争。WTO 法律体系中的《与贸易有关的投资措施协议》直接与履行要求有关，其规则的强制性要求成员国修改其国内法，也不得以任何方式（如 BITs）减损、抵消。美国在其缔结的 BITs 特别设计了"履行要求禁止"条款，我国对外签订的 BITs 极少涉及这个问题，在许多协定中，除在定义条款明确规定依据东道国法律之外，还在有关条款中重申同时受东道国国内法律的支配，发展中国家通常在其国内法中规定有大量履行要求。我国仅在与阿联酋的协定中就履行要求作出了规定，但却与美国的缔约实践大异其趣。❶ 该协定第 2 条（7）规定，缔约各方应鼓励投资者出口其产品，并鼓励投资者在原材料、机器设备的技术水平、质量、价格与国际市场相同时，从当地购买，显然与 TRIMs 协议的规定冲突，必须予以修订。中美两国经历旷日持久的谈判仍未能缔结 BIT 的重要原因之一恐怕也在于双方在该问题上的尖锐分歧。因此，明确哪些与贸易有关的投资措施属于履行要求就至为重要。

（一）如何理解 TRIMs 协议第 2 条两款之间的关系

国内学者在该协议第 2 条两款之间关系的理解分歧集中在该协议对禁用投资措施的定义方式上，占优势的观点认为该协议采用的是列举式的规定，❷

---

❶ 美国式 BITs 是在"投资待遇"（通常是国民待遇和最惠国待遇）条款之外，另有"禁止履行要求"，这表明，禁止履行要求是一项绝对义务，即使国内投资者必须满足某些履行要求，但缔约各方的投资者是应该"豁免"的，否则即为违反条约义务。

❷ 曾令良前引书；赵维田. 世贸组织（WTO）的法律制度 [M]. 长春：吉林人民出版社，2000：422. 曹建明，贺小勇. 世界贸易组织 [M]. 北京：法律出版社，1999：275. 陈安，曾华群. 国际投资法学 [M]. 北京：北京大学出版社，1999：696. 杜厚文. 世贸组织规则与中国战略全书（中卷）[M]. 北京：新华出版社，1999：750. 刘勇，李志展. 〈与贸易相关的投资措施协议〉与我国外资法的修改建议 [J]. 国际经贸探索，1999（4）：59.

第四章 中外双边投资条约的投资待遇条款（二）：投资准入、投资和收益转移、履行要求

少数人认为该协议采取的是概括式和列举式相结合的方法。❶ 显然，后者将该条第1款看成是原则性的规定，第2款及附录是对前款的部分例示；前者则将第2款及附录视为第1款的进一步确指，统摄了协议所要禁止的全部投资措施。

这就涉及条约的解释问题。《管理争端解决的规则与程序的谅解》第3条第2款明确规定"按国际公法解释条约的习惯规则来阐明这些协议的现有规则"，《维也纳条约法公约》第31、32条正是国际条约解释习惯规则的编撰。❷ 就WTO协议规则的解释而言，具体涉及两个问题：一是解释的权威机关；二是业经采纳的争端解决报告是否构成1969年《维也纳条约法公约》第31条3（b）中应与上下文一并考虑的后续实践或嗣后惯例（subsequent practice）。

TRIMs协议第2条第1款规定："在不损害GATT1994其他权利义务的情况下，成员方不得采用任何与GATT1994第3条或第11条不符之投资措施"，国内有学者已经注意到了该款留下的漏洞，❸ 但更令人迷惑的是，第3条（国民待遇）和第11条（一般数量禁止）均为WTO法基本原则，缔约方须严格遵守乃题中之义，除在"例外"条款允许的情况下，违反此两条必然损害GATT1994其他权利义务，而协议对于GATT，一切"例外"之适用则另有专条予以严格规定。于是，该款被解说成某些投资措施的相对禁止，❹ 第2款及附录是绝对禁止措施的列举或例举。他们认为，何谓相对禁止的投资措施取决于投资争端当事国或争端解决机构结合个案具体情况的分析，即将第2条第1款的解释权同时赋予争讼各方或争端解决机构。条约解释依据不同标准可作多种划分，按解释对条约当事国是否具有拘束力，可分为有权解释和无权解释。所谓有权解释即条

---

❶ 单文华．世界贸易组织协定中的国际投资规范评析 [J]．法学研究，18（2）：136．卢炯星．加入WTO与我国外商投资法面临的挑战及对策 [J]．中国法学，2000（4）：12；刘勇，李志蕊．〈与贸易相关的投资措施协议〉与我国外资法的修改建议 [J]．国际经贸探索，1999（4）：59．

❷ 《维也纳条约法公约》本身即是调整国际条约关系的习惯法规则的编撰和逐步发展。WTO争端解决上诉机构在美国汽油案和日本酒精饮料税案更是认为《维也纳条约法公约》第31、32条已经取得"国际公法解释惯例"的地位，See Japan – Taxes on Alcoholic Beverages (appellate report), WT/DS8/AB/R, WT/DS10/AB/R, WT/DS11/AB/R, p10.

❸ 赵维田．世贸组织（WTO）的法律制度 [M]．长春：吉林人民出版社，2000：421．

❹ 单文华．世界贸易组织协定中的国际投资规范评析 [J]．法学研究，18（2）：136；卢炯星．加入WTO与我国外商投资法面临的挑战及对策 [J]．中国法学，2000（4）：12．

约全体缔约国或国际司法、仲裁机关根据当事国共同同意而作出的解释。❶ 根据《建立世界贸易组织协定》第9条第2款的规定，多边贸易协议的解释权专属于部长会议和总理事会，且通过解释的决定须以成员方3/4的多数作出。因而，争端当事国或争端解决机构解释的权威性便大有疑问。为防止 WTO 贸易争端解决机构（DSB）造法，《管理争端解决的规则与程序的谅解》第3条第2款强调"DSB 的各项建议与裁决不得增加或减少各涵盖协议规定的权利与义务"。除此而外，将所谓相对禁止的投资措施的决定权委之于争端当事国及包括 DSB 在内的争端解决机构，必然导致成员方之间权利义务的不对称，且难免处于游离状态，从而损害协议的多边性。

1969年《维也纳条约法公约》第31条规定"条约应就其用语按照上下文并参照其目的和宗旨所具有的通常意义，善意地予以解释"为条约解释之通则，TRIMs 协议序言明确表达了其目的和宗旨，即制订适当（appropriate）规则以避免某些与贸易有关的投资措施对贸易的消极影响，促进世界贸易的扩张及逐步自由化，便利资本跨国流动，在确保自由竞争的同时，加快所有贸易方尤其是发展中国家的经济增长。若任由争讼各方或争端解决机构范围相对禁止之投资措施，凸显的将肯定是发达国家所鼓吹的投资领域急速自由化的要求，在跨国投资关系处于劣势地位资本输入国的利益在自由竞争的同时则很难得到均衡地保障，因此而确立的规则不可谓"适当"；此外，TRIMs 协议作为 WTO 宏大法律体系中的一个子文件，在对其进行解释时，还须结合 WTO 所要达致的目的及宗旨。

通过前一种方式建立起来的规则终究是当事方之间的特别法，对资本输入国影响更为深远的是第二个问题，换言之，即业已采纳的 WTO 争端机构的报告可否视为特定规则的司法解释，能否起到类似英美法传统中判例法的作用，从而创设拘束所有成员方的普适性规范。愈来愈多的学者及 GATT/WTO 争端解决机构的司法实践对此持肯定态度，❷ 然而，他们引以为证的案例均源于贸易争端，目前 WTO 争端解决机构受理的仅有的几个涉及 TRIMs 协议的案件大多是发达国家对发展中国家的指控。从援引的规则看，要么转换为有关货物贸易的《进口许可证协议》或《补贴与反补贴协议》，要么就是 TRIMs 协议第2条第2款已经覆盖的投

---

❶ 李浩培. 条约法概论 [M]. 北京：法律出版社，1987：421.
❷ 赵维田. 协调贸易规则与环境需要——评 WTO "海龟案" [J]. 国际贸易 2000（11）；赵维田. 规则与标准——WTO 司法机制中的司法解释 [J]. 国际贸易，2001（2）；纪文华，刘团结. GATT/WTO 争端解决报告法律效力分析 [J]. 国际法，2001（1）.

资措施,且案件仍在磋商阶段。❶ 发达国家与发展中国家在货物贸易自由化问题上具有相当共识,而在投资领域存在尖锐分歧,即令美国与欧盟、日本、加拿大之间,立场也不尽一致。将争端解决机构解决贸易纠纷时援引所谓"先例"的思路和实践套用在因与贸易有关的投资措施而生之争议上,在现时期尚不成熟,需要谨慎从事。

因此,笔者认为协议第 2 条第 1 款不独对确认禁用投资措施毫无裨益,反而徒生歧义。毫无疑问,协议禁止缔约方采用违背"国民待遇"和"一般数量限制"原则的投资措施,但并非均为协议所禁止。质言之,协议对禁用措施的定义采用的是第 2 条第 2 款及附录全部列举的方式。

(二) 现行外资法中与 TRIMs 协议不符的规定

修改外资法应该坚持以 TRIMs 协议所载义务为底线,充分利用其赋予发展中国家的特殊安排,参考各国尤其是发展中国家晚近投资自由化之趋向并结合我国特有优势,以营造适度自由化的投资环境为指导思想。

前已述及,在协议对禁用措施的定义方式上有概括式和列举式之争,但都必然涉及附录的理解问题,由于对附录的不同理解,国内学者列举的禁用措施歧异纷呈。❷ 当地成分要求、贸易平衡要求、外汇限制要求、国内销售要求为协议所禁止已无异义,杜厚文所列 13 种禁用措施❸大部分只是列入了最初的谈判范围而未体现在协议正式文本中。乌拉圭回合关于 TRIMs 的谈判是在贸易谈判委员会提交的措施清单基础之上进行的,该委员会对各种措施的解说应作为衡定标尺。附录所列与"国民待遇"条款不符之 TRIMs 明显指称"当地成分要求"及"贸易平衡要求",问题在于附录所列与"一般取消数量禁止"条款不符之三段文字是否亦仅与某二种 TRIMs 相对应。若究其所指,必须仔细从文字上分析其内涵及其实施中可能引起的关联效果。笔者认为,附录明确规定禁用的 TRIMs

---

❶ 朱榄叶. 世界贸易组织国际贸易纠纷案例评析 [M]. 北京:法律出版社,2000.
❷ 赵维田前引书将禁用措施概括为 4 种:当地含量、贸易平衡、外汇限制、国内销售要求,见该书第 422 页;曹建明、贺小勇著《世界贸易组织》则概括为 5 种:当地含量、贸易平衡、产品指令要求、外汇限制、国内销售要求,见该书第 275 页,法律出版社 1999 年 9 月第 1 版;陈安、曾华群前引书也作同样理解,见该书第 696 页;曾令良前引书则概括为 6 种:当地含量、贸易平衡、外汇限制、产品指令要求、国内销售要求、制造要求,见该书第 355 页;杜厚文主编《世贸组织规则与中国战略全书》(中卷)甚至概括为 13 种:当地含量、贸易平衡、外汇平衡、外汇限制、国内销售要求、生产要求、出口实绩要求、产品授权要求、生产限制、技术转让要求、许可要求、汇款要求、当地股权要求,见该书第 750 页。
❸ 见上注。

是：当地成分要求、贸易平衡要求、外汇限制、制造要求、国内销售要求。下面我们将在清理我国外资法规中与TRIMs协议不符之规定时予以进一步分析。

目前，我国外资法规应予废除的与上述禁用措施不相符的规定主要有：

1. 当地成分要求

在中外合资、中外合作、外资企业法修改之前，虽未直接强制要求外商投资企业产品的当地成分，也未将当地成分要求与给予外商投资企业的优惠待遇相联系，但仍规定了其生产所需物资同等条件下的当地购买优先原则。❶ 修改后的外商投资企业法相关条款则变为"在批准的经营范围内所需的原材料、燃料等物资，按照公平、合理的原则，可以在国内市场或国际市场购买"，比较符合TRIMs协议的规定，但何谓"公平"、"合理"以及由谁来评判是否公平合理仍不明确；此外，需要清除的当地成分要求还有，允诺给予抵免企业所得税的优惠，鼓励外商投资企业和外国企业使用国产设备，规定外商投资企业在投资总额内购买的国产设备，对符合《国务院关于调整进口设备税收政策的通知》（国发〔1997〕37号）中规定的《外商投资产业指导目录》鼓励类、限制乙类的投资项目，除国发〔1997〕37号规定的《外商投资项目不予免税的进口商品目录》外，其购买国产设备投资的40%可从购置设备当年比前一年新增的企业所得税中抵免。对上述企业为了提高经济效益、提高产品质量、增加花色品种、促进产品升级换代、扩大出口、降低成本、节约能耗、加强资源综合利用和三废治理、劳保安全等目的，采用先进的、适用的新技术、新工艺、新设备、新材料等对现有设施、生产工艺条件进行改造而在投资总额以外购买的国产设备，其购买国产设备投资的40%也可以从设备购置当年比前一年新增的企业所得税中抵免；并且此类设备仍可按原价计提折旧，并按有关规定在计算应纳税所得额时扣除。允诺全额退还设备增值税，对属于鼓励类和限制乙类的外商投资企业在投资总额内采购国产设备，如该类进口设备属免征进口税收范围，可全额退

---

❶ 修改前的《中外合资经营企业法》第9条第2款及其《实施细则》第57条、《中外合作经营企业法》第19条、《外资企业法》第15条均规定："外资企业在批准的经营范围内需要的原材料、燃料等物资，可以在中国购买，也可以在国际市场购买；在同等条件下优先在中国购买。"1994年2月国家计委颁布的《汽车工业产业政策》第31条第4款规定："合资企业在选用零部件时，国内零部件应同等优先。"

还国产设备增值税。外商投资企业进行符合国家产业政策的技术改造以及生产高新技术产品,其采购的国产设备按有关规定抵免企业所得税。❶

同时,对一些外商投资企业生产的产品实行国产化政策,我国投资工作委员会对国产化率还有专门的考核办法并规定其产品的国产化进程。在实际审批外商投资企业过程中,往往也会要求其于合同中订明或另行承诺,保证在约定期限内将其产品的国产化水平提高到一定程度。经批准其产品实行以产代进的合资、合作企业必须严格履行合同中规定的国产化进程的义务。某些地方性法规更是直接地将当地成分要求与优惠待遇挂钩,❷ 甚至作为决定是否批准的条件之一。依据TRIMs协议废除当地成分要求并不必然会全部抵消采取此项措施意欲达致的效果,作为发展中国家,我国仍可合法地借助WTO的普惠制渠道得到一定补偿。

2. 贸易平衡要求和外汇限制要求

贸易平衡要求即要求外商投资企业进出口水平基本相称,规定其用于进口的外汇支出量不得超过其出口额的一定比例,以防东道国的外汇净流出,因此又可称为外汇平衡要求或贸易平衡要求的具体表现。❸ 附录第1条b项和第2条a、b项可能被理解为与此有关,只不过侧重的层面、角度有所不同。第1条b项着眼于整个对外贸易中的国际收支平衡而要求每一外商投资企业做到外汇平衡,保持国际收支总体平衡属于政府宏观调控的范畴,东道国若单对外国投资者课以外汇平衡的义务不独难遂初衷,更重要的是与国民待遇原则相违,故在TRIMs协议禁止之列。第2条a、

---

❶ 见《外商投资企业采购国产设备退税管理试行办法》,但此类企业和国产设备须满足以下条件:①享受国产设备退税的外商投资企业,是指已经办理税务登记的外商投资企业,包括中外合资企业、中外合作企业、外商独资企业;②外商投资企业的外国投资者已投入的资本金必须达到企业投资各方已到位资本金的25%(含)以上;③享受退税的设备范围,是指符合《国务院关于调整进口设备税收政策的通知》(国发〔1997〕37号)中规定的《外商投资产业指导目录》(鼓励类和限制乙类),以及《当前国家重点鼓励发展的产业、产品和技术目录》的投资项目,在国内采购的设备。此外,还须同时具备以下两个条件:必须是以货币购进的未使用过的国产设备,不包括投资方的实物投资和无形资产投资;必须是在税务机关核定退税投资总额内且在1999年9月1日以后购进的国产设备。

❷ 如:《广东省经济特区条例》第17条。

❸ 刘勇、李志展.《与贸易有关的投资措施协议》与我国外资法的修改建议[J].国际经贸探索,1999(4):61;卢炯星.加入WTO与我国外商投资法面临的挑战及对策[J].中国法学,2000(4):15.

b 项则要求企业一级外汇收支相抵或略有结余，这主要取决于企业自身的微观经营管理。❶ 外商投资企业产品的内外销比例是影响其外汇收支平衡的主要因素，且由于出口实绩要求并不在 TRIMs 协议禁止之列，故此两项意在通过限制外商投资企业进口用汇达到当地成分要求、贸易平衡要求及制造要求所产生的实际效果。例如，《中外合资经营企业法实施条例》第 75 条规定"合资企业的外汇一般应保持平衡"，《外资企业法》第 18 条及其《实施细则》第 56 条规定"外资企业应当自行解决外汇收支平衡"。根据 1986 年 1 月 15 日国务院发布的《关于中外合资经营企业外汇收支平衡问题的规定》及 1992 年 2 月 2 日原对外经济贸易部公布的《关于外商投资企业购买国内产品出口解决外汇平衡的办法》，外商投资企业在满足一定条件及烦琐程序下纳入国家统一用汇计划、开展外汇调剂和综合补偿的办法以及通过人民币收益再投资，出口产品换取外汇以解决其外汇收支逆差问题。而这一切均源于当时我国严格禁止外商所持人民币自由兑换成外币的规定即外汇限制。我国自 1996 年 7 月 1 日起实现了人民币经常项目的可自由兑换，外商投资企业在经常项目下已不必考虑外汇平衡的问题，但人民币在资本项目下仍不可自由兑换，所以一定程度上还会存在贸易平衡和外汇限制要求。目前，我国外汇储备高达 1400 多亿美元，居世界第二位，废除此两项措施不会对我国国际收支形成大的冲击，相反更利于吸引外资。

3. 制造要求和国内销售要求

前者要求外国投资企业生产某些品种的产品，尤其是该企业所需零部件，以替代同类产品的进口；后者要求外国投资企业须分出一定数量的产品在东道国低于国际市场价格销售。❷ 很显然，两者是联系在一起的。实施附录第 2 条 a、b 两项的结果可能迫使外国投资者尽量在当地生产其所需零部件以减少进口用汇而不致外汇收支出现逆差，因此，a、b

---

❶ TRIMs 协议附录第 1 条 b 项英文本为，"(b) that an enterprise's purchases or use of imported products be limited to an amount related to the volume or local products that it exports"。笔者认为，此处"imported products"并非外商投资企业自营进口之产品，而为国内其他企业动用外汇储备已进口至国内市场之产品；"local Products"并非外商投资企业自身生产之产品，而为国内其他企业生产之产品。根据各国外汇管理有关规定，一般来说，境内贸易须以本币支付。因此，东道国通过总量控制其国际收支平衡的意图很明显。附录第 2 条 a、b 项中"the importation by an enterprise …""…the volume or value of local production …"显然是指外商投资企业的自营进口业务和其在东道国当地生产的产品。

❷ 赵维田前引书，第 417 页。

第四章　中外双边投资条约的投资待遇条款（二）：投资准入、投资和收益转移、履行要求

两项实际上是禁止东道国借助外汇限制的手段达到某些制造要求。c项禁止东道国限制外国投资企业产品的出口，反过来理解，即要求外国投资企业须以一定比例在东道国境内销售其产品亦即国内销售要求。替代进口或以产顶进是发展中国家在工业化进程中普遍采取的一种产业政策。我国除一般性地将替代进口要求作为给予外商投资特别优惠的条件外，更是将其作为设立外资企业的前提之一，❶ 同时还对那些其产品经批准实行替代进口或以产顶进的合资、合作企业，规定其产品一定比例出口义务及国产化义务的同时，在许多环节和方面给予优惠。换句话说，外国投资者为获取有关法规给予的某些"好处"（advantage）极有可能承诺迎合我国替代进口或以产顶进的要求。这些"好处"包括：①物资进口许可证办理方面。根据《对外经济贸易部关于外商投资企业申领进出口许可证的实施办法》第4条，外商投资企业在批准的经营范围内，为生产内销产品和国内经营业务所需进口的机械设备、生产用车辆、原材料、燃料、散件、零部件、元器件、配套件，其中属于实行进口许可证管理的商品，凭确认的企业进口计划，每半年申领一次进口许可证；不属于实行进口许可证管理的商品，海关凭批准成立企业的文件、合同验放。②进口关税和国内税收优惠方面。根据《中华人民共和国海关对外商投资企业履行产品出口合同所需进口料件管理办法》第5条，此类料件海关作为保税货物进行监管，进口时缓办纳税手续，待上述产品供应给国内用户时，再向海关补缴进口关税及工商统一税并补办进口手续；如国内用户从国外进口同类产品可以享受减免税优惠的，外商投资企业供应给该用户的上述产品，亦可予以减免税优惠。1987年10月原国家经济委员会公布的《中外合资、合作经营企业机电产品以产顶进管理办法》也有类似规定。③产品销售方面。根据我国有关政策，凡经批准实行以产顶进的产品，国内用户在同等条件下，必须优先选用；各级进口管理部门和进口审查部门，对合资、合作企业已能生产并符合以产顶进条件的产品，应指导和鼓励国内用户优先采购；国内用户在采购此类产品时，应按双方商定的条件，经国家外汇管理部门批准，向合资、合作企业支

---

❶ 《关于鼓励外商投资的决定》第2条规定："……国家对下列外商投资企业给予特别优惠：……二、外国投资者提供先进技术，从事新产品开发，实现产品升级换代，以增加出口创汇或者替代进口的生产型企业。"《外资企业法实施细则》第3条规定："设立外资企业……应当至少符合下列一项条件：（1）采用先进技术设备，从事新产品开发，节约能源和原材料，实现产品升级换代，可以替代进口的……"

付全部或部分外汇。《机电产品以产顶进管理办法》几乎作了同样的规定。前此种种,均违背 WTO 的非歧视待遇原则,当在禁止之列。随着关税水平的进一步降低,国际市场上物美价廉的产品将会满足我国所需,毋需再采取进口替代或以产顶进战略。

出口创汇是我国吸收、利用外资的一贯目标,我国对外商投资企业给予诸多优惠,鼓励其产品出口外销,甚至作为其准入的前提条件之一,除实施进口替代或以产顶进战略必然导致某些外商投资企业产品主要在国内销售外,有关国内销售要求的规定极少,但现阶段在我国对某些商品的进出口贸易仍实行配额和许可证管理进行限制的情况下,还是会存在国内销售要求,这在外资法规中也有所体现;❶另外,在实际工作中,某些主管部门要求外资企业以低于国际市场的价格向国内销售本拟出口的产品,❷诸如此类的规定和做法都会产生限制和扭曲国际贸易的效果,应一并废止。值得指出的是,有些学者将我国外资法中有关外商投资企业产品内外销比例的规定理解成国内销售要求是不正确的,至少是一种误解。❸结合我国利用外资出口创汇的目的和有关条款使用的文字来看,其立法原旨不在强令外商投资企业的产品须以一定比例在国内销售,而在鼓励、要求其产品大部或全部出口,而这属出口实绩要求,却不在 TRIMs 协议禁止之列。

此外,还应该指出的是,国内有些学者由于缺乏对 WTO 制度和规范的通盘考虑,将东道国某些违背 WTO 原则的贸易政策及不为 TRIMs 协议禁止的投资措施也视为该协议所禁止,如产品进出口数量限制、国内税收和规章的超国民待遇。❹ GATT1994 第 11 条原则上禁止缔约方采取关税或其他税费以外的手段(含配额和许可证管理)限制产品的进出口,其中当然包括外商投资企业生产的产品。因此一般来说,产品进出口数量

---

❶ 如《外商投资企业申领进出口许可证的实施办法》规定:"外商投资企业出口本企业生产的产品,其中属于实行出口许可证管理的商品,凭企业年度出口计划每半年申领一次出口许可证。"《外资企业法实施细则》第 53 条规定:"外资企业生产的出口产品,除中国限制出口的以外,依照中国税法免征关税和工商统一税。"

❷ 刘勇,李志展.《与贸易相关的投资措施协议》与我国外资法的修改建议 [J]. 国际经贸探索, 1999 (4): 62.

❸ 卢炯星及刘勇,李志展对《中外合资经营企业法实施条例》第 14 条第 7 款和第 61 条、《中外合作经营企业法实施细则》第 12 条第 8 款、《外资企业法实施细则》第 3 条第 2 款、第 45 条、第 46 条第 2 款第 48 条第 2 款就作如此理解。

❹ 卢炯星. 加入 WTO 与我国外商投资法面临的挑战及对策 [J]. 中国法学, 2000 (4): 15;江艳冰. TRIMs 协定与我国外资立法 [J]. 国际经贸探索, 1999 (6): 56.

第四章　中外双边投资条约的投资待遇条款（二）：投资准入、投资和收益转移、履行要求

限制是一项非法的贸易政策，就投资领域而言，此项原则完全可以归入上文所及的贸易平衡要求、外汇限制、制造要求及国内销售要求等禁用措施。况且，根据 GATT1994 第 12 条和第 18 条的有关规定，缔约方特别是发展中国家出于保障国际收支和促进经济发展的需要，仍可非歧视采取包括配额和许可证管理制度限制商品的进出口，换言之，配额和许可证管理制度并未为 TRIMs 协议无条件地绝对加以禁止。至于我国外资法规给予外商投资企业的种种所谓超国民待遇是否违背 GATT1994 第 3 条（"国内税收和规章的国民待遇"）第 4 款，应根据该条、款的原则精神及措辞来判断，第 3 条第 1 款要求缔约方不得将国内税费和规章作为对本国产品提供保护的方式，第 4 款规定任何缔约方给予另一缔约方进口产品的待遇及影响其国内销售、供应、购买、运输、分配或使用的所有法律、规章与细则，在优惠上不得低于原产于本国的相同产品。很明显，我国外资法规给予外商投资企业的待遇非但没有为本国企业及产品提供保护，相反却置其于与外商投资企业竞争上的劣势地位，故所谓超国民待遇并不为 TRIMs 协议所禁用，在相当长时期内还是包括中国在内的发展中国家吸收外资的重要砝码。

剔除与 TRIMs 协议相抵触的外资法规，单方面承诺外资适度自由化，此两者为现时我国外资法修改不可或缺，关于后者，国内学者已作了相当充分研究，提出了不少应对之策。笔者深以为许，理当也在本书讨论范围之内，但为避免重复，容不赘述。剔除虽不是外资法修改的全部，却是基础；适度自由化虽为不可阻抑之潮流，然若对于哪些是我国必须承担之国际条约义务尚不明确，遑论其他？

# 第五章　中外双边投资条约中的征收及其补偿条款

## 第一节　概说：什么是征收

出于成本的考虑，❶ 东道国在采取国有化措施问题上通常会相当谨慎。但随着民族主义情绪的高涨，沉寂经年的公开、剧烈的国有化事件极有可能成为各国不得不重新面对的现实，况且尽管鲜有公开的国有化事件，但各种隐性征收措施却时有发生。

国有化及其补偿标准一直是国际经济（投资）法领域内颇有争议的问题。自第二次世界大战以降，现代国际法最引人瞩目的前进和发展之一便是一国可以对外国人（包括自然人和法人）的财产实施国有化业已成为国际社会普遍承认和接受的原则，而且毋须必需基于公共目的、给予补偿、依据法定程序以及建立在非歧视的基础之上。❷ 但在实践中，资本输出国和输入国在行使国有化的主权所应附随的条件，尤其是补偿标准上仍然存在着较为尖锐的分歧。一些发展中国家在承认补偿义务的同时，偏好将有关问题交由东道国法律解决；而许多资本输出国坚持一国若不遵守某些传统习惯国际法规则［如"赫尔公式（the Hull Formula）"］，不得对外国人财产采取国有化措施，并且与此有关的问题应由国际程序加以解决。因此，在 BITs 以专门条款就此预先作出明确

---

❶ 在国有化问题上，东道国会考虑到两种成本。①国内成本。一旦外国人的财产被征收，原企业中重要的人力资源离开东道国，后者无论在技术水平和管理经验上都可能远逊于企业，将影响对企业利润以及溢出利益（spillover benefits，如就业、技术转等）。②国际成本。投资者母国一般肯定会对东道国采取制裁措施，甚至使用武力；即使被征收的投资者的母国不采取制裁措施，其他潜在的投资者再也不会贸然在东道国投资。

❷ See UNCTC Bilateral Investment Treaties [M]. London：Graham & Frotman，1988：70.

第五章　中外双边投资条约中的征收及其补偿条款

规定，使之成为缔约双方之间的"特别法"不失为一种行之有效的手段。

我国宪法和外商投资企业法（包括《台湾同胞投资保护法及其实施细则》）以不采取国有化为原则，但并不排除在特殊情况下采取国有化措施的可能，但国内法的规定极其抽象，❶ 中外 BITs 未雨绸缪，预先设计了专门条款，补充和进一步明确了国内法的有关规定。从中外协定的表述来看，显然并不限于"国有化和征收"这两种剥夺外国人财产的方式，如中毛协定将其表达为"直接或间接地剥夺缔约另一方投资者的投资"，并未就何谓"直接"和"间接"作出规定，绝大多数协定采用的是"国有化、征收及其他类似措施"或"国有化、征收及其他具有相同或类似效果的措施"，将国有化及与其类似或具有相同效果的措施统称为"征收"，❷ 既不严格区分国有化和征收，❸ 也未就与国有化、征收类似的措施或具有相同效果的措施作出解释或例示。

中保协定只提"国有化或征收"，并指明国有化与征收并无区别；中白协定将国有化、强制没收或具有类似效果的措施称为"征收"；中阿（联酋）协定即将国有化、查封或没收、征收或采取与国有化或征收效果相同的措施视为"征收"。

协定对上述用语均未作出解释，而且在使用上也不加任何区别。其实，在许多国际文件和学者著述中，均有意识地并行使用征收和国有化这两个术语，这表明两者具有不尽相同的内涵。❹ "征收"通常指基于公共目的，依据事先颁布的法令而采取的个别措施；"国有化"关涉国有化国的国内秩序之公共政策，它可能影响整个经济行业或某些重要企业，是一种根据行政法规或法令，将私人和集体财产转移至公共领域的大规模的剥夺行为；而没收则是一国统治者或统治集团为聚敛财富而剥夺财产的行为，关于对一国并无利益只是使统治阶层中饱私囊的财产没收的国家责任的规则早已形成，它与出于变革一国之经济计划的目的而剥夺财产的情形有本质区别。为方便

---

❶ 《台湾同胞投资保护法实施细则》第 24 条将"相应补偿"解释为"相当于该投资在征收决定前一刻的价值，包括从征收之日起至支付之日止按合理利率计算的利息"。
❷ 中瑞（士）协定将此类措施称为"剥夺"。
❸ 许多协定将"国有化"与"征收"用"或"字连接即是明证。
❹ 在独联体国家专家拟订的"外资法基本元素"严格区分国有化和征收，并采取了不同态度，完全禁止国有化，征收须在规定的条件下方能进行。see Jurgen Voss, *supra*, p. 118.

起见，我们将前述所有措施泛称为"国有化"。

如果将中外协定中"国有化及其补偿"条款的措辞与"投资"定义联系起来，很明显，所谓"国有化、征收"，不仅包括公开的国有化措施，而且还包括隐性征收行为；不仅包括对实体财产的征收，而且还包括对无形财产的征收。质言之，现代BITs对投资的保护范围和程度要高于传统国际法规则。

从逻辑上分析，国有化条款的适用范围在一般定义条款中就已经确定了，但有时缔约双方觉得仍有必要在国有化条款中重申或扩展以便给予投资者较宽或更为确定的保护，中罗（1983）协定对投资形式中的"直接参股"和"间接参股"的定义均与此相关，更为明确的规定是中—比卢经济联盟协定，该协定第4条（3）规定："如果缔约一方征收其领土内设立的某企业的资产或财产，而缔约另一方的投资者拥有该公司的资本股份或其他形式的参股，缔约一方应将前款规定适用于缔约另一方所拥有的股份或参股。"该协定议定书还考虑到了另一种情况，即如缔约一方投资者拥有一个第三国公司的股份，该第三国公司又拥有缔约另一方公司的资本股份，征收发生时，同样适用"国有化"条款。当然，若第三国公司或其所属国有权行使求偿权或该第三国放弃求偿权时，该补充条款方得启动。❶

目前，过激的国有化事件鲜有发生，各种隐性征收却并不少见，而东道国正当合理地实施其公共事务管理的政治性权力剥夺私人财产亦无可厚非。隐性征收与管理性措施的法律后果完全不同，前者应依据BITs的规定给予补偿，而后者则无须补偿或根据东道国的国内法予以补偿，因此，明确何谓间接征收以及区分隐性征收和管理性措施（regulatory measures），无论对投资者还是对东道国而言，都具有非常重要的意义。

"隐性征收"，又称"间接征收（indirect expropriation）"或"蚕食

---

❶ 中挪协定议定书第1条、中荷协定议定书第1条、中奥协定第4条（2）及该协定议定书第3条（1）规定与此相同。作类似规定的协定还有中泰、中丹（该协定还包括缔约另一方投资者持有债券的公司，见该协定第4条（2））、中新（加坡）、中科（该协定第1条（4）规定若缔约另一方的自然人或法人在第三国法人中拥有利益，该第三国法人在缔约一方境内投资时，应被视为缔约另一方的法人，在该缔约另一方无权或放弃对该法人保护的权利时，该条该款适用；第5条的规定与中—比卢经济联盟相同，但不仅仅包括股份、股票，还包括债券以及其他权利或利益）。

第五章　中外双边投资条约中的征收及其补偿条款

征收（creeping expropriation）"，是与公开的直接征收（outright expropriation）相对称的范畴。后者容易辨别，前者则较难认定，发展中国家避免其管理性权力的行使不致受到限制，倾向于严格限定其外延，而发达国家为加强对本国及其海外投资者利益的保护，趋向于对该概念做扩大解释。

总结学者学说、国内法和国际条约的有关规定，可将"隐性征收"定义为：东道国政府采取的干涉外国投资者财产所有权，致使所有权人不可能有效地行使所有权能并从中获益的措施或一系列行为。❶更为常见的是采取例示的方式予以说明，M. Sornarajah 将国际法文献和国际仲裁裁决中提到的可归因于东道国政府且投资者本身并无过错的下列措施视为隐性征收：①强迫售卖财产；②强迫售卖股份；③本土化措施；④对投资实施管理控制；⑤怂恿他人接管财产；⑥当存在干涉外国投资者财产的情形下未提供保护；⑦取消对于境内外国商业运作必要的许可证和允许的行政决定；⑧过度税收；⑨违背国际法而驱逐外国投资者；⑩诸如冻结外国投资者银行账户、怂恿罢工、解雇和劳工短缺等干扰行为。❷这

---

❶　如希金斯认为："如果妨碍或实际剥夺了财产所有人对其财产的使用，就等于征收他的财产"（希金斯. 国家征收财产：国际法上的最新发展 [J]. 海牙国际法学院讲演集, 176 (3)：259）；阿库斯特认为："国家常用变相的方式进行征收以图避免他国的不利反应。例如将一个公司置于政府的暂时的控制之下并无限期地保持这种暂时的控制……任何无限制地剥夺外国人从其财产产生的一切利益的行为，即使未发生所有权的正式变动，都被国际法看作征收"（现代国际法概论 [M]. 1981：110）；道尔采认为"间接征收是指外国投资者尽管仍然保有对其投资的所有权，但东道国所采取的措施已严重地妨碍了其行使这种权利"（参见：道尔采. 外国人财产的征收 [J]. 外国投资法在杂志, 1986 (1)：46 – 48）。日、德等国国内法认为间接征收一般指对财产所有人使用、占用和处置该财产的无理干涉，从而使所有权人在合理时期内不能使用、占有、处置该财产；美国要求一国应对征税、管理或其他具有没收性质的征收财产的行为或阻碍、不合理的干涉或不合理的迟延，外国人对其财产的有效享有或迫使其财产迁离国境的行为负责（见美国对外关系法重述评论, 1987 (2)：200）；《有关伤害外国人之国际责任公约的哈佛草案》财产的剥夺"不仅包括财产的公开剥夺，而且任何不合理的对于财产的使用、享有、处置以至于财产所有人在此种措施采取之后一段合理的时间内不能使用、享有、处置"。（见 AJIL (55)：554. art. 10）

❷　See M. Sornarajah, supra, p. 284. 亨金列举了可以成为间接征收的具体情况，如东道国政府对外资企业的工资和劳工管制、价格控制、进出口管制、高额税赋以及由东道国政府支持的对外资的不公平竞争。（参见亨金. 国际判例和资料 [M]. ：743 – 744，788）在 OECD 公约草案第 3 条的评论中，列举了几个被认为是间接征收的实例，"过度或者专横的税收；伴随强制性借款的红利分配的禁止；行政官员的强行干涉；拒绝投资者获取原材料或发给进出口许可证"。See Draft Convention on the Protection of Foreign property and Resolution of the Council of the OECD on the Draft Publication No. 23081 (1967)；reproduced in 7 ILM (1968), p. 117.

种定义和列举也得到了国内仲裁裁决、国际司法判例的支持和肯定。❶

何谓隐性征收不是纯粹的法律问题,双方对此都极其敏感,为避免产生争议,最有效的途径是缔约双方事先就"征收"概念达成一致或提供一定机制以形成事后的共识。

各国 BITs 中国有化条款通常有两种"立法例",第一种最为常见即在协定正文对国有化或征收以及与国有化、征收性质相似或具有相同效果的措施不做任何解释;第二种不太常用,在协定议定书中做进一步说明,如前西德与孟加拉签订的协定议定书规定国有化条款"也应适用于投资的公共所有或公共控制或公共当局相似的干涉。征收应指对其本身即为投资或与其他权利一起构成投资的财产权的剥夺或限制",法国与某些国家签订的协定与此规定相似。❷ 值得注意的是,发展中国家间缔结的 BITs 也有采取第二种立法例来统一双方在隐性征收上的认识,而且有时比发达国家走得更远,马来西亚与阿联酋的协定规定征收或其他类似措施包括"缔约另一方投资者有关投资的资产或资金的冻结或封存,不论其位于何国,也不论其存于何地",伊斯兰会议组织的协定与美国的做法相差无几。❸

我国缔结的 BITs 采用第一种方式,与协定中的"代位权"条款或投资保险协议结合起来分析,潜在的问题是比较明显的。"代位权"条款直接承认了投资者母国保险机构基于其国内合同的代位权,投资保险协议

---

❶ 如美国仲裁协会在 1967 年瓦伦泰因石油公司索赔案中,美国国际开发署在拒赔的理由中就有认为海地政府废除特许合同不属于承保范围内的征用风险,但美国仲裁协会在仲裁时,否定了国际开发署的意见,支持了该公司的索赔主张,对"征用"作了进一步解释,认为征用行动并不是单指直接剥夺企业的有形财产,也包括"推定性征收"或"蚕食性征收"。"中心"仲裁庭在 starrett Housing 诉 Islamic Republic of Iran 案中认为,"毫无疑问,在本案中,伊朗政府并未签发任何明确征收或国有化 Zomorod Project 或 Shah Goli 的法律或法令,但国际法已经承认如果一国采取的干涉财产权的措施达到如此严重的程度,以至于这些财产权形同虚设,这些措施应被认为是征收,尽管该国不认为是征收,而且这种财产法律上的权利形式上仍然为原所有人所有"。See 23 ILM p. 1090(1984)。美伊求偿仲裁庭对于那些因伊朗明文颁布国有化法令而失去对其投资所有权的美国公司的请求,裁决美国公司有权获得赔偿;而大多数案件涉及的事实是,美国公司认为尽管没有伊朗政府正式宣布的法令,但他们的财产在事实上被征收了。仲裁庭在决定此类案件中一贯坚持了如下原则:严重妨碍财产所有人享受其所有权的附属权利如使用或控制财产,由财产取得收入和经济利益等,就构成征收,而这种征收必须给予补偿。(参见布罗沃. 征收及其补偿法律的新近发展:伊美纠纷仲裁庭裁决的初步分析[J]. 国际律师,1987(21):641-643)。

❷ See Dolzer&Stevens, supra, p. 101.

❸ See The Agreement for Protection and Guarantee of investment among Members States of Islamic Conference, art10 (1).

第五章　中外双边投资条约中的征收及其补偿条款

也未对征收险作出解释，也即均无条件地认同投资者母国关于何谓"征收"的国内法规定，投资者母国取得代位权之后，依据其与投资者的保险合同向东道国追偿，而该保险合同对"征收"的定义完全依据国内法或者保险公司的标准合同，如美国海外投资保险公司现行的"234KGT12－70型"合同（修订版）第1条（13）规定："征用行动，是指投资项目所在国的政府所采取、授权、认可或纵容的、给予或不给予赔偿的任何行为，该行动开始于保险期内，并且直接造成以下一种后果达1年之久：阻碍投资人获得海外美资企业依据有价证券以指定货币支付给投资人的到期款项；阻碍投资人作为股东或债权人有效地行使由于投资而取得的对于海外美资企业的基本权利；阻碍投资人转让有价证券或有价证券所派生的任何权利；阻碍海外美资企业对本企业重要财产的使用或处置实行切实有效的控制，阻碍建设或经营该投资项目……"征收是否实际发生完全可由保险公司依据合同中的定义来判断，而未投保的投资者在类似事件发生后，此类问题则主要取决于东道国的态度，可能会出现优于或劣于投保的投资者的情况；而且，各个国家国内法或合同对征收可能有不同理解。因此，可能在同一个国家投保和未投保的投资者之间以及不同国家投保的投资者之间导致差别待遇。

必须指出，并非东道国采取的所有剥夺外国投资者财产的均被视为"隐性征收"，从而需要补偿，现在普遍认为东道国的管理性行为，即使造成了对投资者财产的剥夺效果，但因其管理性而无须补偿。

隐性征收本质上也是国家干预财产权的一种管理性措施，在两者之间给以精确界限极为困难，但学者们均不否认其间存在区别，如 Sax 认为在国家在计划决策时只是充当在公共利益和所有者权利的裁判者，剥夺无须补偿；而国家在发挥类似于企业的职能时（如征用土地建造道路）则应给予补偿。❶ M. Sornarajah 认为在控制危险的或对环境造成不合理损害时，在计划决策过程中或采取消费者保护措施或在市场不完善的情形下恢复市场力量时侵犯财产权属于调整措施，无须给予补偿。❷ "隐性征收"极易与东道国政府实施正当合理的管理性措施剥夺外国投资者的财产相混淆，后者即使对投资者利益产生不利影响，也不能视为征收。

---

❶　See Sax. Taking and the Police Power [M]. 76 Yale LJ, 1964：36.
❷　See M. Sornarajah, supra, p. 296.

国内法和国际法提供了几个区分标准。普通法系国家的行政法不允许审查许可证的撤销事项，因为在这些国家看来，许可证完全是国家出于自由裁量授予投资者的特权。有许多仲裁庭和求偿委员会的裁决认为，撤销许可证或施加某些控制并不等于对财产的剥夺。管理性的剥夺应归于合法剥夺一类。剥夺外国人的财产作为一种刑罚无疑是合法的。在发达资本主义国家的法律制度中，基于公共利益对公民私人财产的管理性剥夺是无须补偿的，典型的例子就是反托拉斯法领域中强制剥夺已经占据垄断地位的公司的股份，强行解散已经影响竞争的合并企业。

出于环境保护的考虑而撤销许可证将会变得愈加普遍和经常，这种撤销往往导致外国投资的终止，但并不等于须补偿的剥夺，在这方面，最著名的案例是 Murphyores Ltd. 诉 The Commonwealth 一案。在本案中，澳大利亚政府与两家美国公司签订了一份特许协议，授权这两家公司在大堡礁附近的 Fraser 岛挖沙的权利，由于开采的矿产在澳大利亚国内没有市场，只能出口，澳大利亚政府给该两家公司颁发了出口许可证，但后来一份环境研究表明挖沙会损害大堡礁，因此，澳大利亚政府撤销了给予该公司的出口许可证，实际上终止了该公司的运作，澳大利亚政府拒绝了该公司给予补偿的要求。

美洲国家《关于国际责任的哈佛公约草案》以及欧盟与非加太国家订立的《投资保护原则》也对东道国两类性质不同的行为作了区分。前者规定，若出于税法的实施、货币价值的变化、一国职能机构为维护公共秩序，健康或道德的目的、战争权利的正当行使等行为不得视为非法从而要求补偿。❶ 后者则列举了应予补偿的具体情形或判断原则：①违反其与投资者之间的义务，如限制收益的转移或增加税收；②歧视，如给予某一外国投资者或投资者集团以不利待遇；③权利滥用；④没收效果；⑤不合比例，即对外国投资者利益的剥夺超出了公共利益所需要的比例，也适用于过度罚金；⑥溯及既往性。

而事实上，无论是学说还是国家实践、判例几乎对每一种措施的性质都有截然不同或相互矛盾的认识，具体如下。

征税是一国主权，没有任何国际法规则限制一国征税的权力，不能

---

❶ See 55 *AJIL* (1961), pp. 554–562.

被认为是违反财产权的对于财产的剥夺,尤其是当这种税收措施是普遍实施而不针对一特定外国投资者,或对某些暴利产业采取这种措施(如石油企业由于石油价格的飙升获得横财),而过度和重复性税收则可能相当于隐性征收。❶

货币贬值会严重削弱货币的购买力,其效果与征收财产差不多,但如果是为了阻止灾难性的价格下挫或维持经济稳定,货币贬值不应被视为货币主权的滥用。

对外国投资者企业管理和控制权的剥夺表面上看来是美国等国家认为的须给予补偿的征收,但实际上并不尽然。有时东道国为外国企业中本国雇员的利益而对外国企业管理控制权的干涉(如 ELSL 案)、美伊求偿仲裁庭在一些案件中的观点模棱两可,一方面肯定若东道国对外国投资者的干涉导致投资者丧失管理控制权时应认为相当于征收,而不管东道国是否具有征收的意图或财产法律上的权利是否形式上依然掌握在投资者手中;另一方面,它又宣称一国对投资者控制权的剥夺并不能自动和立即地得出财产已经被该国征收而且依据国际法应该予以补偿的结论。学者间在这个问题上的观点也截然对立。但有一点可以肯定,若国家在革命性动乱中干涉濒于破产或其管理层已经放弃管理的公司,此种干涉明显带有国家的利益且不会影响投资者的利益,这种干涉不能视同须予以补偿的征收;但若一国没有显示清晰和显明的管理利益去干涉处于良好经营状况的成功企业,情形则不同。当然,若一国是出于反托拉斯的目的则又另当别论。经济和公共利益目标是管理性干涉区别于应予补偿的剥夺的特点。❷

本土化措施的目的是将财产所有权由外国投资者逐步移至东道国股东,与非法剥夺的不同之处在于本土化措施是没有任何财产掌握在国家或国家机关手中,国家或国家机关没有直接甚或间接由此类措施而暴富。国有化措施是东道国接管外资企业并且自己或通过国家实体来经营,本土化是将此种公司的所有权和控制权移转到东道国投资者的手中。另外,本土化措施可能并不必然导致管理控制权的转移,东道国股东将依据该国公司法而非该国政府命令取代外国投资者。但

---

❶ See World Bank. Report and Guidelines. 1992 [RJ]. ILM 1992 (31):1375.
❷ See M. Sornarajah, *supra*, pp. 308 – 310.

是，对外国投资者而言，公司所有权的转移非出于自愿，而且投资者无法自主决定转移的时间，因此，投资者无法确保其股份能以最优价格出售，甚至远远低于股份所代表的财产的真实价值，在这个意义上，它又与股份的强制售卖具有相似性。但我们更应该看到，本土化措施是非殖民化时代新独立国家经济自决权和对于本国自然资源永久主权的广泛实践，投资者与东道国政府极少在本土化措施问题上发生争议，在 ELSL 一案中，尽管美国政府反对管理控制权的本土化转移，但也避免将其等同于间接征收。❶ 在这个意义上，本土化措施应该视为无须补偿的管理行为。

鉴于此，判断某项措施究竟是毕须给予补偿的隐性征收行为还是无须补偿的管理性措施，极有可能将更多地依赖投资争端发生后司法或仲裁机构对条约的解释以及对有关法律原则的适用（如公正原则、国民待遇或最惠国待遇标准）。在这种情况下，《多边投资担保机构公约》的有关规定必须予以重视并应作为参照，该公约考虑到投资者及其母国对滥用间接征收措施的疑虑，在第11条（a）款（ii）严格界定了"征收与类似措施"，即"可归因于东道国政府的任何立法上的行动或行政上的作为或不作为，具有剥夺投保人对其投资的所有权或控制权、或其应从该投资中得到实质性收益的效果，但政府为管理其境内的经济活动而正常采取的普遍适用的非歧视性措施不在此列"。随后的《经营规章》进一步规定，其应包括承保人因东道国政府及其下属机构严重干涉其投资所有权或控制权而遭到的损失。该规则还区分了在股权式投资和契约式投资这两种不同情况下，应受保护的投资者的权利。例如，在股权式投资中，外国投资者获得红利及利润、自由处置股份利益以及作为股东对投资的控制权，不得受到干涉，否则外国投资者可以获得保险赔偿，东道国善意地征收一般税负及关税、控制价格、管理经济、环境保护、劳工立法以及保护公共安全而采取的措施排除在外。

但同时也要注意到，1974年《各国经济权利义务宪章》从国家对自然资源永久主权派生出了对外国投资的管理权利，因此，存在一个在东道国管制外国投资的权利和采取间接征收之间的协调平衡问题。

---

❶ See M. Sornarajah, supra, p. 293.

## 第二节 实施征收权利的条件

任何主权国家在一定条件下可以对本国公民或外国人的私有财产实行国有化或征收,这项从国家主权属性引申出来的国家权利已被国际社会公认。❶目前很难在国际实践中找到证据表明国家可以随心所欲和不附加任何限制条件地行使国有化权;相反,在各国宪法或现有法律、国际条约、公法学家学说以及国际仲裁裁决、司法判决、国际组织决议中却不难论证国有化须附随条件的观点。然而,对于限制条件的内容和范围,仍然存在争议,很难说在征收的前提条件上存在所谓一致的国际法,如法托罗斯认为,征收关涉东道国的国内秩序之公共政策,其正当性所应满足的要求因国而异,所谓普遍性的规则很难被推导出来。❷有学者认为征收应满足的条件主要包括 BITs 中的特殊国际法规则,但正如前文所述,BITs 既不能促成国际习惯法的形成,也不能作为国际习惯法存在的证据,因此,BITs 中规定的国有化须满足的前提条件还不是普遍国际法。因此,在 BITs 中欠缺某条件,不能主张东道国由此承担国家责任,除非在此问题上给予外国投资者享有国民待遇或最惠国待遇,而被指向的协定规定有某条件。有学者对 1982 年前签订或生效的 183 个协定作过定量分析,发现约 92% 的协定规定国有化须以国内需要或公共利益为目的;约 66% 的协定规定国有化措施必须是非歧视性的,约 62% 的协定规定国有化必须依照一定法律程序进行,全部协定均要求国有化必须给予补偿。❸

中外协定规定以不对外国人财产采取国有化措施为原则,绝大多数协定均要求满足出于公共目的、非歧视、符合法定程序、给予补偿等 4 个条件,但也有少数协定并未明确规定须同时满足,如中英协定第 5 (1) 就只提到"为了与国内需要相关的公共目的,并给予合理的补偿";❹中德、中奥、中以、中土(耳其)协定就没有提及"非歧视"原则;中保、

---

❶ 亨金,等. 国际法——判例和资料 [M]. 西方出版公司,1980:695;沙赫特. 国际公法的基本课程 [M]. 1985:300;福尔索,等. 国际商事交易 [M]. 1986:855 – 856.

❷ See A. A. Fatuouros, *supra*, p. 52.

❸ 转引自陈大刚,魏群. 国有化及其赔偿法律与实践的发展 [J]. 中国国际法年刊,1983:298 – 299.

❹ 做类似规定的还有中阿(曼)协定第 4 (1)、中意协定第 4 (1)、中泰协定第 5 (1)、中南、中冰、中印(尼)协定。

中罗（1984）协定甚至未提到"须基于公共目的"；中丹等协定未提及"依据法律程序"。

## （一）公共利益

对征用权的公共目的限制可能追溯至格劳秀斯，尽管在国际判决和学者著作中经常提及剥夺外国人财产必须出于公共目的或必须基于公共必需或公共用途的理由，但无论是仲裁裁决还是学者间意见在这一点上不存在确定的看法。例如，笛莫克（Dimock）法官在 Sabbatino 诉 Banco Nacional de Cuba 案中认为古巴国有化缺少公共目的因而为非法，而在更早一些的仲裁案中，征收公共目的的限制条件就已受到质疑，如在 Shufeldt 求偿案中，❶ 仲裁庭认为"危地马拉政府完全可以出于任何原因颁布他们想要颁布或他们认为合适的法令，仲裁庭不应考虑这种原因"；常设国际仲裁庭在 Oscar Chin（1934）一案中认为"比利时政府是当时局势唯一的裁判者"。❷ 学者中，如怀特（White）、弗雷德曼（Friedman）、阿默拉辛格（Amerasinghe）等反对为国有化施加公共目的的限制，但早一些的学者如沃特尼（Wortley）、麦克奈尔（McNair）、孔兹（Kunz）等则表示肯定。较近的例子是仲裁员马哈马萨尼（Mahmassani）在 Liamco 裁决中就认为公共用途原则不是国有化合法性的必要前提。依据世行 20 世纪 90 年代初关于 BITs 的研究报告，超过 90% 的协定对征收或国有化规定了"出于公共利益的目的"这一前提条件，其之所以在 BITs 中普遍出现，可能主要是迫于它是一个久经检验的公式，并不表明缔约国对此具有多少法律确信。❸

在中外 BITs 中，除中保、中罗（1984）协定未明确提及"公共利益"外，其他协定均将此作为实施国有化权利须满足的第一个条件。不过，有些协定的表述略有不同，如中阿（尔及利亚）、中蒙协定表述为"社会的和公共的利益"；中阿（联酋）协定表述为"公共目的"；中前苏联、中加（纳）协定表述为"公共的或国家利益"；中印（尼）、中南、中以、中冰、中丹、中英等协定表述为"与国内需要相关的公共目的"；中菲协定表述为"国家安全和公共利益"；中西协定表述为"公共

---

❶ See *RIAA* 1079, 1095（1930）.
❷ See *PCIJ Series A/B*, No. 63, p. 79.
❸ See M. Sornarajah, *supra*, p. 316.

(全体）目的"；中新（加坡）、中斯（里兰卡）协定表述为"为了法律允许的目的"；中巴（基斯坦）、中—比卢经济联盟等协定表述为"安全和公共利益"；中前苏联等协定表述为"国家安全和公共利益"；中科协定表述为"国家利益的公共目的"；中法、中马（来西亚）协定笼统地表述为"公共目的"。

"公共利益"是一个弹性极大的措辞，国际社会对此并无一致认识，因而，在相当大的程度上委之于有关国家的自由裁量，欧洲人权法院在James一案中判称，"除非判断明显不具备合理的基础，法院将尊重立法者对何谓'公共利益'的判断"❶。国际法并未确立可供各国自行判断公共目的的有用的标准，各国国内法对此也无一致规定，因此便造成资本输入国尽可能扩大解释，而资本输出国则极力给予严格范围的局面，《美国对外关系法重述》（第3次）要求国有化满足公共目的的要求，但在评论中该要求的重要性大打折扣，评论认为国际法要求征收须基于公共目的，但是由于公共目的的概念过于宽泛而且其他国家无权对此重新审查，在国际求偿实践中没有多大意义。Abi-Saab也指出，由于公共利益或国家利益在任何情况下的认定只能受到有关国家的影响，几乎不能想象可以有另外的机关来审查，在实践中，还没有因为缺乏公共目的这个单独和特别的前提，主张依据国际法此种剥夺被视为非法的案例，在Liamco一案中，仲裁庭认为"公共目的"的限制只有在征收基于歧视时才被视为一个有关的标准，换言之，在实践中，"公共目的"的前提通常被非歧视要求所吸纳。

发达国家和发展中国家由于经济发展水平和追求经济发展路径的差异在环保标准上存在较大距离，但随着环保意识、立法的增强和进步，目前普遍认为出于保护环境的公共目的而采取征收措施与出于其他公共目的的征收措施在法律性质上并无不同。东道国有权取消对环境产生重大损害的协议或投资方案，但是，这种权力的行使必须有客观依据，如果对于环境损害的证据在投资之后才获得，当前国际法只支持如果此种损害大于投资项目所带来的利益，此项目才能被取消的主张。❷

此外，报复、毫无关联的政治原因以及独裁者或寡头出于私人使用的目的而剥夺财产显然非公共目的，这一点在1963年的联大《关于自然

---

❶ See M. Sornarajah, supra, p.318.
❷ See M. Sornarajah, supra, p.109.

资源永久主权的决议》中得到了体现,该决议要求任何征收、国有化或征用行为应出于公共用途,安全或国家利益的考虑,而不能纯粹基于个人或私人利益。

(二) 非歧视

要求缔约一方在非歧视的基础上实施国有化即实施国有化时不得在外国人之间或外国人与本国人之间实行差别待遇,❶协定中专门有"投资待遇"条款来规定缔约一方给予另一方投资者及其投资的待遇,此一般指给予的优惠、便利、特权等积极待遇,而国有化是对财产的剥夺,是一种消极待遇。在这种情况下,不再适用"投资待遇"条款,通常需另行强调"非歧视待遇"。

"歧视"包括在外国人与本国人之间的歧视和外国人之间的歧视,非歧视具有国际法一般原则的地位,麦克奈尔认为,至少在没收问题上,非歧视原则被人们普遍接受。非歧视是合法征收的一个绝对条件,但各国缔结的 BITs 并非都明确以非歧视为前提,相反,有近 1/3 的协定未做如此要求。东道国对外国投资者采取歧视性的国有化措施,是否必然违反国际法从而承担国家责任?对此问题应该具体分析。通常认为歧视性的国有化措施主要有三种情形:①根据外国投资的经济特点和商业实践以及他们与东道国经济政策之间关系的性质而采取的措施;②为对外国投资者母国所采取的行动进行报复;③基于种族、民族、社会偏见或敌视而实行的。❷

很少有国家对外资持完全自由放任的政策,即使是自由化程度相当高的美国也对外国资本准入作了一些限制,禁止外资进入某些行业或对外国股权作出严格限制,因此,在投资准入问题上本国投资者和外国投资者之间的所谓歧视性措施是允许的。关于以报复为目的并且针对某特定国家投资者的歧视性国有化措施是否合法,通行的国际法规则要求,只有在一国作出国际不法行为时,另一个受到侵害的国家才能采取报复行为;而且,这种报复行为在质或量上不应超出不法行为的损害范围和

---

❶ 中—比卢经济联盟规定的"非歧视"是指在外国投资和投资者之间的非歧视,而多数协定没有对此作进一步解释,而"投资待遇"条款应不适用于国有化事项,所以,仍不能很肯定地判断"非歧视"的参照对象。

❷ 斯塔克. 国际法导论 [M]. 赵维田译. 北京:法律出版社,1984:350.

程度。❶ 也就是说，针对先前的国际不法行为而合乎比例地报复性征收外国人财产并不为国际法所绝对禁止，在习惯法上和国家实践中可能仍然是允许的。第三种情况为日益增强的国际人权法而加强。反对种族歧视原则是一项国际强行法，因此，纯粹出于种族仇恨和歧视而剥夺外国人财产是违反国际法的，不得视为等同于国有化，应给予完全赔偿。基于客观因素或合理原因的歧视性征收，其动因是摆脱原殖民宗主国或终结某一特定外国投资者或种族集团对其本国的经济统制并不违反种族歧视的原则。❷ 一些发达国家的国内法院的判决接受了这个例外，如德国法院在审理印尼国有化案时，否决了认为此种措施仅针对荷兰投资者而主张国有化为非法的观点，该法院认为平等的概念仅仅意味着平等者之间必须被平等地对待，而不平等者之间的不同待遇是允许的，前殖民地人民当然可以给予原殖民宗主国国民不同于其他外国人的待遇。❸ 当然它必须具有明显的经济目的或为公共目的所证实。当种族仇恨和歧视的动机非常明显时，剥夺外国人财产的非法性容易判断，但经济民族主义往往将经济目的和种族仇恨掺和在一起，很难断定何种动机占据主导地位。

许多中外 BITs 在"非歧视"前提中另行要求东道国不违反特定义务，该义务所指是国家间的义务抑或是东道国对投资者承担的义务不是很清楚，更合乎逻辑的解释应指缔约方承担的对另一方投资者的义务，若与"投资"定义相映照，该规定无疑强调了国家责任规则。

### （三）适当法律程序和行政或司法审查

"也许最为清楚确定的条件就是征收不得任意专横。"❶ 要求国有化依据一定法律程序进行，即要求东道国给予受影响的外国投资者利用行政、司法程序为自己主张合法权利的机会；同时，又是对东道国按照法律程序办事以避免专横与武断的督促。除中丹等少数协定外，其他协定均明确要求实施国有化须依据或通过适当法律程序。

毫无疑问，所谓行政或司法审查当然由东道国依据本国国内法来进

---

❶ 斯塔克. 国际法导论 [M]. 赵维田译. 北京：法律出版社，1984：350.
❷ See M. Sornarajah, supra, p. 104.
❸ See M. Domke. Indonesian Nationalisation Measures Before Domestic Courts [J]. AJIL, 1959 (55)：305. 美国《对外关系法重述》(1987) 也指出，在合理地与国家安全或经济政策有关时，针对特定国籍投资者的征收就不是非法的，只是须经严格审查。
❶ 詹宁斯，瓦茨修订. 奥本海国际法 [M]. 第 1 卷，第 2 分册. 北京：中国大百科全书出版社，1998：919 - 920.

行；而对于"适当法律程序"，学者间则存在争议。

西方学者普遍认为，一主权国家实施国有化的行为必须满足某些国际最低法律程序，❶亦即存在实施国有化行为的"国际程序法"，如采取国有化措施的国家须事先通知、举行听证会、为拟被采取国有化措施的外国人保留一段合理的时间等，否则即构成"拒绝司法"。"拒绝司法"的观念能否渗透进行政决策领域是有疑问的，塔纳卡（Tanaka）法官在巴塞罗那牵引机车案中对此持否定意见，他认为"指控国家拒绝司法是一个极端严重的问题"❷。管理体制允许在某些情况下不经过正常程序作出决策，而这些情况在一种制度中不同阶段和不同国家的不同制度中的差异非常大。在普通法系，一般要求个人的合理预期受到行政决定影响时须确保程序方面的保障，但又缺乏统一的规则，公共利益的考虑往往超越程序保障，国际法院或国际仲裁庭就东道国是否有权在无须程序保障时作出行政决定的情况的特殊处断还是一个未决的问题。

而发展中国家多认为国有化权是一国固有之主权权利，如果需要经过某些法律程序，也只应满足本国的程序要求，不存在普遍的国际程序标准。这两种对立的观点在中外投资保护协定中均有所反映，如除中罗（1984）、中德、中法等协定明确要求国有化必须依据或符合国内法及法律程序外，相当一部分协定只是笼统规定须经过"（相关）法律程序"。在道尔采和史蒂文斯看来，未提到国内法，恰好表明BITs并未将国内法作为判断征收合法性的最终标准。❸从战后出现的国有化实践来看，从来没有哪个国家会一劳永逸地制订所谓"国有化法"，而只是就某一时期或某一项国有化运动颁布针对特定对象的专门法令，因此，国有化运动若满足或符合此专门法令的要求，应视为满足了此一条件。

普遍承认"适当法律程序"本身即包括了司法审查的可获得性。❹根据中外协定的规定，对国有化的审查，从审查主体的角度可以将其分为立法审查、司法审查、行政审查；从审查客体的角度可以将其分为对国

---

❶ 如Dolzer&Stevens在《双边投资条约》一书中就认为BITs中所谓"适当法律程序"并不必然等同于国内法上的概念，see Dolzer&stevens, supra, p. 106. 值得注意的是，1963年的联大《关于自然资源永久主权的决议》似乎接受了发达国家的观点，规定受征收影响的投资者应给予符合国际法的适当的措施。

❷ See M. Sornarajah, supra, p. 304.

❸ See Dolzer&Stevens. Bilateral Investment Treaties [M]. Martinus Nijihoff Publishers, 1995: 106.

❹ See *ibid*, p. 106.

第五章 中外双边投资条约中的征收及其补偿条款

有化行为本身合法与否以及对被国有化财产的价值和补偿数额的审查。

首先必须明确的是，依据国家行为学说，一国司法或准司法机构不得审查他国国家行为，❶ 因此，对征收行为的行政监督、司法审查只能由东道国自身的有权机构进行。然而，政治问题学说❷认为一国行政机关或法院不得对本国的征收法令进行审查，而且，由于国有化权作为一项自然资源永久主权原则的具体实施已得到普遍承认，因此众多法律文件（包括 BITs）规定在国有化或征收时须给予补偿，而非禁止采取此种行为，但不排除本国行政、司法机关在审查时适用其认可的有关国际法。因此，在 BITs 中对国有化措施本身合法与否的审查不是裁夺应不应该实施国有化，而是考察国有化措施是否符合前述 4 个前提条件。为避免歧义，少数协定就明确规定，受国有化措施影响的投资者可以请求东道国有关机关"依据本款（指'国有化或征收'条款——笔者注）规定的原则对国有化进行审查"。即使在外国法院的追偿诉讼中，国家行为主义学说只是一种较为特殊的法律选择规则，要求外国法院依据征收国国内法对征收的合法性进行裁判，如美国第二巡回上诉法院在审理 Lambom 案时，就选择了古巴（征收国）法律作为评判征收是否合法的准据法。❸

部分协定还规定投资者有权请求东道国有管辖权的法院或独立的专门的机关审查国有化及其补偿数额。对国有化措施的合法性和补偿数额是由东道国不同的机构审查的，前者由东道国法院或其他机关予以审查，如中德协定规定由东道国法院来审查；中挪协定规定由东道国有管辖权的立法机构或法院审查。在一些协定中也相应地规定由不同的机关和程序来进行，如前者通常由东道国有权机关来实施，至于何谓有权机关，

---

❶ 国家之间在国家行为主义学说上的态度不尽一致，甚至是朝着两个极端发展，有些国家越来越少地以国家行为学说来判断外国行为的合法性，如美国最高法院在 Sabbatino（1964）一案中认为只有在两种情况下，违反国际法的国家行为才是非法的：第一，条约例外，即违反"非模棱两可"的条约或其他国际协定；第二，根据国会通过的 Hickenlooper 第二修正案违反国际法原则的征收行为。在前案中，最高法院并没有采用"条约例外"，地方法院倒是采用过，但极为谨慎且明确申明其目的非在于对外国行政行为产生不利效果。（见《美国对外关系法重述》）。相反，1981 年英国枢密院在 Buttes Gas and Oil Co. 诉 Hamnor 案中提供了一个扩张国家行为学说的例子，在本案中，禁止对外国立法、行政行为的国际合法性审查延伸到了国际商业贸易。

❷ 政治问题学说与国家行为学说相对，前者指向本国行为，即一国法院不得审查本国行政行为；而后者指向外国行为，即外国法院不得裁判他国国家行为。

❸ See Frederic L. Kirgis. Understanding the Act of State Doctrine's Effect [J]. AJIL 1988 (82): 58–61.

则未明示。

对国有化措施的审查对象包括征收行为是否实际发生、国有化措施的合法性以及被国有化财产价值的确定和估算以及补偿金额的审查。唯有中阿（联酋）协定规定应投资者请求，东道国法院或行政机关审查并确定是否发生了征收行为；❶ 关于补偿金额的审查属于因国有化补偿金额之争而引起的投资争端，❷ 我们已在上一节给予了讨论。经条约授权对国有化措施合法性进行审查的东道国审查机关在不同的协定中是有差别的，其中多数协定规定由有管辖权的法院审查，❸ 中奥、中黎协定规定比较含混，如前者规定由东道国主管机关审查，后者要求按东道国国内法律程序审议，另有些协定为投资者提供了可自主选择的审查机关，如中英协定规定可由东道国司法或其他独立机构审查；中日协定规定可由投资者自由选择东道国法院审理或向行政机关申诉；中韩协定在规定可由东道国法院或行政机关及时审查外，还规定了行政仲裁机关的审查权。

对被国有化财产的投资价值的估价（或重新估价）或审查和补偿数额的审查显然是不同的，经过审查重新确定之后的"投资价值"可能被用来作为对外国投资者进行补偿的依据，但实际给予投资者的补偿额往往会低于甚至远远低于国有化财产的"投资价值"，而且对"投资价值"和"国有化补偿额"进行审查的机构也有所不同，前者一般由东道国"有关机构"进行，后者通常规定可由投资者自由选择东道国法律程序或国际仲裁程序来进行。在多数协定中，对国有化补偿金额的审查规定在专门的"投资争议解决"条款中，但也有少数协定在"国有化或征收"和"投资争议"条款中同时规定了对国有化补偿数额的行政或司法审查，所以，Dolzer 和 Stenvens 在论述"国有化的司法审查"时未将两者区分开来，而认为"一旦规定了对国有化的行政或司法审查之后，投资者便丧失了就此项争议提交'投资争端'条款程序的权利"❹ 的结论是武断的，在前述少数协定中，这两种审查程序显然并行不悖。

---

❶ 见该协定第6条（2）。
❷ 中韩协定规定国有化补偿数额亦可由法院审查或向行政机关申诉。
❸ 中智协定未明确规定由东道国法院审查，但将审查权赋予东道国"司法当局"，就我国而言，司法机关仅指法院和检察院，对国有化措施合法性的审查显然不在检察院的立案管辖范围内，所以，该协定实际上规定的是法院的管辖权。
❹ See Dolzer & Stevens. Bilateral Investment Treaties [M]. Martinus Nijhoff Publishers, 1995: 107.

## 第三节 国有化补偿

考虑到该问题的重要性和复杂性,有必要将其与其他征收前提分离单独论述。

实际上,资本输出国在国有化问题上的分歧核心在于国有化的补偿。沙赫特(Oscar Schachter)甚至认为国际法中除使用武力以外,最富有争议且带有强烈感情色彩的问题便是对外国人财产征收的补偿标准问题了。[1] 国家实践、司法判例、学者学说在征收是否必须给予补偿以及补偿标准和估算方法上都分歧较大。

各国缔结的 BITs 中超过半数的协定接受"赫尔公式"作为征收补偿的标准,部分协定采用了"公平补偿"、"全部补偿"、"合理补偿"或"公平公正补偿"等标准。中外 BITs 有关该问题的规范结构一般是先明确补偿的抽象标准,如须给予"补偿"、"公平合理的补偿"、"合理补偿"、"适当补偿"、"适当和有效的补偿"、"合理、有效和非歧视的补偿"、"公平补偿",随后规定确定补偿数额的具体标准或估算方法。但是,尽管有些协定在补偿的抽象标准上采用了相同的措辞,但随后确定补偿数额的估算方法却不一致,如中科、中马(来西亚)、中葡、中菲等协定要求给予"公平合理的补偿",其中,中科、中马(来西亚)协定认为"公平合理"即谓补偿数额以市场价值为基础计算,若市场价值难以确定,则依据公认的估算原则和公平原则,同时考虑某些相关因素来确定,中葡协定只要求补偿额等于被征收财产的价值;中英、中澳、中阿(联酋)、中冰、中阿(曼)、中以、中南协定同样要求"合理补偿",但中澳、中阿(联酋)、中阿(曼)协定要求补偿数额相当于被征收财产的市场价值或真正价值。

因此,协定在国有化条件部分是否规定给予补偿或者如何措辞无关宏旨,重要的是弄清补偿数额的具体标准或估算方法,但将两者结合起来,借以明确何谓"公平""合理""适当"仍然是有所裨益的,尤其是对那些仅有补偿抽象标准而未确定具体估算方法的协定而言尤其如此。同时,欲正确全面理解国有化补偿条款,还须参考"投资待遇条款"或

---

[1] Oscar Schachter. Compensation for Expropriation [J]. AJIL, 1984 (78): 121.

专门就国有化补偿规定的待遇标准。

(一) 补偿数额

1. 具体表述

在协定中一般称为"补偿标准",有时也被称为"补偿目的"。概而言之,中外协定中规定的补偿标准有以下几种表述:①使投资者处于未被征收或国有化时相同的财政地位,如中瑞(典)、中日、中希、中阿(根廷)等协定。②符合征收(宣布)前一刻被征收的投资的价值,如中德、中意、中奥、中新(加坡)等协定。③相当于被征收之日的实际价值(real value),如中罗(1984)、中法、中亚、中哈等协定,中摩(尔多瓦)和中塔协定的措辞与前面协定不同,前者将征收宣布之日作为国有化补偿额的起算时间,而后者则将征收宣布的前一天作为起算时间。④相当于征收前一天或宣布征收之日已用于投资的资产和财产的价值,如中一比卢经济联盟协定等。⑤相当于征收前投资的价值并包括至支付之日的利息,如中芬、中荷、中挪、中智、中冰、中埃(及)协定等。⑥相当于被征收投资的适当价值,如中泰协定。⑦等于在征收或征收已为公众所知悉时那一刻的价值,包括适当利率的利息,如中丹、中立、中牙协定等。⑧某些协定还预先确定了计算国有化财产的价值和利息时应考虑的因素和方法,最早作如此规定的是中科协定,该协定第5条(e)规定,"补偿金额的计算,按决定公布或为公众所知悉前一刻的市场价值为基础计算;若市场价值不易确定,则应根据公认的估价原则和公平原则确定,尤其应将投入的资本、折旧、已汇回的资本、更新价值和其他相关因素考虑在内;还应包括从征收之日至支付之日按初始投资所用货币使用的通用利率计算的利息",此外,该协定议定书第4条还进一步明确,若初始投资所用货币为美元,利息则依据伦敦银行同业拆息率。❶⑨等于在征收或征收为公众所知悉前一刻的真正价值,包括按正常利率计算的利息,如中英协定。⑩相当于采取措施前或者即将采取的措施开始发生作用前一刻的投资价值,如中瑞(士)协定。⑪等于宣布征收时被征收财产的价值,如中波协定。⑫中巴(基斯坦)协定只是在国有化条件中要求给予补偿,但并未进一步明确补偿数额的计

---

❶ 中澳、中马(来西亚)、中韩、中捷、中斯(洛伐克)、中阿(曼)协定也有相似规定,只不过中韩、中阿(曼)协定确定利率的方法与前几个协定有所不同,中韩、中阿(曼)协定规定采用"适当(或合理)利率"。

算办法。⑬相当于征收之时或征收为公众所知悉之时的合理市场价值（reasonable market value），以先者为准，如中土（耳其）、中以、中赞协定。⑭个别协定表面上规定了两种补偿标准，实际上是互为印证的一种标准，如中巴（布亚新几内亚）协定要求补偿应是"适当的"或"相当于采取措施前一刻或征收为公众所知悉前一刻的投资价值"。⑮等于征收或征收为公众所知悉前一刻投资的真正价值，并含直至付款之日的正常利息，如中捷、中斯（洛伐克）协定。⑯等于宣布征收前一刻被征收的投资财产的市场价值，如中克、中罗（1994）、中摩（洛哥）、中黎协定。⑰等于征收前或为公众所知悉前投资的市场价值，并含以正常利率计算的直至支付之日的利息，如中南协定。⑱应能代表真正价值，含按以正常商业利率计算的利息，如中毛协定。⑲等于实际的或即将发生的征收为公众所知悉前的真实价值，计算时应考虑独立的会计师事务所确定的净资产价值以及市场价值，含直至支付之日的通常商业利息，如中津协定。

2. 几点讨论

第一，中外 BITs 究竟体现了什么样的补偿标准？现在普遍认为有关征收补偿的"赫尔公式"已经不再具有习惯国际法的地位，而实际上在征收补偿实践中，也绝少有给予全部补偿的例子，但在世界各国（包括发展中国家之间）缔结的 BITs 中越来越多地重新采用这个标准，尽管有时在文字表达上不完全遵从"赫尔公式"，但实质与该公式并无差别。❶目前，许多国家的国内法都规定，在国有化的情形下，政府有责任给予外国投资者补偿，至于补偿的数量、方式和程序则由双方依据国际法的有效原则进行协商。关于国有化的国际法原则，一直都存在争议，所以国内法的这种规定方式实际上并没有什么实质意义，但有迹象表明，某些国家的外资法有可能接受补偿的"赫尔公式"，如独联体国家专家草拟的"外资法基本元素"。我国外资法规定给予相应补偿，何谓"相应"应从有关的中外 BITs 中寻找答案。

表面上，中外 BITs 并未明确接受"充分"或"完全"的传统标准，但"公平""适当""合理"等抽象措辞并不能为我们提供确切的补偿标准。西方国家的国内立法、实践和司法判例体现了足够补偿的原则或者绝对地将"公平"和"适当"标准视为与"足够"补偿标准不同的补偿

---

❶ See Dolzer & Stevens Bilateral Investment Treaties [M]. Martinus Nijihoff Publishers, 1995: 109.

公式，如法国征收法（1935）第 41 条规定，赔偿必须是公平的，换句话说，赔偿应能使被征收人处于与征收前非常近似的地位；英国 20 世纪早期，在对被征用的土地给予原所有者的补偿进行评估时，侧重于保护财产所有人的利益，强调就其财产本身的价值即市场价格，而不是财产购买者的接受价格。美国第二巡回法院上诉法院在 Banco National de Cuba 诉 Chase Manhatton 一案中考察了有关赔偿标准的有关文件以及联合国大会决议之后，得出结论："没有支付任何赔偿是违反国际法的，但认为赫尔主义即须充分赔偿也不再是正确的。"法院称："无须在任何条件下都支付充分赔偿，要求征收国给予'适当赔偿'——即使考虑到缺乏这一术语的精确定义——是比较接近于反映国际法要求的，但是采用'适当赔偿'的标准并不排除在某些场合'充分'即'适当'的可能性。"不少西方学者将"公平和公正补偿""适当补偿"解释为"赫尔公式"。当然，发展中国家对以上相同表述的理解不同于西方国家，部分补偿或根本不予补偿在某些情况下并不必然与"公平和公正""适当"等补偿标准相悖。

因此，确定中外 BITs 中规定的补偿标准更重要的是考察、分析具体的估算方法，在仅有抽象标准的协定中，具体的补偿标准应依据该协定中的"征收"条款规定的特别待遇，在无此种特别待遇时，则需借助协定的一般待遇条款来确定。由于绝大多数都要求在征收补偿事项上给予外国投资者以最惠国待遇。笔者认为从有些中外 BITs 规定的补偿金额的具体估算方法来看，实际上确立了"充分"补偿的标准，而由于最惠国待遇条款的多边效应，表明我国在双边层面完全接受了有关征收补偿的西方传统标准。

"赫尔公式"的发源地美国对何谓"充分"补偿的解释当然最具有证明力。根据《美国对外关系法重述》（第 2 次）第 188 款的规定，"充分（adequate）"是指补偿的数额须与被征收财产的全部价值相等，包括直到支付时的利息；而所谓全部价值指的是公平的市场价值。所谓"即时（prompt）"是指补偿必须在征收前或征收后不久支付，若确定了适当的利息，则可以延迟支付；所谓"有效（effective）"则指以接受者可以立即运用的方式支付，通常是支付可自由兑换的硬通货。❶ 世界银行《外国

---

❶ See A. A. Fatorous. Goverment Guarantees to Foreign Investment [M]. Columbia University Press，1962：331－332.

直接投资待遇指南》(下称世行指南)将"适当补偿"解释为"赫尔公式",认为所谓"充分",即相当于被征收财产的公平市场价值(fair market value),该价值应为征收行为前一刻或在征收之决定被公众知晓前一刻的价值。有不少中外协定的规定与前述《美国对外关系法重述》及世行指南完全相似。

第二,确定公平市场价值的方法及需考虑的因素。当缔约双方就确定公平市场价值的方法并无一致意见时,往往需要经双方同意的其他方式替代。世行指南建议公平市场价格应为一个自愿的买方在考虑了众多因素后愿意支付给自愿的卖者的价格,这些因素包括:投资的性质、投资在未来运作的环境及其某些特征、投资已经存续的时间、投资总额中有形资产的比例及其他一些与某一个具体投资有关的特定环境的相关因素。当然,上述方法并不是排他的,世行还对赢利程度不同的企业财产的价值规定了不同的估算方法,就拥有经证实的获利记录的且存在持续利润的企业来说,其投资价值可以是经折扣的现金流动价值(discounted cash flow value)。所谓经折扣的现金流动价值,根据世行的解释,是指企业在合理计划的经济运作的每一个未来年度中预期的确能实现的现金收入减去该未来年度的预期现金支出,此种方法产生的现金流量的折扣尚需考虑下列因素:现金的即时价值、预期的通货膨胀、现金在真实环境下运作的风险。这种折扣率可以借助相同市场上其他可替代的投资基于他们的现有价值的可比风险所确定的现金回收率予以确定;就一个缺乏赢利性证据,未能证实其能产生持续性利润的企业而言,其价值基于清算价值来确定;对于其他价值,可以基于替代价值或账面价值确定,当然这种价值必须是近期作出的或在征收时已经确定的。

究竟应否支持补偿预期利润(prospective profit/Lucrum Cessans)的主张,存在着相反的国际仲裁实践,而且,国际仲裁裁决也表明预期利润并非只有在给予充分补偿时才考虑进去。在 Aminoil、Liamco 两案中,仲裁庭就将预期利润计入"适当"补偿额。在前案中,仲裁庭将采取征收的国家分为两类,一类是欲通过国有化达到完全摆脱外国投资者控制的国家,一类是对外国投资持欢迎态度的国家,后者应给予包括合理的预期回报在内的补偿。将来利润必须根据正当合理的预期而不是理想化的经营条件的损失来测算,需要考虑的因素有:被征收企业是否被允许持续,如果该企业被确定为允许持续,应支付预期利润;预期利润必须源于合同的直接结果等，投资者的反应和态度也应考虑进去，如特许权人逐渐默认或容忍了东道国削减其控制权的一系列措施，自然会促使其改变将来的计划，由此影响到预期利润。而且即使裁决支付预期利润，这种利润也只能是减去运费、储藏费和保险费之后的净利润（net profit），还要考虑原告的商业能力、财产状况以及风险等。[1] 裁判 Liamco 案的独任仲裁员马哈马萨尼则拒绝补偿原告预期利润，认为"特许权人是否可以要求补偿预期利润仍然是一个悬而未决的有争议的问题"，国际法院在审判哥伦比亚庇护权案中也持同样的观点，因此，由于不能确定这种请求的正当性，仲裁庭在裁决是否给予补偿预期利润补偿时非常谨慎。但有一点非常肯定，如近期"中心"在 Benrenuti et Bonfant 诉 congo、Metalclad 两案中认为，在投资企业从未运作的情况下，在计算补偿数额时，不应考虑预期利润。一个新设企业更应该评估其最近的投资而不是该企业未经证实的计划收益（projected receipt）。

（二）补偿价值的评估时间起算点、利息、汇率

1. 具体规定

撇开具体的补偿标准或估算方法所带来的变数，影响国有化补偿数额的因素还包括估算的时间起算点、利息以及汇率。

由于市场瞬息万变和科学技术水平的飞速发展，各种形式的投资财产的价值可能发生变化，甚至在短时间急剧起伏。因而，从何时开始估算投资者的投资价值对于投资者利益的影响很大。从中外协定的规定来看，估算的时间起算点差异较大，概括起来，有下面几种：①较早缔结的协定，如中瑞（典）、中罗、中法协定没有规定估算时间起算点；但中法协定规定关于补偿额的计算原则、规则等最迟应于实施征收之日确定。②征收之日（the date of expropriation）。③宣布征收或征收为公众所知悉时（at the time when expropriation is proclaimed 或者 the day of the announcement of expropriation 或者 at the time when the expropriation become public knowledge），其实，"公布"和"为公众所知悉"可能具有不同的含义，前者通常应是一国之正式的立法或行政行为，而后者可能只是一种事实状态，这两者之间可能会存在一定的"时间差"，由此而估算的补偿数额

---

[1] See E. I. Nwogugu. Legal Problems of Foreign Investment [M]. Manchester University Press, 1965: 224.

第五章 中外双边投资条约中的征收及其补偿条款

就会不同。④征收前一天（one day before the expropriation）。⑤征收前一刻（immediately before the expropriation）。也有少数协定同时规定了两个时间点，如中—比卢经济联盟协定就规定应估算"征收前一天或宣布征收日"的投资价值，在这种情况下，极易引发争议。⑥采取措施或即将采取的措施发生作用之前。⑦通过或宣布征收决定前一天。❶⑧征收之时或征收为公众所知之日，以先者为准。❷⑨采取措施或为公众所知前一刻。❸⑩征收或征收为公众所知的前一刻。❹⑪采取或宣布征收之日。⑫宣布征收决定或征收决定为公众所知前一刻。❺⑬宣布征收之日。❻⑭征收之时。❼⑮征收为公众知晓前一刻。❽⑯征收前一刻或征收为公众知晓前一刻，以在先者为准。❾

关于利率。多数中外BITs并未考虑到被征收财产的利息，即使是那些明确规定应将利息计算在征收财产补偿额之内的协定，如前所述，计算利息的期间、利率的确定也有差异。

关于补偿额的转移和汇率的确定。绝大多数协定都明确规定征收财产的补偿额可以自由转移，但至少就转移的地理空间而言，并非完全自由，而只能发生在缔约双方领土间，唯有中罗（1984）、中德协定未做此种要求。

2. 几点讨论

第一，如何确定征收时间以及如何确定已经实际发生的标准是征收或国有化的一个重要问题。一旦征收行为被确定为已经发生，征收的法律后果随即产生，这包括受损害的一方求偿权的生效以及赔偿数额的起算时间，等等。如前所述，中外BITs在这方面的规定很不统一。在东道国颁布对外国投资的征收法令时，似乎将法令生效日作为征收之日没有问题；但若征收发生在前或在正式征收之前，拟采取的

---

❶ 我国和独联体国家之间的协定多采用这个时间，如中前苏联、中乌（兹别克斯坦）、中亚、中哈、中白、中塔协定。
❷ 如中土（尔其）协定。
❸ 如中巴（布亚新几内亚）、中希、中摩（洛哥）、中南协定等。
❹ 如中捷（克）、中斯（洛伐克）、中立、中智、中冰、中以协定等。
❺ 如中韩、中阿（联酋）、中斯（洛文尼亚）、中阿（曼）协定等。
❻ 如中摩（尔多瓦）协定。
❼ 如中土（库曼斯坦）协定。
❽ 如中泰协定。
❾ 如中赞协定。

155

征收措施早已为公众所知悉,而颁布征收法令在后,仍以征收法令生效之日被征收财产的价值作为补偿的基础,便有些问题,在这种情况下,即使当事方在财产的评估标准完全一致,但各自的评估可能相差悬殊,东道国一般以征收法令生效之日的财产价值为准,而投资者则很有可能认为被征收财产的价值不应由于早已发生的征收行为而受到影响。

更大的问题还在于隐性征收。隐性征收行为并非即时完成,从财产使用权的被限制到财产所有人法律权利的正式和完全地被剥夺往往存在较长的时间,在这一长过程中,有些措施从微观和局部上看并不等于剥夺或财产上法律权利的转移,但最终构成毫无疑问的征收行为。权威的观点认为,当一国干涉财产的使用或其利益的享有,即使法律上的权利未受到影响,即构成财产的剥夺;一国取代原所有人对其财产的控制并不意味着自动和立即得出该财产已经被该政府剥夺的结论,因而依据国际法应给予补偿,唯有当财产的基本所有权被剥夺而且显示这种剥夺不仅仅是临时性的时候,才能得出这个结论。在判断征收是否实际发生时,政府所采取的措施对财产所有人影响的显示要比政府的意图重要。也就是说,目前国际法并未规定任何精确和自动适用的标准,如所有权转移的日期或征收完成的日期以及补偿数额,被征收财产的价值要依据政府的干预已经剥夺所有人的权利或已经使那些权利实际上形同虚设的那一天,这需要根据特定案件的具体情况做具体分析。伊美仲裁庭在处理对外资管理侵犯的案件中,就如何确定征收开始之日确立了两条原则:①当案件事实涉及一系列从对外资管理权的轻度干预到最终迫使外资转让股权的时间时,并不一定以第一个事件或最后一个事件作为确定征收开始的日期,关键是以"不可扭转"的对权利的剥夺这个事实发生的日期作为征收发生日;②如果案件事实涉及东道国政府任命新的管理人员取代外资方管理人员,而且这种取代实质上是永久剥夺外资方的管理权,那么东道国政府任命新的管理人员的日期为征收日。

第二,东道国是否有支付利息的义务?如果答案是肯定的,那么是支付单利息(simple interest)还是复利息(compound interest)?大多数国家的国内法都规定债务人在金钱支付迟延时须支付利息,伊斯兰教法国家基于宗教信仰一般以禁止支付为原则,但也不排除在例外情况下支付

第五章 中外双边投资条约中的征收及其补偿条款

利息。❶ 但国际仲裁并无在何种情况下应裁决支付利息的统一标准,通常会依据东道国的国内法和国际法一般法律原则定夺,若存在双边协议,当然是最便利的准则。有相当一部分中外 BITs 未明确规定东道国须支付补偿金额的利息,至于东道国是否确定无此义务,则还需依赖该协定的特别待遇条款和一般待遇条款的指引。

多数协定要求补偿额的支付不应不合理地迟延,有些协定还进一步对支付的合理期限作了限定。在东道国忠实履行该义务时,征收之时或补偿金额确定之时与支付时间尚可能存在一定"时间差",在东道国支付迟延时,"时间差"会更大。利率并非恒定不变,借贷市场供求关系的波动、一国货币政策的调整等,都可能对利率产生影响。因此,若遇有利率变动或调整,应允许分阶段计算利息。

国际仲裁裁决、学者学说似乎支持支付复利息的主张,"中心"仲裁庭在 Santa Elena 诉 Costa Rica 案中否决了被告关于利息应以单利率计算的主张,认为即使国际法有支持简单利息的趋势,但显然主要是有关伤害或纯粹违约的案例,不能适用于财产或财产权价值的评估。在 Flexi - van 诉 Iran 案中,仲裁庭也认为大多数裁决支持简单利息,但混合利息也偶尔被允许采用,如 Fabiani's case、the Affaire des Chemins de Fer Zertweg - Wotfsberg、Kuwait 诉 Aminioil (1982) 等案,还有一些案件是因为考虑到其具体情况明显不适当才不采用混合利息的,如 Norwegian Shipowners' Claims 案、Great Britain 诉 spain 案等案。国际法权威学者亦有支持复利息的观点,如曼恩在《国际法上作为损害赔偿的混合利息》一文中认为,"国际仲裁庭在证据充分时可以,或在无特殊情况下,应该裁决原告获得复利息"。联合国国际法委员会国家责任特别报告员鲁兹(Gaetano Arangio - Ruiz)在仔细研究了有关的权威学说后,得出了支持复利息的结论,他说,"在证明确保给予损害以充分补偿为不可缺少时,混合利息应予支持。"❷ 种种迹象表明,尽管裁决支付单利息较复利息更为频繁,但复利息并不为国际法所排斥,国际仲裁裁决并未提供在某一特定案件中认定单利息或复利息何者更为适当的统一国际法规则,主要取决于仲裁庭在考虑具体案件的各种具体情况特别是公平因素之后的判断。❸ 尤其是一国

---

❶ See John Y. Golande. Awarding Interest in International Arbitration [J]. AJIL, 1996 (90): 41.
❷ See Yearbook of the International Law Commission (1989) [R]. 2 part 1, p.30.
❸ See ICSID. Santa Elena v. Costa Rica [J]. ILM (39): 1333.

征收投资者财产，但未及时给予补偿时，随后确定的补偿数额应该包括复利息，反映至少部分反映投资者通过被征收财产的再投资所产生的收益，裁决支付复利息的目的并非谴责或惩罚征收国的迟延支付行为，而在于保证原告获得适当补偿。在 santa Elena V. Costa Rica 案中，仲裁庭认为仅给予原告单利息显然是不恰当的，因为原告在近 20 年内不能有效地使用或处置被征收财产；另一方面，裁决被告支付完全的复利息也是不公正的，因为被征收财产毕竟仍然掌握在原告手中，仍然可以为原告有限度地使用，但原告并未加以利用，因此不能由被告承担该部分的损失。

## 第四节 战乱损害和征用补偿

除中瑞（典）、中—比卢经济联盟、中芬、中挪协定未就此种补偿作出任何规定外，战乱损害补偿在中外 BITs 中有两种立法例，或与征收及其补偿条款合并规定，❶ 或用一个条款单行规定，❷ 措辞高度统一，均表述为"缔约一方投资者在缔约另一方领土内的投资因战争或其他武装冲突、暴乱、叛乱或其他类似事件遭受损失，缔约另一方如果采取有关补偿性措施方面给予缔约一方投资者的待遇，不应低于其给予任何第三国投资者的待遇"，绝大部分协定对引起财产损失的国内事件的列举相当详细，而中日协定仅提及"由于敌对事件的爆发或国家紧急状态"。还有一部分协定进一步就在两种情况下的投资者财产损失补偿作了规定，即①东道国军队或当局的征用；②东道国军队或当局非因战斗行为或情势必需而造成的财产损坏。实际上，在作这种规定的协定中，包含战乱损害补偿和征用补偿。从协定的措辞看，在战乱损害补偿和军队、当局征用时，东道国的救济或补偿责任是不一样的，前者并未确立绝对的救济或补偿义务，❸ 而适用最惠国待遇或国民待遇原则；后者则要求必须给予补偿。

战争或其他武装冲突、暴乱、叛乱或其他类似事件往往不可预料，东道国为此采取的平息措施显然具有公共目的；而且，如前所述，BITs

---

❶ 如中罗等协定等。
❷ 如中丹等协定。
❸ See Jeswald W. Salacuse. Towards a New Treaty Framework For Direct Foreign Investment [J]. Journal of Air Law and Commerce, 1985 (50): 671.

第五章 中外双边投资条约中的征收及其补偿条款

中的"战乱损害补偿"条款并未确立东道国的严格责任的归责原则，只要东道国尽到了合理勤勉的习惯国际法义务，即无须给予补偿，这也是《多边投资担保机构公约解说》第16条将战争和内乱险的目的旨在包括典型的在东道国控制之下的革命、动乱、政变和类似的政治事件背后的国际法依据。

征用是一种类似于征收的财产剥夺行为，两者在补偿数额的评估方法上也可能一致，但战乱损害的补偿范围要比征收补偿小，美国海外私人投资公司颁行的合同专门条款对战争和内乱险的保证范围可以借鉴，主要是指由于战争、革命、暴动或骚乱，直接引起投保财产的物质状态受到损伤、被毁坏、丢弃、夺走并扣留不还，包括在战乱中某方军队为了预防或对付紧急敌对行动而采取的坚壁清野等破坏性活动所造成的上述各种损害，只要在战乱和损害之间存在直接的必然的因果关系。

东道国在上述政治事件中承担的补偿责任在很大程度上取决于对"战争""骚乱""军队"等核心概念的理解。目前，很少有严格战争法意义上的所谓战争，但国际法并未提供判断战争行为和任意的暴力或其他形式的激烈活动的标尺，如果坚持严格战争法上的所谓"战争"概念，那么投资者的利益很难得到保障，因此，对"战争"概念的界定趋于宽松和宽泛。而"骚乱"造成的损失，在美国海外投资保险公司的解释中只限于个人或集团主要为了实现某种政治目的而采取的破坏活动所造成的损失，一般的劳资纠纷、经济矛盾所引起的骚乱、冲突不在此列，同时还规定投保人有义务提出确凿可信的证据，证明该骚乱、恐怖活动或破坏活动的主要目的确实在于实现某种政治意图。❶

根据战争法原则，东道国政府当局或军队平息上述政治事件中交战对方采取经济封锁措施是合法的，受影响的投资者不得主张此种措施，不得认为是征用行动而要求给予补偿。

东道国当局或军队的征用当然是国家行为，依据联合国国际法委员会国际责任公约草案，如果东道国的某个个人或集团事实上代表国家或者在没有正式授权时事实上执行国家当局的职能，该个人或集团的行为在国际法上也可能被认为是东道国的国家行为（第8条），因此东道国须

---

❶ 陈安.美国对海外投资的法律保护及典型案例分析［M］.厦门：鹭江出版社，1985：43.

承担补偿责任;但叛乱运动机关在一国境内或在其管辖下的领土内的行为不得认为是该国的国家行为(第14条),东道国无须为叛乱运动机关的行为负责;导致新政府或新国家的叛乱运动的行为应被认为是该新国家的行为(第15、16条),此种情况已不受该特定 BITs 的保护。

各国在东道国应否对其境内的恐怖主义活动造成的损失负责这个问题上意见不一,AAPL 诉 Sri Lanka 一案中,被告辩称原告财产的毁坏是由泰米尔猛虎组织的恐怖主义活动而非政府国防军造成的,因此不应对此负责,《多边投资担保机构公约解说》第16条亦未将直接针对投保人的恐怖主义行为和类似活动包括在战争和内乱之中。然而根据1996年4月24日前美国总统克林顿批准的《反恐怖主义和死刑法案》,一国因其恐怖分子及类似活动引起的损害赔偿不得请求国家豁免,加重了东道国的责任,势必遭到许多国家的反对。

证据是否充分直接关系到投资者损害赔偿请求能否得到支持和满足,因此,在此类极端事件中,举证责任的归属问题值得检讨。国家不得假定承担国际责任是一项久已被确立的国际法原则,因此,依据"谁主张,谁举证"的诉讼法一般原则,投资者主张一国须承担国家责任必须由其提供充分的证据。在 AAPL 诉 Sri Lanka 案中,仲裁庭认为原告提供的证据不足,裁决斯里兰卡无须承担国家责任。斯蒂芬·C. 瓦茨安尼(stephen C. Vasciannie)对此作了评论,认为在控告方不可能由于被告的行为或某种特别事实而难以获得或提供证据时,应允许在上述原则之外采用其他替代原则。在该案中,由于原告投资所在地已经实际地被政府军所控制,在这种情况下,要求原告举证证明财产的毁坏是否由于战争行为及是否为局势必要性所要求,实在是强人所难。普通法中"事情不言自明"(res ipsa loquitur)的概念和国际法院关于 Corfu Channel 一案的判决应可以作为替代的方法,尤其是国际法院的判决对国际争端解决可能有借鉴价值,该院认为,由于一国对其领土排他性控制的事实,受害国经常不可能提供证明前者应承担责任的事实证据,因此,"应允许该国更为自由地从其他事实和证据中进行推论"。[1]

笔者认为在这种情况下,应由东道国提供证明其造成投资者财产损失的行为为战斗行为或情势所必需的证据。

---

[1] See *ICJ Report* (1949), p.18.

# 第六章 中外双边投资条约中的争议解决条款

国际直接投资是一种长期、持续且极为复杂的资本跨境运作,这种复杂性不仅在于其与贸易、金融等若干经济领域有着广泛的关联,而且还在于其涉及东道国与投资者母国、东道国与投资者、投资者与东道国境内的合作者等多个利益主体,利益主体的多元化可能导致各自寄期望于投资的价值取向的偏离,甚至严重对立。于是,国际投资争议便随之产生。

国内学者在国际投资争议的概念之争主要集中在两个方面:第一,争议主体的范围,确切地说,基于 BITs 而产生的资本输出国与资本输入国之间因保护或保证外国私人投资问题上的争议是否包括在国际投资争议范围之中。一部分人认为国际投资争议仅"指外国私人直接投资关系中的争议,具体说就是外国私人投资者(个人或公司)同东道国政府(或其机构)或企业、个人因外国私人直接投资问题而发生的争议",资本输出国与资本输入国的关系不是私人直接投资关系,其间因投资条约的解释和适用而产生的争议,不属于严格意义上的投资争议,不过是因国际投资争议而引起的国家与国家之间的国际公法争议。[1] 另一部分人倾向于对国际直接投资争议做广、狭义两种理解,如姚梅镇先生就曾认为"国际投资争议,如果笼统地说,包括因各种国际投资在各种主体之间发生的争议",[2] 并未断然将因条约的解释和适用而引起的国家间争议排除在国际投资争议之外。近来,越来越多的学者更是明确将条约争议纳入

---

[1] 姚梅镇. 比较外资法 [M]. 武汉:武汉大学出版社,1993:938-939. 至今仍可以看到这种观点的影响,如张强等就坚持国际投资纠纷即海外投资者因为国际直接投资问题而引发的与资本输入国政府或企业、个人之间的纠纷,见张强. 国际投资纠纷与预防案例分析 [M]. 太原:山西经济出版社,1996:9.

[2] 姚梅镇. 国际经济法概论 [M]. 武汉:武汉大学出版社,1989:685.

国际投资争议的范畴,如邹立刚、杜新丽就认为国际投资争议是指"外国私人投资者在东道国直接投资的过程中,与不同国籍的投资者之间,或者与东道国政府之间,或者由于私人投资引起的投资者本国与东道国之间而发生的各种争议的总和"❶,周成新、慕亚平也持这种观点。❷ 也就是说,他们所认为的狭义的国际投资争议即为前一部分学者所指,广义的国际投资争议还要包括条约争议。第二,投资争议的种类,即由国际间接投资引起的争议可否称为国际投资争议。大部分人对此持否定态度,少数学者并不将国际投资争议的导因严格局限在国际直接投资,而只是肯定国际投资争议主要是因直接投资而产生的争议。❸

将基于 BITs 而产生的国家间争议排除在国际投资争议之外的理由无非是认为外国投资者与其合作者及其与东道国之间的纯粹的或带有"私"的性质的争议是导致国家与国家直接相对的"公"的争议的基础事实。换句话说,在投资者与东道国政府及其国民的投资争议不能获致有效解决时,有时会求诸其母国通过外交途径、国际仲裁和国际司法程序。笔者以为难以让人信服。很显然,在经由这些路径解决争议时,东道国与投资者母国所争辩的仍然不会脱离以前的基本事实和法律依据,而从争端解决实践来看,投资者声称的损害往往与东道国根据与投资者母国签订的 BITs 承担的条约义务有直接关系,这一点从"中心"受理的调解和仲裁案件可以明显地看得出来。投资者母国取得与投资者同等程度和范围的代位权对东道国求偿,法律依据也正是在 BITs 中的"代位"条款和专门的投资保险或保证协定。将在不同程序处理中的同一投资争议作区别对待,是没有道理的。

我们在导论和第一章中已经证明了 BITs 并不单以直接投资为规范和调整对象,目前最为重要和普遍性的解决投资争端国际中心受理案件的属物范围是"直接因投资"而非"因间的投资争议,一般属于投资合同

---

❶ 邹立刚. 国际投资法学 [M]. 北京:中国法制出版社,2000:266;杜新丽. 国际投资法. 中国政法大学出版社,1995:282.
❷ 周成新在《国际投资争议的解决方法》中,虽然只探讨了东道国与投资者因直接投资而发生的争议之解决方法,但其在该书导论中却未否认主要基于条约及其他事实而产生的国家之间的争议归属国际投资争议,见该书第 3 页(中国政法大学出版社,1989 年版);慕亚平在其编著的《国际投资的法律制度》一书中,同样认为国际投资争议,从广义上讲,包括任何涉及两个或两个以上国籍的自然人、法人或外国政府、外国公司机构的与投资相关事项的不同意见或利益冲突。参见该书第 290 页(广东人民出版社,1999 年版)。
❸ 见注 2。

# 第六章 中外双边投资条约中的争议解决条款

争议，应该通过东道国法院、行政机关或涉外仲裁机构或国际仲裁机构解决；再者，争议双方均为平等的"私人"主体，依据私法自治原则，准许双方协议选择任何仲裁形式，没有必要在双边条约中以专款加以规定。❶ 中澳协定是个例外，❷ 而中科协定在"（东道国和投资者）投资争议条款"中要求双方投资者之间的争端通过国际仲裁解决。

BITs 相对于传统的国际经贸条约的重大改进便是嵌入了争端解决机制，争端解决机制的确立不仅可以在投资争议成为已然的事实后有效地予以解决，而且它作为形式上的一种威慑，减少投资争议的发生。"中心"成立以前的 BITs 只就双方因条约的解释和适用而产生的争议解决之方法和程序作出规定。自"中心"运转以来，在 BITs 中载入"中心"条款成为普遍的趋势。因此，现代 BITs 中有关投资争议解决的方法和程序，分别缔约双方关于条约的争议以及东道国与对方国民之间的投资争议以专条加以规定，实际上，涉及两种类型的投资争议：第一种是国家间的争议，包括 BITs 缔约双方因协定的解释和适用引起的条约争端以及因 BITs 中的"代位"条款导致的代位求偿争议，后者在严格意义上不属于与国家间争端，与解决程序无关，但东道国极有可能与投资者母国因行使对本国投资者的代位权而在司法或仲裁程序中对峙。❸ 关于 BITs 的解释和适用引起的争议，比较特殊的是中罗协定（1984）协定，因为该协定未设计东道国和投资者之间的投资争端解决机制，所以该协定在"征收及其补偿"条款中规定关于补偿额的争议交由东道国法院或其他主管机关解决，若未果，则按第 9 条（协定的解释和适用）解决，即用解决公法的程序来解决私法争议。第二种是投资者和东道国政府之间的投资争议。两者的共性是要求争议双方尽可能采取（或通过外交途径）友好协商来解决相互间争议，但毕竟是两类主体地位不同的投资争议，这决定了各自的解决方法和程序有很大差异。

值得注意的是，中外协定并未完全反对通过外交保护途径解决东道国和投资者之间的争议，如中科等协定规定，在国内司法、国际仲裁程

---

❶ 在 BITs 中未设计解决私人间争议程序的做法被肯尼斯·万德威尔德认为是投资安全不足的表现，See Kenneth J. Vandevelde. The Politics Economy of a Bilateral Investment Treaty [J]. AJIL, 1998 (92): 633.

❷ 中澳协定第 5 条即为"双方国民间争议的解决"，允许双方国民诉诸东道国有管辖权的司法机构或行政机关进行诉讼；自主选择包括在第三国进行仲裁以解决其间争议。

❸ See UNCTC. Bilateral Investment Treaties [M]. London: Graham & Trotman, 1988: 94.

序终止之前和东道国不遵守、不履行司法判决或仲裁裁决之前,缔约任何一国均不得通过外交途径追究正在处理中的事宜。

双边投资保险或保证协议中的争端解决条款涉及协议的解释或任何一方政府认为由于因协议解释导致的争议已经在承保范围内保险的投资或与这种投资有关的项目或活动引起国际公法问题。❶ 由于其争端解决机制与BITs中的国家间争议的解决机制基本相同,所以,我们主要讨论BITs的相关规定。

## 第一节 缔约双方间的争议

缔约双方将争议限定在BITs及投资保险和投资保证协议的解释和适用,实际上表明缔约双方的争议仅仅涉及条约中业已达成一致的具体内容,它和《维也纳条约法公约》中第65条至第68条规定的因条约的无效、终止、退出条约或中止施行条约而引起的争议性质上有本质上的不同,后者近似对条约的"摧毁",前者富有建设性。

(一)争议发生之前的磋商

为审查协定的执行情况和预防因协定的解释和适用导致争议,一些中外BITs设计了磋商或会谈条款,将定期或不定期的磋商作为双方的条约义务。磋商的范围比较广,审查和监督协定的执行情况、解决因投资引起的争议、提出促进投资的建议、研究与投资有关的其他事宜等在不同程度上与条约的解释和适用相关。有些协定明确磋商的目的之一便是"研究本协定的适用问题",❷ 中土(耳其)协定第6条更是明确规定,"缔约双方同意,应任何一方的要求,及时进行磋商以解决有关本协定的任何争议或讨论有关本协定解释或适用的任何事项"。磋商一般是在缔约一方提出要求时启动,并无常设性的机构,但中日、中韩协定则成立了由双方代表组成的"联合委员会"专门从事磋商工作。载有"磋商"或"会谈"条款的协定除极少数没有具体确定磋商地点,❸ 需另行通过外交

---

❶ 见《中美关于投资保险和投资保证的鼓励投资协议和换文》(1980年10月30日)第6条(一)。
❷ 如中乌(兹别克斯坦)协定第11条1(a)等。
❸ 如中芬协定第10条。

途径加以商定外，均规定磋商应在双方首都轮流举行。少数条约没有专门的磋商条款，只是在"缔约方之间的争议"的条款中的项下作出规定。❶

（二）外交或政治途径

关于条约的解释和适用引起的争议属于国际公法争议，应首先通过外交途径解决，所有中外 BITs 都将此种程序作为提交特别仲裁庭的必经阶段，不过，将友好协商作为专设仲裁庭的前置程序的"强行性"程度由于条约的措辞不同而有差异，绝大多数条约都在前面冠以"尽可能地"等较具弹性的修饰语，中日、中瑞（士）协定似乎更为确定一些，前者要求缔约一方对另一方"提出的有关影响本协定适用问题的建议，应给予善意的考虑，并提供适当的机会进行协商"；后者要求"缔约双方关于本协定规定的解释或执行的所有争议应通过外交途径解决"，但由于通过外交途径解决争议具有国际仲裁无可比拟的优势，所以并不妨碍在争议解决的实际过程中，双方将外交手段作为必经程序。

国际争端的政治的解决方法一般是指谈判、协商、调查、斡旋、调解、和解等，绝大多数条约只是笼统地要求通过外交途径解决条约争议，对具体形式未作规定，但有些协定对此则较为明确。❷ 为避免条约争议久拖不决，大多数条约限定了这一程序所需的最长时间，通常规定如果依协商程序，条约争议在 6 个月内未获解决，应任一方请求，提交仲裁庭。还有以 60 天、3 个月、5 个月为期的；❸ 当然，也有未规定期限的；❹ 个别协定比较灵活，如中荷协定规定，关于条约的解释和适用引起的争议，若"在一个合理期间内"未能通过协商或外交谈判加以解决，应缔约任何一方的要求，提交专设仲裁庭。

中印（度尼西亚）协定在解决双方间有关条约的争议的条文最为简

---

❶ 如中澳协定。
❷ 要求采取中澳协定在此问题上的规定为"应尽量通过友好协商和谈判解决条约争议"；中德、中挪、中奥、中丹协定为"尽可能友好协商解决"；中罗（马尼亚社会主义共和国）协定为"应尽可能通过双方谈判"；中韩、中泰、中荷协定为"协商"或"谈判"；中阿（联酋）、中日、中土、中瑞（典）、中印（尼）协定为"谈判"；中科协定为"谈判"或"调解"。
❸ 中澳协定规定以 60 天为期；中韩协定以 3 个月为期；中丹协定以 5 个月为期。
❹ 如中瑞（典）、中日、中土（耳其）、中一比卢经济联盟、中新（加坡）、中科、中斯（里兰卡）、中英、中瑞、中阿（联酋）、中巴（布亚新几内亚）、中新（西兰）、中毛、中摩（洛哥）协定。

单,仅规定"应通过外交谈判友好解决",再无后续程序。

(三)混合委员会

少数协定还规定由双方代表组成的委员会作为条约争议的解决机构,在中摩(洛哥)、中—比卢(经济联盟)协定中,这种机构是作为外交协商和提交专设仲裁庭之间的程序而存在的;而在中以协定中,"双边委员会"却包括在外交协商程序之中,即由双边委员会进行协商。

(四)专设仲裁庭

有时,作为与东道国对应的条约争议的另一方并不一定是投资者母国政府,带有半官方色彩的投资者母国海外投资保险公司在取得对承保者的代位权后,也可就条约争议提请国际仲裁,如中科协定第7条1(2)规定:"缔约国(或其指定的代理机构)应有权根据其意愿,在东道国有管辖的法院或专设法庭,主张与被代位者相同的权利或按照本协定第9条的程序将争议提交仲裁。"

1. 仲裁庭的组成

除中澳协定将双方同意的带有常设性质的国际仲裁庭作为专设仲裁庭的选择程序外,双方并没有专设一个常设仲裁庭专事解决因条约的解释和适用引起的所有争议,而规定此种仲裁庭应逐案设立。除中泰协定规定条约争议在6个月内未能协商或谈判解决时,则应任一方的要求逐案组成仲裁庭,但对仲裁庭的组成不置一词以外,其他协定均规定专设仲裁庭❶由三名仲裁员组成,双方应在收到仲裁请求后2个月内各自任命一名仲裁员,其后2个月内由该两名仲裁员推举并经缔约双方一致委任为仲裁主席。❷除中以协定没有就双方在指定期限内仲裁庭仍未组成时的遗留问题作出规定外,其他协定均规定,如果专设仲裁庭未在上述期限

---

❶ 中日协定中这种仲裁机构不称"专设仲裁庭",而谓之"仲裁委员会"。

❷ 在两名仲裁员和仲裁主席的任命时间上有不同规定,如中瑞、中阿(联酋)协定分别规定为2个月和1个月;中日协定分别规定为60天和90天;中澳协定要求在60天内双方仲裁员的任命都应做出,并且在同一期间,就仲裁庭主席的人选也应达成一致;中丹协定规定均为3个月;唯有中土(耳其)协定只对双方任命各自仲裁员的期限作了要求,而未规定首席仲裁员的委任期限。中意协定对仲裁员和仲裁主席的任命期限都无明确规定,但规定若从一方要求仲裁之日起6个月内,仲裁员尚未委派,双方又无其他协议,任何一方可请求国际法院院长、副院长、资深法官做出任命。中希协定为3个月、2个月;中捷、中斯(洛伐克)、中瑞(士)、中德协定为2个月、3个月;中以协定均为4个月;中摩(洛哥)、中罗(马尼亚社会主义共和国)协定为3个月、5个月。

第六章 中外双边投资条约中的争议解决条款

内组成，双方又无其他协议，联合国秘书长、副秘书长、❶ 国际法院院长、副院长、资深法官可应任一方请求任命余缺，若院长是缔约一方国民或因辞职、死亡或由于其他原因不能任命，则由副院长任命，依次类推。❷ 双方各自委派的仲裁员没有国籍的限制，而仲裁主席或首席仲裁员通常要求是与双方均有外交关系的第三国国民。

从文义上理解，请求第三方任命余缺，既适用于双方各自仲裁员未在规定期限内作出任命的情形，也适用于双方未在规定的期限内就首席仲裁员达成一致的情形，换句话说，仲裁员和首席仲裁员的余缺均可请求第三方任命。深究起来，在仲裁庭未在规定的期限内组成而缔约任一方提请第三方任命余缺的规定是有些问题的，在因一方没有在期限内委派自己的仲裁员而导致仲裁庭在规定的期限内不能组成时，显然，未作出委派的一方自己不会请求第三方进行任命，此时提出请求的应是缔约对方。某些协定则对两者有所区别，如中黎协定规定："如果缔约一方没有委派其仲裁员并且在收到缔约另一方要求指定仲裁员的邀请后2个月尚未作出委派，该缔约一方可以提请国际法院院长履行上述委派。""如果该两位仲裁员在委派后2个月内尚未就首席仲裁员的人选达成一致，缔约任何一方可提请国际法院院长履行上述委派。"中荷、中瑞（士）、中黎、中阿（联酋）协定也有类似规定；有的协定只规定了缔约一方未能如期委派仲裁员时，另一方可请求第三方指派余缺，而未涉及双方就首席仲裁员未达成一致时的处理办法，如中土（耳其）协定；有的协定则只规定双方未就仲裁主席取得一致时，任一方可请求第三方指派余缺，对缔约各方仲裁员余缺的任命则付之阙如，如中澳、中日协定。

---

❶ 规定由联合国秘书长和副秘书长充当任命余缺权威的中外投资条约比较少见，如中瑞、中德、中罗（马尼亚社会主义共和国）、中法投资保护协定和中美投资保险协议，除中法协定考虑到了联合国秘书长不能履行职责时由非双方国民的副秘书长顶替外（中瑞协定明确要求须是负责法律事务的副秘书长），其余几个条约均未涉及这个问题。

❷ 相当一部分中外双边投资保护协定中，在任命仲裁庭余缺时，若国际法院院长由于规定的原因不能履行职责时，该院资深法官径直作出委派，国际法院副院长并不是必经的权威，如中匈、中科、中波、中西、中（巴基斯坦）、中保、中加（纳）、中奥、中土（库曼斯坦）中越、中白、中老、中阿（尔巴尼亚）、中塔、中格、中克、中阿（塞拜疆）、中厄、中爱、中哈、中赞、中吉、中捷、中斯（洛伐克）、中乌（兹别克斯坦）、中葡、中蒙、中玻、中前苏联、中乌（克兰）、中菲、中阿（根廷）、中亚、中乌（拉圭）、中古、中阿（尔及利亚）、中立、中津、中南（联盟）、中柬、中孟、中沙、中叙、中智、中罗、中斯（洛文尼亚）、中牙、中秘、中阿（曼）、中摩（尔多瓦）、中日、中土（耳其）协定仅规定由该院院长任命余缺，至于其出现不能履行职责的原因时如何处理则无下文。

167

首席仲裁员是由双方委派的仲裁员共同推举还是由缔约双方协议任命，中外BITs对此有不同规定，绝大部分协定（包括投资保险协议）将首席仲裁员的任命权委之于双方委派仲裁员，缔约双方只是在形式上予以确认，而少数协定却规定首席仲裁员直接由缔约双方任命，如中斯（里兰卡）、中澳、中新（西兰）协定。

2. 仲裁程序规则的确立

严格来讲，仲裁程序规则应该包括仲裁庭受理案件的类型、仲裁申请的提出、仲裁员和仲裁庭主席的任命、仲裁地点和时间的确定以及仲裁审理的方式及程序等，因此，在这个意义上，专设仲裁庭的组成、应适用的法律、仲裁裁决的效力、仲裁费用的分担均为仲裁程序规则。除中摩（洛哥）、中巴（布亚新几内亚）协定"缔约双方间争议"条款中没有"仲裁程序的确立"这一项外，绝大多数投资条约都授权仲裁庭自行决定其应采用的程序规则，中土（耳其）协定的规定比较特殊，要求仲裁庭在首席仲裁员确定以后3个月内，商定与该协定其他规定相一致的程序规则；如果未在上述期限内就程序规则达成一致意见，仲裁庭应请求国际法院院长参照普遍承认的国际仲裁程序规则指定程序规则。❶ 通常，协定在规定仲裁庭的组成、应适用的法律、仲裁裁决的效力、仲裁费用的分担等之余，另有专项规定授权仲裁庭自行决定或制订的程序规则，则显然别有所指。❷ 在缺乏此类仲裁实践的条件下，究竟所指为何不一定十分清楚，但对照国内、国际仲裁机构规则以及投资条约本身的规定，所谓"仲裁程序"或"其他仲裁程序"无疑是指仲裁申请、仲裁时间和仲裁地以及仲裁审理方式和程序等，与其他协定的空泛不同，中澳协定以附件的形式对此有比较具体的规定，该附件第2、5、6、7、9条与此有关，如第2条要求"仲裁诉讼应在提出诉讼一方通过外交途径送达缔约另一方通知后成立，该通知应概括写明提出要求的根据，所要求的救济性质……"第5条规定"仲裁庭应在仲裁庭主席确立的时间和地点集合，此后仲裁庭应决定开庭地点和时间"；第6条规定"仲裁庭应决定所有有关其权限的问题，并应依照缔约双方间的任何协议规定其程序"；第7条规定"在仲裁庭作出决定前，仲裁庭可在诉讼程序的任何阶段建

---

❶ 中土（耳其）协定第8条（3）。
❷ 中希（腊）协定稍微有些不同，它规定"除另有约定外，仲裁庭应自行制订程序规则"。

议双方友好解决争议……"第9条规定"……仲裁庭可以对缔约一方作出不应诉的裁决"。

3. 仲裁适用的法律

采用何种法律解决国际争端是极易引起争议的问题，通常当事各方都会以某种形式就适用法律作出选择，一般来讲，适用的法律理所当然应包括在仲裁程序规则之中，因此，"很少有BITs专门规定国家间仲裁应适用的实体法"，❶但在中外BITs中，除中亚、中韩、中阿（联酋）、中新（西兰）、中毛、中以、中巴（布亚新几内亚）、中瑞（典）、中日、中土（耳其）、中挪、中法、中芬、中意、中新（加坡）、中科、中斯（里兰卡）、中英、中阿（根廷）等投资保护协定和中加（拿大）投资保险协定没有规定适用法律以外，一般在"缔约双方间争议"条款项下有专项规定应适用的法律。

中外BITs规定适用的法律大概可以划分为六种模式：①中美投资保险协定仅提及仲裁庭根据国际公法适用的原则和规定作出裁决；②BITs中最常见的是要求仲裁庭适用双方缔结的投资条约以及双方均承认和接受的国际法原则和规则；③有些协定规定适用本协定和普遍承认或公认的国际法原则、准则；❷④有些协定规定适用本协定、双方间其他有关协定或双方均参加的处理此类事项的国际协议及普遍承认的国际法原则及规则，❸中罗（1984）协定没有要求适用普遍国际法原则和规则的规定；⑤有些协定要求首先适用东道国法律，❹中匈、中前苏联协定规定的法律适用依次为"本协定的规定、东道国法律以及双方均承认的国际法原则"。❺

4. 仲裁裁决的作出、效力及仲裁费用分担

仲裁裁决的作出包括两个问题：表决规则和期限要求。中外BITs均要求仲裁裁决须以仲裁员的多数票做出，但除中土（耳其）协定明确规

---

❶ See UNCTC. Bilateral Investment Treaties [M]. London：Graham & Trotman, 1988：92.
❷ 如中乌（克兰）、中乌（拉圭）、中亚、中摩（洛哥）、中智、中冰、中牙、中西、中马（来西亚）、中土（库曼斯坦）、中白、中塔、中厄、中哈、中吉、中乌（兹别克斯坦）、中玻协定。
❸ 如中希、中一比卢经济联盟、中奥、中丹、中澳、中德。
❹ 如中保协定第8条（5）规定时适用，"东道国法律、本协定的规定和双方均承认的国际法原则"，中波、中巴（基斯坦）、中加（纳）、中荷协定也有相同规定。
❺ 极个别协定要求首先适用法律的一般原则，如中黎协定规定适用的法律依次为："法律的一般原则、本协定的规定以及普遍接受的国际法原则"。

定仲裁庭在确定请求仲裁缔约一方为解决争议已努力进行了直接的和积极的谈判后,应在自听证会闭会后的两个月内作出裁决外,其他协定均未设定审结期限。仲裁庭的裁决具有终局性,对双方均有拘束力,应切实遵守和执行,但各方有权要求仲裁庭对裁决进行解释。❶

大多数协定都规定,仲裁诉讼双方应负担各自仲裁员的费用,首席仲裁员费用及其他仲裁开支由双方平均分摊。但也有一部分协定规定,原则上保留上述分摊方法,但允许仲裁庭就仲裁费用作出不同规定;❷ 或可由仲裁庭裁决由一方承担较大比例的仲裁费用,❸ 以保证裁决的公正。

## 第二节 缔约一方与另一方国民之间的争议

此类也被称为投资者与东道国政府间的争议,有的中外 BITs 直接称为"投资争议"。与前一类争议主体均为处于平等地位的国家不同,此类争议主体,一为独立主权国家,一为另一独立主权国家之自然人、法人或其他经济组织,两者在国际法上的地位严重不对称,因此,其间产生的争端殊为特别。学界通常依据此类争议产生的场合、起因及其性质将其分为五类:①基于特许协议的争议;②国有化争议;③东道国管理行为引起的争议;④东道国的政治动乱引起的争议;⑤投资者违反东道国法律引起的争议。❶ 第一种争议源于双方当事人对特许协议的解释、执行、修改或废除而产生的分歧;后四种争议发生在投资者与东道国政府或其机构无特许协议的情况下,或并非由于特许协议本身的履行,而是由于东道国方面的原因直接引起的与政治风险有关,或可能由投资者行为而导致的争议。

中外 BITs 争端解决条款规定的争议分为三类:征收措施的合法性、征收补偿额、任何其他投资争议。当然,如果协定中未加特别说明,缔约一方与另一方国民之间的争端应包含直接与投资有关的任何法律争议,其中有关国有化措施的合法性以及补偿额的争议是争议解决的重

---

❶ 如中法协定。
❷ 如中瑞、中黎协定。
❸ 如中阿(联酋)、中老、中立、中新(西兰)、中毛、中土(耳其)、中新(加坡)、中斯(里兰卡)协定。
❶ 周成新.国际投资争议的解决方法 [M]. 北京:中国政法大学出版社,1989:5-80.

点，有的协定甚至只解决双方因国有化或征收补偿额产生的争议。❶

(一) 友好协商

大多数协定要求，无论是有关国有化补偿额的争议，抑或其他争议，首先尽可能通过双方友好协商解决，除中波、中乌（克兰）、中白、中塔、中保、中加（纳）、中匈、中乌（兹别克斯坦）、中吉、中亚、中哈协定规定双方有关国有化补偿额的争议可径直诉诸东道国主管当局申诉或行政救济或国内、国际司法程序外，绝大多数中外 BITs 均要求东道国和投资者间的争议首先尽可能地由双方在一定期限内友好协商解决，一般都规定以 6 个月为期，当然也有未规定期限的，如中—比卢经济联盟只规定了有关征收、国有化或其他类似措施补偿额的争议在 6 个月内未能协商解决时的后续程序，而对其他投资争议的协商解决没有时间要求;❷ 中澳协定则规定以 3 个月为期；中叙协定的期限为 1 年。期限通常从任一方向对方提出协商请求时起算，而中前苏联协定则规定从争议发生时开始计算。

在通过友好协商未获解决时，下列程序便随之启动。

(二) 当地救济

通常被称为投资争议的国内解决方法。是否必须诉诸当地救济及其作为强制性条约义务的程度，则因投资争端的类型和条约之间规定的不同而有较大的差异。

1. 关于征收合法性的争议

中德协定议定书第 4 条（2）规定，如投资者认为征收措施不符合东道国的法律，可请求东道国有管辖权的法院依据其法律审查征收措施的合法性。❸

2. 关于国有化、征收或类似措施或具有相同效果的措施的补偿额的争议解决

中科、中英、中瑞（士）、中澳、中保、中加（纳）、中前苏联、中匈、中捷、中斯（洛伐克）、中西、中乌（兹别克斯坦）、中吉、中亚、

---

❶ 如中英、中波、中保、中加（纳）、中匈、中西、中乌（兹别克斯坦）、中吉、中亚、中哈、中乌（克兰）、中白、中塔（吉克斯坦）、中以协定。

❷ 中韩、中苏（联）、中巴（布亚新几内亚）、中捷、中斯（洛伐克）协定也有类似规定。

❸ 作类似规定的还有中芬等协定；中奥协定规定东道国的主管机构为审查机关。

中菲、中哈、中乌（克兰）、中白、中塔、中阿（联酋）、中立、中以、中沙等协定根本就没有设计通过当地救济的路径，有关国有化补偿额的争议可以或应当直接诉诸国际仲裁；❶ 有些协定规定由投资者在东道国司法救济和国际仲裁之间自由作出选择，如中—比卢经济联盟协定，该协定第10条（3）规定："作为第2款（该款要求有关投资的任何争议受投资所在国的司法管辖——笔者注）的例外，在本条第1款所述的书面通知之日起6个月内未能友好解决时，有关征收、国有化或其他类似措施的补偿额的争议，可按投资者的选择：（a）或提交接受投资缔约一方国内司法管辖；（b）或直接提交国际仲裁，而不诉诸其他任何手段。"并不硬性要求必须经过当地司法救济手段。❷ 但在中丹、中波、中马（来西亚）协定中行政申诉却是司法诉讼的必要前置程序，❸ 如中波协定第10条（1）规定："如果投资者对被征收的投资财产的补偿款额有异议，可向采取征收措施的缔约一方的主管当局提出申诉，在申诉提出一年内仍未获解决时，应投资者的要求，由采取征收措施的缔约一方有管辖权的法院或专设国际仲裁庭对补偿额进行审查。"此类协定中的相当一部分将诉诸当地司法救济视为排除国际仲裁的条件，如中法协定第8条（3）规定："有关第4条第2款规定的补偿额的争议，可诉诸上述第1、2款的规定的程序。（即友好协商、行政申诉或司法诉讼——笔者注）如自争议的任何一方提出之日起一年内未得到双方满意的解决，应将该争议诉诸本协定附件中的仲裁程序（该协定附件第4条规定了专设仲裁庭的仲裁程序——笔者注）。但如果投资者已求助于上述第2款（2）的规定（即东道国司法救济——笔者注），并且司法机关在自争议任何一方提出之后一年内已经作出最后判决，则本规定不适用。"极少数协定还将排除适用国际仲裁程序的当地救济手段延及行政审查，如中日协定第11条（2）规定："……如果该缔约另一方国民或公司在该缔约一方境内求助于行政或司法解决时，该争议不得提交仲裁。"❹ 但若在当地

---

❶ 其中中保、中加（纳）、中前苏联、中匈、中乌（兹别克斯坦）、中吉、中亚、中哈、中乌（克兰）、中白、中塔、中阿（联酋）协定甚至没有要求双方通过友好协商解决此类争议。以义务性规范形式要求将此类争议提交国际仲裁的协定很少，如中英、中西协定，多数采取授权性规范。

❷ 有类似规定的协定还有：中荷、中马（来西亚）、中希、中阿（根廷）、中乌（克兰）、中罗、中摩（洛哥）协定。

❸ 值得注意的是，从文义上理解，中丹协定规定的争议协商解决并不是一个独立的程序，而是在行政申诉过程中，或在东道国主管机构主持下，或由争议双方友善解决。

❹ 中加（纳）、中韩协定也有类似规定。

司法解决未能奏效时，是否允许启动国际仲裁程序，在规定任由投资者在东道国司法解决和提交国际仲裁之间自由选择的协定中，是否允许这两种程序前后相继未置一词。❶

除中法协定外，再没有协定明确规定投资者在诉诸国际仲裁之前，首先必须通过行政申诉或司法诉讼解决有关国有化补偿额的争议，但如前所述，一旦投资者将此类争议诉诸当地法院，便自动排除了国际仲裁庭的管辖权。

3. 关于其他争议的解决

关于国有化补偿额以外的其他有关投资的争议，中外 BITs 协定一般都规定，在给定的期限内双方未能协商解决时，可依投资者的选择，提交东道国当地程序。❷ 在有的协定中，当地救济程序包括行政申诉和司法诉讼，可由投资者从中任选一种或两种；❸ 而有的协定仅规定了东道国司法程序；❹ 在一些协定中，投资者可在东道国行政或司法程序与国际仲裁（包括"中心"仲裁）之间自由选择，而且明确规定，投资者一旦求助于东道国行政或司法诉讼，便自动排除了通过国际仲裁获得救济的可能性。❺

值得注意的是，除少数协定规定基于当事双方同意可将其他投资争议提交国际仲裁外，❻ 其他协定均只规定关于国有化补偿额以外的争议在友好协商不果时，提交东道国法院解决。换句话说，此类争议不得提交国际程序以获取救济。

（三）专设仲裁庭

除少数协定规定基于双方同意，可将两类争议交付同一国际仲裁庭解决外，绝大部分中外 BITs 中设计的国际仲裁程序仅仅适用于国有化补

---

❶ 如中—比卢经济联盟、中荷协定。
❷ 中国与苏联缔结的投资保护协定在友好协商和东道国司法救济之间，还设计了双方同意的不具拘束力的第三方解决程序；此外，中菲、中瑞（士）协定根本未设计当地救济手段，而是规定投资者经当事双方同意可以将争议直接国际仲裁；中巴（布亚新几内亚）协定在此问题的处理上，仅要求有关投资的争议应尽可能友好解决，至于友好解决未果时如何补救，再无后续程序。
❸ 如中法协定第 8 条（2）、中荷协定第 9 条（2）、中科协定第 8 条（2）、中澳协定第 12 条（2）、中马（来西亚）协定第 7 条（2）、中阿（联酋）协定第 9 条（2）。
❹ 如中—比卢经济联盟协定第 10 条（2）、中丹协定第 8 条（2）。
❺ 如中日协定第 11 条（2）、中前苏联协定第 7 条（2）、中韩协定第 9 条（2）、中阿（根廷）协定第 8 条（3）、中罗协定第 9 条（3）、中摩（洛哥）协定第 10 条（2），但中摩（洛哥）协定没有明确规定两种程序相互排斥。
❻ 如中科协定第 8 条（3）、中瑞（士）第 12 条（1）、中马（来西亚）协定第 7 条（3）、中捷（克）和中斯洛伐克协定第 9 条第（2）、中希协定第 10 条（2）、中菲协定第 10 条（2）、中阿（联酋）协定第 9 条（2）。

偿额的争议，而没有就解决国有化补偿额争议以外的其他投资争议所应适用的国际程序作出规定。

1. 仲裁庭的组成

概括起来，在中外 BITs 中，国际仲裁庭的组成方式有三种：第一种，极少数协定，如中希协定规定缔约双方解决条约争议争端的国际仲裁庭的组成程序在细节上经必要修改时可应用到投资争议的解决，不同的是，仲裁员余缺的任命权威不是国际法院系统而是"中心"秘书长。而且，仲裁程序非由争议双方自由协商决定，而要求参考联合国贸易法委员会的仲裁规则。中黎协定则将联合国贸易法委员会的仲裁规则视为"剩余规则"，规定除双方另有协议，应将联合国贸易法委员会的仲裁规则作为专设仲裁庭的仲裁程序。第二种，极少数协定同时设计了几种可供争议各方选择的国际仲裁庭，如中英协定规定，关于国有化补偿额的争议在投资者提出书面通知后 6 个月内未能于友好协商解决时，可在双方同意的前提下，提交独任仲裁庭、双方协议组成的仲裁庭以及依据 UNCITL 仲裁规则设立的专设仲裁庭，若双方在 3 个月内未就任一可选择的程序达成协议，均有义务按照当时有效的联合国国际贸易法委员会仲裁规则将争议提交仲裁。中西协定与此极其相似，所不同的是，在前者的基础上，增加了"中心"仲裁程序供争议双方选择。第三种方式最为普遍，规定专设或国际仲裁庭应逐案设立，通常由三名仲裁员组成，争议双方各自任命一名己方仲裁员，该两名仲裁员共同推举一名与缔约双方均有外交关系的第三国国民充当首席仲裁员或仲裁庭主席。对争议双方各自仲裁员和首席仲裁员的任命期限，协定的规定不尽相同，多数要求前者应在一方书面通知争议提交仲裁之日起 2 个月内作出任命，后者则应在该日起的 4 个月内推选出来。[1]

在争议双方未能在协定要求的期限内任命各自的仲裁员或该两名仲裁员未能在规定的期限内就首席仲裁员或仲裁庭主席达成一致意见且双

---

[1] 但中法协定只是规定，仲裁庭所有成员应在第一名仲裁员任命之日起 3 个月内作出任命，至于第一名仲裁员的任命应于何时，则没有明言；中荷协定规定的最长期限分别是 2 个月和 5 个月（要求首席仲裁员在前两名仲裁员委任后 3 个月内推选出来）；中澳协定均为 30 天（该协定附件 1 第 1、2 条规定，争议各方应指派一名仲裁员，该两名仲裁员应在其最后一名仲裁员指派后的 30 天内，达成一致推举一名第三国国民为仲裁庭主席）；中日、中巴（布亚新几内亚）、中韩协定规定的期限分别为 60 天和 150 天（这几个协定均规定争议双方各自的仲裁员应在一方提出书面通知仲裁后 60 天内任命，其后 90 天内该两名仲裁员应就首席仲裁员达成一致）；中希协定规定的期限分别为 3 个月和 5 个月。

方没有其他协议的情况下，协定明确规定了"缺额性"任命的权威。比较多的是将"中心"秘书长及其资深官员作为余缺的任命权威，其余得到条约授权的权威有斯德哥尔摩商会主席❶、斯德哥尔摩商会仲裁院主席❷、国际法院院长和资深法官❸、世界银行行长❹、争议双方事先同意的第三者❺。

2. 仲裁程序规则、仲裁地点、仲裁费用的分摊

从协定规定呈现的逻辑来讲，与缔约双方的条约争端解决一样，解决投资争议的专设仲裁庭的仲裁程序规则主要是指国际仲裁庭审理案件时的具体程序。国际商事仲裁制度发展到今天已经相当成熟和完备，除极少数协定如中科协定对仲裁程序未作规定以及中波协定规定仲裁程序完全交由仲裁庭决定外，中外 BITs 一般都规定参照或依据某个国际仲裁机构的程序规则，这些仲裁机构包括：第一，联合国国际贸易法委员会；❻ 第二，斯德哥尔摩商会仲裁院；❼ 第三，解决投资争端国际中心。少数协定规定仲裁庭在制订仲裁规则时可以同时参考几个仲裁机构的仲裁规则，如中加（纳）协定规定可参照斯德哥尔摩商会仲裁院或"中心"的仲裁规则；中阿（联酋）、中阿（根廷）、中马（来西亚）、中科协定规定可以参考"中心"或联合国国际贸易法委员会的仲裁规则。

仲裁地点通常在仲裁程序规则中体现出来，但也有少数协定将此问题单做规定，一种方式是直接确定仲裁地，如中法、中新（西兰）、中马（来西亚）、中阿（联酋）、中科协定就要求仲裁地点应为争议双方共同选择的第三国，只有在当事双方于给定的期限内（一般为 40 或 45 天）未就仲裁地点达成协议时，仲裁地才为斯德哥尔摩；中毛协定要求仲裁地

---

❶ 如中法协定。
❷ 如中—比卢经济联盟、中丹、中新（加坡）、中斯（里兰卡）、中马（来西亚）、中保、中塔、中白、中加（纳）、中乌（兹别克斯坦）、中前苏联、中亚、中哈、中乌（克兰）、中阿（联酋）、中毛协定。
❸ 如中瑞（士）、中波、中菲、中古协定。
❹ 如中澳、中新（西兰）协定。
❺ 如中日、中巴（布亚新几内亚）、中韩协定，后两个协定仅针对争议双方各自的仲裁员未能在规定的期限内一致推举出首席仲裁员的情形，未考虑双方在规定期限内未能任命各自仲裁员时的"善后"问题。
❻ 如中法、中英、中保、中前苏联、中捷、中斯（洛伐克）、中葡、中西、中吉、中古、中黎协定。
❼ 中—比卢经济联盟、中乌（兹别克斯坦）、中亚、中哈、中乌（克兰）、中白、中塔协定。

为东道国：一种方式在给定的期限内当事双方未能就仲裁地达成一致，规定确定仲裁地的某种程序，如中新（西兰）协定首先要求应在双方同意的仲裁地进行仲裁，若双方在最后一名仲裁员委任后 45 天内未能就此达成一致，仲裁庭应以多数票作出决定。

绝大多数协定规定争议双方各自承担其委任的仲裁员费用，首席仲裁员或仲裁庭主席的费用以及仲裁庭的其他支出由双方平均分担，但也有少数协定规定可由仲裁庭决定由一方承担较大比例的仲裁费用，如中新（加坡）、中斯（里兰卡）、中立、中毛、中新（西兰）协定。

3. 适用的法律

除中丹等 10 余个协定以外，其他协定均对解决国有化、征收补偿争议之外的投资争端所应适用的法律作出了明示选择，大致可以概括为以下几种模式：①东道国法律和投资保护协定本身，如中法协定。②东道国国内法（含冲突法规则）、投资保护协定本身和专项合同条款以及普遍公认并为缔约双方所采纳的国际法原则，如中—比卢经济联盟、中保、中加（纳）、中前苏联、中蒙、中葡、中阿（根廷）、中摩（洛哥）协定等。③投资保护协定本身、有关的国内法以及缔约双方均接受的国际法原则，如中荷、中乌（兹别克斯坦）、中吉、中塔协定等。④投资保护协定、缔约双方间缔结的有关协议以及公认的国际法原则，如中马（来西亚）、中亚、中哈、中乌（克兰）、中白、中阿（联酋）等协定。⑤投资保护协定本身、缔约双方间的任何协议以及东道国国内法，如中澳等。

（四）"中心"条款

"解决投资争端国际解决中心"（ICSID）自 1965 年成立以来，作为唯一一个专事解决国际投资争端的国际司法机构，其作出的裁决和决定"对于国际投资法和国际仲裁程序都具有相当的重要性"。[1]

中瑞（典）协定正文中没有关于东道国和投资者之间投资争端解决的任何规定，但双方在议定书同意，嗣我国加入"中心"公约后，即就将投资争议提交"中心"所必须遵守的制度达成补充协议，所谓的"制度"在中德协定议定书中是指提交"中心"的争议类型和程序选择。中外 BITs 一般在三种情况下提及"中心"或"中心"程序规则。第一种是在如前所述的协定中，要求特设仲裁庭在制订、决定或确

---

[1] See ICSID Report 4, introduction, p (ix).

立其仲裁规则时,参照、依据"中心"仲裁规则;第二种是要求投资争议当事方将其间所滋生之争议选择性地或排他性地交由"中心"通过调解或仲裁解决,规定可以选择性地提交"中心"仲裁解决的协定有中西、中立、中冰、中秘、中罗(1994)、中摩(洛哥)、中以、中沙协定;第三种是在投资保护协定签订、签署、生效时,缔约双方或一方(主要是中方)尚未成为"中心"成员国,因此,在规定投资争议由其他国际法律程序解决时,同时也就未来嗣一方或双方成为"中心"成员国之后将投资争议提请"中心"解决作了规定,中新(加坡)、中斯(里兰卡)甚至规定双方一旦在"中心"管辖权问题上达成协议,即取代协定正文中的争议条款,也就是说,"中心"程序是唯一的国际解决方法。这种规定有些是直接在协定正文中规定的,有些则以附件、谅解、照会、建议、议定书的形式来表现,前者如中澳、中前苏联、中韩、中土(库曼斯坦)、中立协定。

在我国成为"中心"成员国之前,上述有关协定就已明确仅将有关因国有化、征收补偿额产生的法律争议提交"中心"解决,但也并非一概将其他类型的投资争议完全排除在外(这与我国加入"中心"时提出的保留不符),如中秘、中罗(1994)、中摩(洛哥)协定就没有限定提交"中心"的投资争端类型或在规定将国有化、征收补偿额争议提交"中心"解决的同时,允许当事双方在合意的前提下,将其他投资争议提交"中心"解决。

从协定的规定来看,将投资争议提交"中心"解决均为授权性规范,但中摩(洛哥)协定的强制性程度显然要大于其他协定,该协定第10条(2)规定,"如果争议在书面提出解决之日起6个月内不能由争议双方通过直接安排友好解决,该争议应按投资者的提交……或(b)'中心'仲裁,为此目的,缔约任何一方对有关征收补偿额的争议提交该仲裁程序均给予不可撤销的同意,其他争议提交该程序应征得当事双方同意",也就是说,缔约双方在批准"中心"公约时应明确同意将国有化、征收补偿额争议提交"中心"解决或不对此提出保留,并且此种同意为不可撤销,这样,在此类争议实际发生后,一旦投资者将争议提交"中心","中心"将根据前述缔约另一方不可撤销的同意而自动享有管辖权,争议双方无须再就特定争议另行达致提交"中心"解决的合意,其他类型的争议仍需争议双方逐案同意,方可提请"中心"解决。

"中心"备有一个调解人小组和一个仲裁员小组,听由争议双方选择国际调停或国际仲裁解决其相互间争议,在规定专设或国际仲裁庭可参考"中心"程序规则决定其程序规则的协定中,无疑是指仲裁程序规则;在明确载有"中心"条款的协定中,多数协定并不说明采取何种方式,亦即留待争议双方进一步协商解决;而中沙协定较为具体,规定投资争议提请"中心"仲裁解决。

缔约一方和另一方国民之间的投资争议可能源于缔约双方对投资保护协定解释和适用的分歧,或者需要借助投资保护协定妥善解决投资争议,因此,投资争端很有可能与条约争议纠缠在一起,故有些协定明确规定应分别采取相应的程序,如中丹协定第8条(5)就规定"(缔约一方和另一方国民之间投资争议解决的程序)不应排除双方对本协定的解释或适用第9条规定的程序(即条约争端解决程序——笔者注)"。

## 第三节 投资争议解决中的若干重要问题

### (一) 用尽当地救济原则与国际解决途径

用尽当地救济是一项习惯国际法原则,多被东道国援引以对抗外国人母国实施外交保护或代表其本国国民提出国际求偿,但在国际投资争端解决程序中,经常被东道国用来作为反对投资者将争议提交国际程序的主要理由。该原则要求受损害的投资者在诉诸国际程序之前,利用东道国一切救济手段和资源。因此,该规则在国际投资争端解决中的运用只限于东道国和投资者之间的争议,而与BITs缔约双方关于协定的解释和适用引起的国家间争议无关。中外BITs中规定的当地救济有行政申诉、司法救济,而国际解决途径包括缔约双方通过协定逐案成立的国际(特设或专设,ad hoc)独任仲裁庭或三人仲裁庭以及"中心"调解、仲裁程序。❶

条约明确要求在提交国际仲裁之前利用当地救济程序,其适用当然不会产生任何问题,如中外BITs中除中土(耳其)等极少数协定规定征收额以外的争议也可以提交国际仲裁庭外,绝大多数协定要求此类争议项通过东道国行政、司法救济(主要是有管辖权的法院)解决,在这种情况下,声称受到损害的投资者必须穷尽当地一切救济手段和程序,否

---

❶ 中智协定第9条(3)规定将征收额争议提交"中心"仲裁。而中冰协定并未明确"中心"程序类型。

则不得启动国际仲裁或请求其本国给予外交保护。

既然用尽当地救济是一项习惯国际法原则,缔约方当然可以在争端发生前后通过明示或默示的方式排除适用,要求明示放弃的例子如中芬协定议定书第3条,该条规定除非另有协议,投资者和东道国之间的其他投资争议,应按照东道国法律、法规通过当地救济手段解决。❶ 其他协定再未见此种规定。含有"中心"条款的协定也未明确将用尽当地救济作为提交"中心"解决的先决条件,因此,问题集中在,若 BITs 中未明确要求首先采用当地救济时可否推定为对用尽当地救济原则的默示放弃?对此,学者观点与国际仲裁裁决对垒分明。法托罗斯认为在此种情况下,若仍将用尽当地救济作为前提条件似乎是令人惊奇的,载有"中心"条款的 BITs,依据该公约第26条的规定,可推定为是对用尽当地救济原则的默示放弃。❷ 国际法院法官舍维德尔(Schwedel)在审理 ELSL 一案时也认为仲裁条款的存在即无须用尽地方救济,❸ 但这种观点并未被国际法院的正式判决接受,相反,国际法院指出用尽当地救济规则是一项国际法基本原则,非有书面明示不得排除适用。❹

笔者认为,应区分三种不同的规定方式来推导结论。

第一种,多数协定规定可由投资者在当地救济和国际仲裁之间自由选择,但明确规定,如果投资者诉诸东道国救济,则专设仲裁庭条款不适用,表明国内、国际程序具有相斥性或最终性,应该解释为缔约国对用尽当地救济原则采取了基于选择的默示放弃的态度,在这种情况下,投资者很有可能弃当地救济而不顾,直接启用国际仲裁,东道国不得再以未用尽当地救济为由,拒绝组成专设仲裁庭。

第二种,部分协定规定争议应(shall be submitted to)提交国际仲裁,❺ Amerasinghe 认为即使协定中未明示放弃用尽当地救济原则,但如果

---

❶ 中—比卢经济联盟协定第10条(2)也规定,除征收补偿额外的争议应受东道国的司法管辖;此外,绝大多数协定仅规定解决征收额以外的争议的东道国救济途径,完全没有考虑国际程序。

❷ See A. A. Fatouros. Arbitration without privity [J]. ICSID Review, 1995 (10): 240. "中心"公约第26条规定,缔约方同意将争议提交中心仲裁,除非另有协定,应被视为排除任何别的救济,当然,缔约方在同意仲裁时,可要求用尽当地行政和司法救济。

❸ See M. H. Adler. The exhaustion of Local Remedies Rule after the ICJ's Decision in ELSL [J]. ICLQ, 1990 (39): 640.

❹ See M. H. Adler. The exhaustion of Local Remedies Rule after the ICJ's Decision in ELSL case [J]. AJIL, 1984 (78): 641.

❺ 如中英协定第7条(1)。

有应该直接通过国际仲裁或司法解决的规定,从上下文的自然和通常的意义上应被解释为缔约双方对该原则的默示放弃。❶

第三种,个别协定规定仅可以提交国际仲裁庭,只能表明缔约国认可争议具有可国际仲裁性,❷ 在这种情况下,应认为需要用尽当地救济。

当地救济方法的切实用尽要求投资者不仅采用他能够利用的实质性救济方法,而且要利用依据当地法律所能利用的程序上的便利,只要一个国家内的最高主管当局还没有作最后的宣告,那么就不能说已经用尽当地救济而确定地发生有效的国际求偿权。但是,用尽当地救济规则并非没有限制,为防止一国假借必须用尽当地救济的名义,对外国人造成不公正的结果,除明示或默示放弃外,一般认为在下列情况下也无须或可视为用尽当地救济:①如果没有可资利用的救济方法,未用尽当地救济方法不构成国际求偿的障碍。②如果可以利用的救济方法不适合于求偿的内容或者实际上已经表明或清楚地确定当地救济不可能产生实效时,无须用尽当地救济,如东道国最高法院是在行政机关控制之下时,而控诉的问题却正是行政机关的行为;或者,控诉所针对的决定是按照明确无误的国内立法(unambiguous municipal enactment)作出的,因而,较高级的法院不可能推翻该决定或判给损害赔偿的;或者,如果在通常情况下,一般地说损害是政府以政府的地位所作的行为的结果,那么,当地救济方法未用尽,并不妨碍求偿的提出。③如果有关国家已经同意不适用该规则,或由于禁止反言而不得援引该规则,也无须用尽当地救济方法。如果国家主张当地救济方法未曾用尽,它应当证明有救济方法的存在;如果国家作出了这样的证明,对方就应当已经用尽这些救济或该救济方法是不够的。④如果并非由于受害人的过错,而无理地延长正在进行的诉讼,也可以得出没有其他国内救济方法需要用尽的结论。❸

中外 BITs 均规定投资争议应投资者的请求提交双方有管辖权的法院或主管机关处理,就我国而言,国内法及国内行政和司法体制并未专门规定或设计解决我国政府和外国投资者争议的制度和机构,鉴于我国政府与外国投资者的争讼很少,从节约资源的角度出发,没有必要设置专

---

❶ See C. F. Amerasinghe. Local Remedies in International Law [M]. Grotius Publicationa Ltd, 1990: 258 – 259.
❷ 如中科协定第 8 条(3)。
❸ 詹宁斯,瓦茨修订. 奥本海国际法 [M]. 第 1 卷,第 1 分册. 北京:中国大百科全书出版社,1995: 413 – 414.

门的机构和程序解决其间争议，但为避免外国投资者援引前述无须或可视为当地救济用尽的理由，规避我国行政或司法管辖，应考虑依据投资项目的规模和所在地，分别规定各级政府主管对外经济贸易事务的行政职能部门受理投资争议的行政申诉，确定各级人民法院的管辖权；同时，加大司法改革的力度和深度，确保司法机关的独立性。

"中心"成立以后，联合国跨国公司中心考察了关于外国投资的国内立法，发现实际上所有西半球的国家和亚洲、非洲有些国家坚持对投资争端解决的当地管辖权。❶ 但用尽当地救济原则的适用上出现了某种灵活性，就连拉美国家也是如此，即便是20世纪60年代中期，该地区国家缔结的国际条约明文要求用尽当地救济的也只有两个，更多的是对当地救济设定了18个月的期限，换句话说，如果在18个月内投资者不能通过当地救济手段解决其与东道国的投资争议，投资者可以诉诸国际程序。80年代中期以来绝大多数拉美国家选择通过国际仲裁解决投资争议，而对当地救济原则开始失去兴趣（但乌拉圭、阿根廷、秘鲁例外）。其他地区国家缔结的BITs也有类似规定，期限从3个月到2年不等，如荷兰—罗马尼亚协定为2年，英国—马耳他协定为3个月，极个别中外BITs，如中法协定限定东道国司法解决征收额争议的期限（1年），该期限届满后，若争议仍未获解决，当可诉诸国际仲裁。

在国内法院管辖和"中心"程序之间，国内法院还应当遵守"弃权规则"（rule of abstention），该规则要求国内法院除承认和执行"中心"裁决外，不得任意干涉"中心"的仲裁管辖权，如不得像美国哥伦比亚区法院在 MINE v. Guinea 一案中认为，由于圭亚那同意"中心"仲裁，实际上已经默示同意将争议提交美国仲裁（"中心"总部设在华盛顿，后来哥伦比亚巡回上诉法院推翻了该意见）。国内法院也不得采取任何有可能干涉"中心"仲裁自治性和排他性特征的行为，换句话说，如果一国法院意识到其受理的案件有可能属于"中心"管辖范围，应中止诉讼程序，将未决问题交由"中心"作适当决定，在这种决定未作出之前以及存在该案件有可能应由"中心"管辖的可能性时，该国法院应不得就该事项做进一步考量，建议当事方诉诸"中心"就该事项作出裁决，只有有关方认为"中心"的决定对其不利时（如"中心"秘书长拒绝登记仲裁申请或仲裁庭认为争议不在"中心"管辖范围内），该国法院才能受理

---

❶ See M. Sornarajah. The Pursuit of Nationalized Property [M]. Boston: Dorclrecht, 1986: 176.

该案件。❶

(二) 国际仲裁庭的管辖权

1. 对人管辖

需区别专设仲裁庭和"中心"仲裁分别对待。

专设仲裁庭受理的案件的争讼主体毫无疑义应是缔约双方(在解决条约解释和适用引起的争议时)以及东道国和协定定义条款规定的适格投资者。

根据华盛顿公约(1965)第25条的规定,有权利用"中心"调解或仲裁程序的是公约缔约国(或缔约国指派的任何组成部分和机构)和另一缔约国国民。因此,除非中外 BITs 的缔约双方均为公约成员国,否则"中心"对其间的投资争议无管辖权。自然人必须在双方同意将争端交付调解或仲裁之日以及"中心"秘书长登记调解或仲裁请求之日均拥有某一公约缔约国国籍,且上述任一日期不得同时为作为争议一方国家的国民。原则上"中心"管辖权也不得延及具有东道国国籍的任何法人,但若争议双方同意将具有"外国控制"因素的东道国法人视为另一公约缔约国法人,则"中心"享有管辖权,❷ 即单就"中心"管辖权而言,该规定赋予此类法人一种"附属的功能性国籍"。布罗切斯(A. Broches)对公约的该项规定的意图作了解释,他说:"东道国要求外国投资者通过依据其法律建立的本国公司在其境内从事经营相当普遍……如果不作例外规定,外国投资中将有许多大而且重要的部门逸出公约适用范围之外。"❸ 但在缔约另一方丧失对该法人的控制权时,"中心"是否仍然具有管辖权,公约未加规定,学者间在这个问题上有两种截然不同的意见,阿莫拉辛格持肯定态度,认为法人国籍的变更不影响中心的管辖权,❹ 这从公约第25条(2)"在争端双方同意将争端交付调停或仲裁之日"的措辞可以得到印证;但德劳姆(Delaume)则持否定观点,认为在这种情形下,中心管辖权的法律基础将因此而缺失,此观点未被"中心"的仲裁

---

❶ See Georges R. Delaume. ICSID Arbitration and the Courts [J]. AJIL, 1983 (77): 785.
❷ 《华盛顿公约》第25条(2)。
❸ See M. Amadio. The Convention on the Settlement of Investment Disputes between States and Nationals of Other states, 136 Recueil Cours des l' Acadmie de Droit International, 358 – 359.
❹ See C. F. Amerasinghe. The International Centre for the Settlement of Investment Disputes and Development through the Multinational Corporation [J]. Journal of Transnational Law, 1976 (9): 809 – 810.

第六章 中外双边投资条约中的争议解决条款

裁决采纳。❶

笔者认为,尽管自然人作为投资者将争议提交"中心"程序的很少(这与投资一般通过法人进行具有直接关系,迄今为止,在"中心"受理的 200 多个案件中,涉及自然人的仅有 13 个),在实践中,也没有自然人在同意调解或仲裁之日与秘书长登记调解或仲裁请求日之间改变国籍的情形,但上述法人在两个日期之间丧失控制权的事实以及引起的争议迫使我们不得不预见自然人国籍变更对"中心"管辖权的影响。"中心"是否在这种情况下仍有管辖权,应依据公约本身的规定。很明显,公约对自然人和法人的适格性要求并不一样,自然人必须在两个日期均具有公约缔约国的国籍,若在其同意交付"中心"程序之后变更为非缔约国的国民,"中心"则丧失管辖权;❷ 而法人随后控制权的转移不影响"中心"的管辖权,"中心"仲裁庭在前案中对管辖权异议的驳回即是证明。

何谓"外国控制","中心"在 Klocker 诉 Cameroon(1983)一案中确立了控股标准是判断"外国控制"的主要标准,在股权标准发生变化时,代以外国利益标准;在阿姆科亚洲公司诉印度尼西亚一案中,又以母公司的国籍作为"外国控制"的标准。❸

值得指出的是,从该条字面上理解以及从布罗切斯对该条的评论来看,受外国控制的应是东道国公司,但在"中心"仲裁实践中,此类公司还可能被主张同为公约缔约国的第三国公司,"中心"在仲裁MINE 一案中就遇到这样的问题,MINE 公司认为自己是"中心"非缔约国列支敦士登的法人,不是公约的适格投资者,不受"中心"管辖,后来由于双方达成协议,将该公司认定为"中心"缔约国瑞士的公司才解决了其适格性问题。但该公司认为将其认定为瑞士法人超越了"中心"公约第 25 条(2)(b)的范围,因为该项只适用于受外国控制的具有东道国国籍的公司,如果该公司国籍是第三国,那么,该公司和东道国均无权另行决定该公司的国籍;圭亚那则认为同意作为"中心"公约的重要特征,"中心"公约的缔约方可以依据有关情况自由决定其

---

❶ "中心"在 Klocker v. Cameroon(1983)一案的裁决,vol. 2 ICSID Report, p. 17.
❷ 在公约中、英文本中,这两个日期是用"和"(而不是"或")与"as well as"(而不是"or")连接起来的。
❸ 张强等主编:《国际投资纠纷与预防案例分析》,山西经济出版社,1996 年 10 月第 1 版,第 83 页。

认为适当的投资者的国籍。而且，公约的准备资料表明，起初公约的谈判者认为，在缔约方同意"中心"调解或仲裁时，可自由决定它是否愿意将某公司视为另一缔约国的国民，而不论该公司的原始国籍。除该案件外，再无其他案件涉及此问题，可以预见，经济全球化和企业经营的跨国性极有可能还会产生类似争执，唯一可以肯定的是，国内法院无权就公约该项的解释和适用作出最终的决定。

公约仅规定了争议双方同意此种"功能性国籍"的时间，而未明确规定同意所应采取的方式，"中心"判例确立了明示同意的要求，如"中心"仲裁庭认为"附属的功能性国籍"是公约行使管辖权的一个例外，所以争议当事方对此种国籍的认同通常应明示，默示只有在排除对当事人的意图做任何其他解释的特定情况下才可予以承认，并且，"中心"示范条款也要求一般应以补充协议表示同意。但在 American Manufacturing & Trading, Inc. v. Republic of Zaire 案中，仲裁庭根据原告拥有扎伊尔公司 SINEZ 94% 股权的事实，不顾扎伊尔政府的强烈反对，认为由于外国控制的因素，而可被视为美国公司，驳回了扎伊尔政府对于"中心"管辖权的异议，❶ 与公约规定及中心确立的判例、中心示范条款的要求不符。我国及其他国家的缔结的 BITs 都有关于不得将缔约一方国民或公司拥有实质或重要利益的缔约另一方公司在后者境内投资时视为具有前者国籍或唯有在缔约一方拥有重要或实质利益的第三国公司无权或放弃某种请求（如补偿）时才能"代位"的规定，不能理解为争议当事方事先就解决争议的目的拒绝承认"附属的功能性国籍"，在"中心"公约中，这种同意须由特定争议的当事方而非公约缔约国作出的。

极少数中外 BITs（如中立协定）仅考虑到了缔约双方均不是公约成员国时投资争议交由专设仲裁庭解决的问题，而疏漏了一方不是而另一方是公约成员国时情况，1978 年"中心"行政理事会通过的附加便利规则（additional facility rules），授权中心秘书长管理某类不在"中心"公约范围内的国家和其他国家国民之间的程序，包括调停和仲裁案件当事一方不是公约成员国或非缔约国国民的投资争议的程序，同时也解决了自然人国籍变更为非公约缔约国国籍的管辖权问题。因此，我国在与缔约对方修订协定或就"中心"程序谈判、缔结协议时，应补充规定可选择"附加便利规则"。

---

❶ See 36 ILM (1997), p. 1544.

## 2. 对物管辖

同样需要区别专设仲裁庭和"中心"程序，而后者包括"中心"仲裁规则（1965）和附加便利规则（1978）。

由缔约双方设立的专设仲裁庭专事解决因 BITs 的解释和适用而引起的争议。缔约双方间的条约争议以及东道国与投资者的投资争议均有可能涉及双方国内法的解释和适用，WTO 成立前，由国际争端解决机构裁判一国国内立法和政策几乎是难以想象的，WTO 时代，则有可能通过其争端解决机制的统一程序迫使国内法作出调整。我国已经加入世界贸易组织，我国与其他 WTO 成员国缔结的 BITs 中不能提交"中心"仲裁的我国某些现行法律的解释或适用，如外资法中违反 TRIMs 协议的当地成分要求、贸易平衡要求和外汇限制要求、制造要求和国内销售要求，即属此列。在实践中，由此而引发的争议往往通过受损害的投资者向本国提出请求而转化为国家之间的争端。因此，存在协定中的条约争端解决程序和 WTO 争端解决机制的协调问题。

中外 BITs 均要求这种属于国家间的争议首先应尽可能通过双方协商或磋商解决，但在 WTO 争端解决机制中，请求方请求协商是强制性义务，而被请求方却没有必须接受协商的责任。❶ 如果双方同意协商，在非该谅解规定的紧急情况下，若争议在自被请求方接到协商请求之日起 60 天内未能得到解决，请求方得请求成立专家组；若参加协商各方均认为不可能通过协商解决争端，请求方得在 60 天内请求设立专家组［见《管理争端解决的规则和程序的谅解》（以下简称《谅解》）第 4 条 7 项］，也就是说，协商解决争端的最长期限为 60 天，从请求方提出协商请求到提出成立专家组最短期限为 60 天，最长为 120 天。大部分中外 BITs 亦规定 2 个月的友好协商解决期限，在该期限届满后，应将协商未能解决的争议提交专设仲裁庭。如果协定双方的争议为 TRIMs 协议所涵盖，在协商未获解决且双方未同意仲裁时，应进入专家组程序。

在 WTO 争端解决机制中，斡旋、调解、调停均为当事方自愿采取的

---

❶ WTO《管理争端解决的规则和程序的谅解》第 4 条专门就"协商"解决争端的规则和程序作了规定，其中第 2 项虽然要求成员方对于另一成员方提出的关于在前者境内采取的影响任何涵盖协议运转的措施，都要给予同情考虑，并提供成分协商的机会，但第 3 项规定，受请求方在接到请求之日起 10 日内作出答复，除非双方另有合意；若在 10 日内没有答复，或者 30 天内，或者互相约定的期限内，没有进行协商，请求方得直接提出成立专家组。（参见赵维田前引书附录中的译文，第 502 页）

程序，而中外 BITs 中协商未果的后继第三方解决方法中仅有专设仲裁庭，考虑到斡旋、调解、调停较国际仲裁为经济和友好，而且，若此种方法在专家组程序前采用，其期限基本上是与协商期限迭合的（见《谅解》第 5 条），因此，为便利有关 BITs 的解释和适用引起的争议解决，不妨补充斡旋、调解、调停程序。

同时，依据《谅解》第 25 条，仲裁作为一种当事方自愿选择的争端解决手段，可以使其间某些相互已经明确界定之问题的争端得以高效率地解决，但除要求此种仲裁裁决的执行应基本参照 DSB（争端解决机关）的建议或裁决的执行以及未予执行时的救济外，并未规定其他仲裁规则，相反，中外 BITs 在这个方面有比较详细的规定，协定双方可将协定解释和适用中涉及 TRINs 协议明令禁止采用的投资措施的争议作为"明确界定的问题"交付专设仲裁庭解决。

如前所述，在协定规定的解决东道国与投资者争议的专设仲裁庭的受案范围上，中瑞（士）等协定殊为特别，规定两类争议可交由国际仲裁解决，一类是有关国有化补偿额的争议，一类是双方同意的任何其他争议。❶ 后一类争议可在该争议发生后由双方协商是否交付专设仲裁庭，或者事先在 BITs 中予以规定，如苏联与某些西方国家的 BITs 中国际仲裁庭的受案范围极为宽泛，在其与法国缔结的 BIT 规定，投资者有权在其提出请求后 6 个月内未给予解决时，将因投资管理、维持、享有或清算，特别是但不限于缔约国有关货物的运输和销售、征收及第 5 条规定的各项费用的汇回引发的争议，以至于溢出了"投资"概念的通用含义。

"中心"（1965）调解或仲裁直接与投资有关的法律争议，理解"中心"（1965）的对物管辖范围应把握三个方面：①直接与投资有关而非仅与国际直接投资有关；②争议具有法律性质；③在被请求一方提出反请求时，反请求的内容也必须属于双方同意的中心管辖的范围，否则"中心"无权受理。❷

关于何谓"投资"，我们在第二章已经进行了讨论，依据 BITs 中的"中心"条款提交调解或仲裁的"投资"应同时符合 BITs 中的定义和"中心"对物管辖的要求。BITs 对于"投资"的解释非常宽泛，但"中心"公约的范围仅限于由于投资而起的争议，未对"投资"做任何解释，

---

❶ 中科协定第 8 条（3）、中希协定第 10 条（2）也有类似规定。
❷ 在"中心"受理的 7 个仲裁案中当事方提出了反请求。

而留给当事方协商解决,由此看来,当事方为了公约的目的在何谓由于投资的争议问题上有很大的自由度。一项交易往往具有边际性和关联性,很难绝对地认定其为投资交易或纯粹的商事交易,如在 Holiday Inn v. Morocco 一案中,被告辩称贷款合同是另一种交易,"中心"无权管辖,仲裁庭认为此时应强调"投资营运的总体性",在本案中,贷款合同与投资直接相关,因此驳回了被告的管辖权异议。在 Amco Asia et al. v. Indonesia 一案中,"中心"甚至认为对印尼军队和警察未对原告进行保护的国际侵权(international tort)享有管辖权,在"中心"看来,国际侵权与投资争议并非相互排斥。❶

鉴于此,"中心"秘书长多年来一直建议成员方为了公约的目的就相互间交易何谓投资达成协议,具体规定属于投资的交易的性质、规模以及期限。❷ 然而,成员方享有的自由裁量权毕竟是有限度的,不能将明显与投资无关的争议提交中心,纯粹的货物买卖经常被作为明显不是投资的交易的例子。同时,公约成员方之间的协议不得剥夺"中心"秘书长依据仲裁或调解请求书中的信息,认为该争议明显不在"中心"管辖范围内而拒绝登记的权利,不得剥夺调解委员会或仲裁庭裁定该争议是或者不是其职责的权利。

至于何谓"法律争议",公约本身并未做任何说明,但在公约起草过程中已经相当清楚地表明,"法律争议"是指权利的冲突而不是纯粹的利益冲突,道德的、政治的、经济的或纯商业请求不属于法律争议。❸

在提交"中心"仲裁的法律争议问题上,国内法和国际条约通常采取积极和消极列举的立法例。积极列举的例子如:由苏联 9 个继承国的专家草拟的"外资法基本元素"将其定义为外国投资者与东道国之间有关外国投资或任何公司、实体或社团的任何争议,包括与东道国的规制性行为或国际法不相符的任何作为或不作为、东道国与投资者为缔约方的许可协议、外国投资的设业权。❹ 区域性国际经济组织,如北美自由贸易区协议第 11 章 B 部分规定投资者可以将东道国因违反投资者待遇、禁

---

❶ See vol. 37 ILM, 1998, p.1383.
❷ See *ICSID Model Clauses*, Doc. ICSID/5/Rev.1, sec.2, 1981.
❸ See *ICSID*: *Documents Concerning the Origin and the Foundation of the Convention* [J]. 1968 (2): 54, 203.
❹ See Jurgen Voss Basic Elements for Foreign Investment Legislation in the NIS: An Introductory note [J]. ICSID Review 83.

止履行要求、不分国籍雇用高级管理人员、投资收益的汇回以及征收方面的义务而产生的争议提交"中心"(含"中心"仲裁程序和附加便利程序)。

一些国家缔结的 BITs 和关于"中心"管辖范围的单方面通知采取消极列举的方式,如美国—扎伊尔 BIT 将投资争端规定为三种:缔约一方与另一方国民或公司之间的投资协议的解释或适用、缔约方外国投资职能部门给予的投资授权的解释或适用、声称违反由该协定证实或创设的与投资有关的权利引起的争议,孟加拉—比卢经济联盟协定(1981)第6条(1)规定"除有关税收的争端外,任何投资争端都可以提交'中心'调解或仲裁";美国与其他几个发展中国家的协定将下列争议排除在"中心"管辖之外:起因于出口信用、担保或美国进出口银行的保险计划的争议,源于其他官方信用、担保或保险协议的争端。

发展中国家,如沙特阿拉伯将关于石油和主权行为的投资争议、圭亚那和牙买加将关于矿产和其他自然资源的投资争议排除在"中心"管辖之外,巴布亚新几内亚只同意将与投资根本相关的争议提交"中心"。

附加便利规则(1978)受理非直接由于投资但又与一般商事交易有明显区别的争端,如明显区别于普通商事交易的与争议任何一方具有长期关系或与重要资源(substantial resources)有关或对作为争议一方的国家经济具有特殊重要性的投资不在管辖之列。在模棱两可的情况下,由秘书长决定是否有管辖权。目前诉诸该规则已经处理的案件包括关于无线电广播企业(属于比较敏感的文化产业领域)、废物处理企业(环保企业)、香烟出口企业、殡葬企业、不动产开发工程的争议,还没有适用该规则解决非投资争议,其主要原因是自该规则通过以后,"投资"概念的含义越来越宽泛,随着发达国家投资者大量在发展中国家投资,国外污染产业向发展中国家的转移以及发展中国家环保意识的加强,甚至还会涉及因跨境污染而引起的环境争议,因而,发展中国家作为原告指控外国投资者的现象会越来越多,与以往发展中国家绝大多数时候作为被告的时代形成鲜明对比,从这个角度出发,我国也应积极利用该规则。

目前,我国只同意将有关国有化补偿方面的争端提交中心仲裁,为了适应进一步改革开放的需要,以及加强对外资的法律保护,我国正在考虑放宽对"中心"受案范围的限制,依据公约第25条(4),缔约国可以将其同意或不同意的投资争议通知"中心"。因此,有必要准确理解

"中心"公约中的"投资争议"概念,同时参考其他国家的实践,可考虑将投资者最担心的某些争议提交"中心"管辖,如因国有化、征收、外汇管制以及政治动乱、战争对投资者造成的损害赔偿争议;有关行政行为包括政府有关部门对外国投资活动的不当干预,以及因投资批准书的解释、适用或修改、取消产生的争议;同时明确坚持国有化、征收措施合法性争议的国内管辖权、有关我国现行法律的解释或适用以及因我国执法机关对外国投资者的违法行为依法制裁引起的争议、税收争议等不应提交"中心",专属我国国内管辖。

3. 同意仲裁的时间和方式

其实,在许多情况下,同意仲裁的时间和方式是一个问题的两个方面。在中外 BITs 中,由于专设仲裁庭是由争议双方任命的仲裁员组成的临时解决机构,同意与否很容易认定。

困难在于同意"中心"仲裁的时间和方式。公约第 25 条(1)规定了公约的范围即管辖权,它受理缔约国与另一缔约国国民之间直接由于投资引起的任何法律争议,争议双方书面同意"中心"的管辖权。争议双方的同意被认为是"中心"管辖权的基石,但公约并未限制此种同意的时间和方式,但公约规定在两种情况下不能视为对"中心"管辖权的同意:一是不能仅仅因为缔约国的对该公约的批准、接受或认可这一事实就断定缔约方有将任何特定争端提交"中心"调停或仲裁的义务;❶ 二是缔约国在批准、接受或认可本公约时或在此后任何时候,将其考虑或不考虑提交"中心"管辖的一类或几类争端的通知。❷

是否需要事先的仲裁协议或仲裁条款或者在争议产生后由当事方同意仲裁,在这个问题上并无统一的实践,不过,实践中通常采取事先同意的方式,比较普遍的做法是在国内法、国家契约(或称投资协议)和BITs 中事先同意"中心"仲裁,在多数情况下,投资协议中的"中心"条款表达了这种同意,对争议双方均有约束力且不会产生分歧,但争议双方间的这种同意并不一定,公约也未要求表现在单一的文件中。确切地说,问题在于投资争议产生后,投资者一旦诉诸"中心"仲裁,其所依据的东道国国内法及 BIT 中的"中心"条款是否构成东道国就该特定

---

❶ 见公约序言。
❷ 见公约第 25 条(4)。

争议对于"中心"管辖权的事前同意?

关于国内法对于"中心"管辖权的同意。世界银行执行董事会报告曾建议东道国在其国内投资法中规定将某些类型的争议提交"中心",投资者以书面形式对此表示接受的方式作为单一文件中的同意的替代选择。实际上许多国家接受了董事们的建议,一方面在其国内投资法中接受了"中心"的管辖权;目前,约有20个国家的投资法接受了"中心"的管辖权,国内投资法对于"中心"管辖权的同意,属于一国单方面行为,在特定争议中是否意味着"中心"对东道国的强制管辖权,学者们认为东道国在国内投资法中单方面同意将其与投资者之间的争议提交"中心",投资者可以不再与东道国协商,直接启动"中心"仲裁程序。❶ 杰恩·鲍尔逊(Jan Paulsson)将这种非依据就特定争议双方达成的一致,而援引东道国国内法和投资者母国和东道国之间的双边投资保护协定中的争议解决条款的一般规定而提交的仲裁称为"没有默契的仲裁"(arbitration without privity)。❷ 这种观点与世界银行执行董事会报告对"中心"公约第25条的评论一致,世界银行执行董事会认为,东道国可能在其国内法中同意将某类投资争议提交中心管辖,投资者则可通过书面形式表示接受,按照杰恩·鲍尔逊的理解,东道国国内法的这种规定使得投资者可以在争议已经实际发生后同意仲裁,而对东道国而言却具有强制性。❸

关于这个问题,争议当事方可能有不同主张,作为一方的国家认为其国内法中的单方面承诺仅具一般性,不足以创设"中心"对特定争议的管辖权,尚需其与投资者达成"单独同意"(separate consent)。在"中心"受理的 SPP. v. Republic of Egypt (Pyramids Oasis) 一案中就遇到这个问题,原告公司认为埃及《投资促进法》的规定表明埃及政府同意将有关该法律实施产生的投资争端提交"中心"解决,但埃及政府却认为其国内法的此项规定不足以创设中心的强制管辖权,理由是应该根据该法的阿拉伯语文本来解释,而与英文本中"shall"相对应的阿拉伯文则不具强制性,而且"within the framework of the Convention"和"where it

---

❶ See Karl – Heinz Bockstiegel. Settlement of Disputes Between Parties from Developing and Industrial Countries [J]. ICSID Review, 1995 (10): 278.

❷ See Jan Paulsson. Arbitraton Without Privity [J]. ICSID Review, 1995 (10): 232.

❸ See Jan Paulsson. Arbitraton Without Privity [J]. ICSID Review, 1995 (10): 234.

第六章 中外双边投资条约中的争议解决条款

applies"暗示须单独同意（separate consent）"中心"的管辖权；❶ 同时，因为"中心"有调解和仲裁两种程序，仅提及"中心"公约不足以创设"中心"仲裁的强制仲裁权。埃及政府的上述理由均为仲裁庭拒绝。❷ 此外，Manufacturers Hanover Trust Lompany v. Egypt、Gaith Pharaon V. Tunisia 和 Tradex Hellas v. Albania 等案中，原告均成功援引东道国投资法中的仲裁条款，利用"中心"仲裁解决其相互间争议，在这些案件中，东道国基于与前案中埃及政府相同的理由提出的管辖权异议从未被"中心"仲裁庭认可。这表明尽管发展中国家（甚至在国内法中规定）不再对通过国际仲裁解决其与外国私人间的争议呈显敌意，但仍有疑虑，一般而言，东道国往往极力利用其国内法中的任何含糊性否认"中心"的管辖权。

关于 BITs 中的"中心"条款。目前，绝大部分 BITs 中载有"中心"条款。Broches 早就预见到了通过 BITs 或多边条约中的"中心"条款自动赋予"中心"强制管辖权的方式，❸ 当然，国际条约中的仲裁条款是否导致没有默契的仲裁，实践中亦有否定的实例，如第三洛美协定第 238 条（1）意在创设没有默契的仲裁，但当事方很少利用；即使是第四洛美协定第 307 条（b）（ii），其创设没有默契的仲裁的道路也许依旧充满泥泞。❹

由于各国 BITs 中的"中心"条款并无统一的规定方式和内容，是否可由 BITs 中的"中心"仲裁条款导引出缔约双方同意由"中心"自动享有管辖权，则取决于各个 BIT 的具体表达方式。布罗切斯对此表示疑问，他将 BITs 中关于"中心"仲裁条款的表述分为四种模式：第一种仅仅规定"争议应依据双方协议提交中心仲裁"，在这种情况下，如果争议发生之后，当事双方未达成协议，则并不构成对于仲裁的同意；第二种要求给予"中心"调解或仲裁同情性考虑，亦不构成对"中心"管辖权的同意，只是当事双方承担不得不合理地抵制同意的义务；第三种要求东道

---

❶ 在埃及《投资促进法》中，该条款英文本原文为："Investment disputes in respect of the implementation of the provisions of this Law shall be settled… within the framework of the Convention for the Settlement of Investment Disputes between the State and the nationals of other countries [sic] to which Egypt has adhered by virtue of law No. 90 of 1971, where it applies"。

❷ See Jan Paulsson. Arbitraton Without Privity [J]. ICSID Review, 1995 (10): 235.

❸ See Broches. Bilateral Investment Treaties and Arbitration of Investment Disputes, in The Art of Arbitraztion, Liber Amicorum Pieter Sanders 63 (J. C. Schultsz, AJ. vandenBerge dt., 1982).

❹ See Jan paulsson. Arbitraton Without Privity [J]. ICSID Review, 1995 (10): 242.

国同意投资者将因投资产生的争议提交中心调解或仲裁的请求，东道国若拒绝同意，则构成国际不法行为，但该条款本身并未创设"中心"的管辖权；第四种模式才可能赋予"中心"管辖权，通常表述为，"缔约各方同意依据解决一国与他国国民投资争端公约，将有关其与在该国境内投资的缔约另一方的自然人或公司之间的争议提交国际投资争端解决中心调解或仲裁"。❶

然而，即便是上述第四种表达方式的效果是否自动创设"中心"的管辖权，以便外国投资者径直诉诸"中心"程序，学者间仍有分歧。索恩拉雅认为 BIT 中包含的仲裁条款直接授予投资者将因投资协议引起的争议提交强制性仲裁的权利，但投资者与东道国签订的投资协议中须同时载有"中心"仲裁条款方能行使这种权利，否则，由条约创设的保护便不能启动。若有关国家拒绝将其与投资者的争议提交仲裁，即对投资者母国承担违反条约的国家责任，而无须对投资者承担任何责任❷；布罗切斯本人对此亦持谨慎态度，只是说此种模式可能创设"中心"的管辖权。杰恩·鲍尔逊则认为索恩拉雅的上述观点没有权威意见的支持，也经不住文本分析，在他看来，国际条约中的仲裁条款需要合同中仲裁条款的过渡是一个非常重要的例外，缔约方应在条约中明示，但事实上，绝大多数条约并未作此要求，投资者可以直接援引 BITs 中的"中心"条款，而不另需在投资协议中写入"中心"条款。❸

但杰恩·鲍尔逊的观点却得到了某些发展中国家学者的支持。1989 年土耳其成为"中心"缔约国。该国缔结的许多 BITs 载有"中心"条款，允许将特许合同争议提交"中心"仲裁。那么，协定中的"中心"条款是否可视为提交"中心"仲裁的同意呢？阿里·耶斯里尔默克（Ali Yesihrmak）给予了肯定的回答，他认为，土耳其宪法修正案已经承认因特许协议产生的争议可以提交仲裁，❹ 而且，仅由于 BITs 中的"中心"条款就足以视为

---

❶ See A. Broches, Bilateral Investment Treaties and Arbitration of Invesrment Disputes, p. 63.
❷ See M. Sornarajah, *supra*, p. 267.
❸ See Jan Paulsson, *supra*, pp. 240-241, p. 232.
❹ 在 1999 年宪法修正前，土耳其宪法法院授权最高行政法院 Danistay 审查和批准特许合同，而且，它有依据宪法对行政争端的专属管辖权，也是解决特许合同争议的唯一司法机关，反对将由此产生的争议提交国际仲裁。这些规定挫伤了外国投资者投资于土耳其基础设施和能源部门的信心，滞缓了该国私有化的进程。1999 年第 4446 号法令修改土耳其宪法的三个条款，实施私有化计划，允许通过私法协议实施公共服务的私有化，因特许协议产生的争议应具可仲裁性，而且，若具涉外因素，允许提交国际仲裁，最高行政法院已不再具有审查和批准特许合同的权力，它只有给予咨询意见的责任。

同意，那么无疑就否定了国家的缔约权利。❶ 即使这种受国际条约拘束的意思表示违反该国内法关于缔约权限的规定，依据《维也纳条约法公约》第 46 条，也不得在国际上轻易主张此种同意无效。

"中心"20 世纪 80 年代中期以后的仲裁实践也表明了杰恩·鲍尔逊、阿里·耶斯里尔默克等所谓的"没有默示的仲裁"已经成为一种趋势，自成立至 80 年代中期，"中心"受理的 20 个仲裁案件中，管辖权的依据一般是投资协议或类似文件中的条款，其后，中心受理的案件一般都是由投资者依据东道国投资法或东道国缔结的条约规定而提交的，而在最近几年内"中心"受理的案件几乎都是根据条约（包括 BITs 和多边条约如 NAFTA）而不是东道国国内立法提交的。如"中心"基于 BIT 中的"中心"仲裁条款受理的第一个案件 Asian Agricultural Product Ltd v. Sri lanca，其表达方式正是第四种模式，当事双方也未提出异议。

从"中心"实践来看，所谓"没有默示的仲裁"已经成为一种趋势，但笔者认为国内法和 BITs 中对于"中心"管辖权的同意是否自动赋予"中心"管辖权尚需具体分析。"没有默示的仲裁"毕竟仅仅是"中心"仲裁。众所周知，"中心"程序包括调解和仲裁，若国内法和 BITs 仅提到了利用"中心"或利用"中心"的调解或仲裁，仍不能导致"中心"的管辖权，在特定争议中，尚需争议当事方进一步就利用调解或仲裁达成一致，如前所述，在明确载有"中心"条款的中外 BITs 中，多数协定并不说明采取何种方式，亦即留待争议双方进一步协商解决；而中沙协定较为具体，规定投资争议提请"中心"仲裁解决。再者，若国内法和 BITs 仅笼统规定将东道国与投资者的投资争议提交"中心"解决亦不能创设"中心"的强制管辖权，从公约第 25 条（4）的说明和上述世界银行执行董事会的报告可以看出，缔约双方同意"中心"管辖的争议类型必须明示，若某特定争议在双方明示的范围之内，管辖权当然成立；若不在明示范围之内，仍需该特定争议当事双方决定是否交付"中心"程序解决。以上我们的讨论是假定在国内法或 BITs 中规定"中心"为唯一的争端解决机关，在国内法和 BITs 同时有规定其他争端解决机构或程序的情况下，显然不能仅因国内法或 BITs 含有"中心"条款即认为"中心"自动享有管辖权。

---

❶ See Ali Yesilirmak. Jurisdiction of the International Centre for Settlement of Investment Disputes over Turkish Concession contracts [J]. ICSID Review, 2000 (15): 393.

我国有关的国内法并无"中心"条款，在 BOT❶ 这种具有特许协议性质的新型投资方式中也未规定将争议提交"中心"解决，将"中心"作为排他性或选择性的争端解决机构仅见于如前所述的某些协定，上述分析同样适用于我国。

如前所述，我国在相当一部分 BITs 中以附件、议定书或换文的形式，规定待一方或双方成为"中心"成员国时，缔约双方应就两国提交"中心"解决的争议类型以及提交"中心"何种程序进行协商、谈判，达成补充协议，很显然这是双方的"缔约的预约"（pactum de contrahendo）❷，未创设将争议提交"中心"解决的实在义务。

以上我们仅从东道国的角度进行了讨论，在东道国主动将争议提交"中心"时，投资者是否因其本国与东道国订有含"中心"条款的 BITs 而承担将投资争议提交"中心"解决的义务，也就是说，投资者本国与东道国缔结的 BITs 中的"中心"条款是否可以取代投资者本人的同意，或者说，投资者在 BITs 中已经载有"中心"条款时，是否需要另行就特定争议表示同意的问题同样值得关注。公约第 25 条（1）中的"the parties to the dispute"中的"the parties"并未明指是东道国或另一缔约国国民，公约是国家的国际条约，从法理上讲，国家不能由于对该条的同意而强迫其国民同意受"中心"管辖，公约并未赋予缔约国此种权力；尤其是若 BITs 授予投资者在争端解决方法选择的任意权（the right of option）时，表明"中心"条款并不具有自动适用的性质，投资者仍有权选择其他解决方法。"中心"在审理 American Manufacturing & Trading, Inc. v. Republic of zaire 一案时就明确指出，国家间 BITs 中的"中心"条款并不意味着投资者已经同意或接受了"中心"管辖权。❸ 在这种情况下，须证明投资者明示（如与东道国另外达成书面协议）或默示（如投资者将争议提交"中心"解决）承认"中心"的管辖权。

---

❶ BOT 是"build – operation – transfer"（建设—经营—转让）的首字母缩写，是东道国政府将一定期限的特许专营权授予外国公司或企业，以合同的方式许可其融资修建和经营基础设施，并从营运收入偿还贷款及作为投资的收益，专营期满，基础设施无偿移转至东道国政府的一种新兴投资方式。

❷ 关于"缔约的预约"与"谈判缔约的预约"（pactum de negotiando），参见李浩培．条约法概论 [M]．北京：法律出版社，1987：22－24．

❸ See vol. 36 ILM (1997), p. 1545.

## （三）国际仲裁庭适用法律的顺位关系：国际法与东道国国内法

如前所述，不论是解决因条约解释和适用引起的国际公法争议还是解决东道国与投资者间的投资争议，除少部分协定未就专设仲裁庭适用的法律作出任何规定外，其他协定一般都对此有明示选择，包括特定 BIT、东道国国内法（有时规定含冲突规则）、一般国际法（有时强调须为双方共同认可或接受）。

含有"中心"条款的中外 BITs 中也均未就适用法律作任何规定，有待争议发生后，由争议当事方协商，在没有明示选择时，应依据公约第 42 条（1）的规定，应适用争端一方缔约国的国内法（包括冲突法规则）以及可能适用的国际法规则。在争议当事方提交"中心"前未明示选择应适用的法律时，"中心"在 AAPL v. Sri Lanka 一案中不顾公约规定，发展出来了可由当事方在仲裁程序中的行为推定其同意将英国—斯里兰卡 BIT 作为准据法的判例，这种推定被 Stephence Vasciannie 批评为一种法律虚构（legal fiction）。❶

当然，协定之间以及公约在争议当事方未有明示时在"准据法"的排列次序上略有不同，正如学者对《国际法院规约》第 38 条关于国际法法律渊源的说明是国际法院审理案件时法律适用的先后顺序的评论一样，表明缔约国也带有一定的倾向性。然而，仍会引发国内法和国际法如何适用的问题。

一般而言，当投资争议双方分别来自发达国家和发展中国家时，发达国家会坚持首先依据国际法，而发展中国家则强调首先适用本国法，尽管有时发展中国家也会同意首先适用国际法，但也是在国际法与其国内法不相冲突的情况下。

适用国际法解决属于公法性质的条约争议似乎无可厚非，但仲裁庭不能仅依据一国批准"中心"公约或将争议提交"中心"仲裁视为同意仲裁庭适用国际法裁判东道国与投资者间的投资争议案件。❷ 而实际上，

---

❶ 英—斯（里兰卡）BIT 第 8 条（1）授予中心管辖权，但未就仲裁庭适用的法律作出明示选择，因此，该 BIT、习惯国际法和斯里兰卡国内法都有可能作为准据法，而且三者之间可能还会有迭合。仲裁庭从双方在仲裁程序过程中的行为草率地认为双方都愿意在该 BIT 的基础上争论一些实质问题，实际上达成了优先适用 BIT 的协议。See Stephence Vasciannie. Bilateral Investment Traties and Civil Strife: The AAPL/Sri Lanka Arbitration [J]. NILR, 1992: 336.

❷ See vol. 39 ILM (1999), p. 1328.

争议双方的明示选择与公约在当事方未做明示选择时的规定是一致的，即将国内法和可适用的国际法一并适用。

在公约的三种不同语文的文本中，"可适用的国际法"表述上存在差异，在西班牙和英文文本中为"相关的国际法规则或规范"，而在法文文本中为"国际法原则"，[1] 法托罗斯认为文本之间文字上的差异实际上反映了"中心"对适用国际法在解决投资争议中的不同功能的认识，法文本采用"原则"强调国际法对东道国国内法的"矫正功能"（corrective function），英、西班牙文采用"规则"或"规范"侧重于国际法对东道国国内法的"补充功能"（supplementary function）。他注意到了由于国际经济（投资）法本身极不精确，在这方面，国际法与国际公共政策之间不大可能存在实质差别，因此，国际法的补充性功能并无发挥的空间。[2] 菲利普·卡恩（Phillippe Kahn）基本上也持相同观点，他认为公约提到国际法的主要用意是要求仲裁员只有在东道国国内法不能很好地被用来解决争议或明显违反国际法时才考虑适用更为一般的国际法规则，[3] 亦即仅起着"矫正功能"。

当然，也有学者，如伯索尔德·古得曼（Berthold Goldman）主张国际法具有优先适用的效力等级，但埃利恩·劳特派特（Elihn Lauterpacht）从语义的角度提出了批评，他认为如果公约的意图是给予国际法优先地位，文本应使用"including"，而不是"and"。[4]

国际法的普遍适用性和反映各国独特政治、经济、文化制度和价值的国内法的多样化，是解决国际经济争端必须面对的事实，国际法有其自身的法律价值，并不必然反映在各国国内法中，当国内法与国际法相互抵牾时，不能简单、绝对地以国际法替代国内法或优先于国内法适用，否则无疑否定了为众多联合国文件承认了的国家多样化的权利。同时，任何国内法律制度，无论其制订得多么完备和精密，都不可能提供一劳永逸地解决一切争端所需要的规范资源，它更多的是为解决争议提供一

---

[1] See W. Michael Reisman. The Regime for Lacunac in the ICSID Choices of Law Provision and the Question of its Threshold [J]. ICSID Review, 1995 (10): 363.

[2] See W. Michael Reisman. The Regime for Lacunac inth ICSID Choices of Law Provision and the Question of its Threshold [J]. ICSID Review, 1995 (10): 364–365.

[3] See PhiIIpe Kahn. The Law Applicable to Foreign Investments: the Contribution of the World Bank Convention on the Settlement of Investments Disputes [J]. International Law Journal, 1968 (44): 28.

[4] See W. Michael Reisman. The Regime for Lacunac inth ICSID Choices of Law Provision and the Question of its Threshold [J]. ICSID Review, 1995 (10): 365.

种一般的分析框架（analytical framework），国际仲裁庭应充分利用这种框架裁断案件。当"中心"仲裁庭首先适用的东道国国内法存在漏洞（lacuna）时，公约第 42 条并未肯定授权仲裁庭迅速或者自动求诸国际法。一国国内法院不得借口没有可适用的法律而拒绝裁判民商事案件是各国民商事法律的共同法律原则，国内法本身会提供处理漏洞或瑕疵的方法，如瑞士民法典第 1 条就规定，当法官遇到真正的漏洞时，他有权按照立法者可能的意思去裁判，如果选择瑞士法作为准据法，国际仲裁庭就不应该适用国际法来填补空白。就我国而言，在缺乏具体的民法规范即出现漏洞时，法院可以依据民法基本原则处理各类民事纠纷。因此，国际仲裁庭在东道国国内法出现漏洞时，应该遵循东道国法院在类似情况下的采取的程序和做法，充分挖掘国内法的分析框架，不应轻率、武断地用国际法取代东道国国内法，只有国内法提供的分析框架确实不能提供资源时，才能适用国际法。

布罗切斯认为在下列情况下国际法才具有优于国内法的效力位阶：①国内法要求适用国际法时；②当争议客体直接由国际法调整时（在实践中很难与第一种情况截然区分）；③国内法或根据国内法采取的行为违反国际法时。❶ 而 W. 迈克尔·瑞斯曼（W. Michael Reisman）则增加了在争议当事方同意时也可优先适用国际法。

在适用东道国国内法时还极有可能面临东道国国内法发生改变，是适用 BITs 缔结或争议发生（包括条约争议和东道国与投资者的投资争议）时的东道国法律还是适用仲裁时的东道国法律，亦即在东道国国内法发生旧法和新法的实际冲突的情形下如何适用的问题。若 BITs 和投资协议中含有"稳定（或冻结）条款"（东道国与外国投资者的投资协议中的"法律稳定或冻结"条款由于 BITs 的引领而成为一项国际义务），仲裁庭当然得适用旧法；但若未有此种条款，则尚需进一步分析东道国的新法是否违背国际法（含 BITs）而区别对待，依据国际法原理，一国不得借口国内法有不同规定而不履行其国际义务，因此，在此种情况下，应继续适用旧法；若新法与国际法并无抵触，从东道国历来反对"稳定条款"的态度来看，适用新法是符合逻辑的，国内外学者视为通行的观

---

❶ See *ibid*, p. 379.

点;❶ 根据 BITs 中的"优先适用"条款的规定，尤其应该适用对投资者更为优惠的新法。

在"中心"实践中，仲裁庭没有发现国内法缺少可适用的规则或国际法与国内法存在冲突，适用国际法来裁决案件只是极个别的例外。

许多学者对公约第 42 条包括东道国内法中的冲突规则的规定提出了批评，❷ 而且国内学者认为我国在利用公约时应该将国内法中的冲突规范从法律适用中剔除，❸ 笔者认为，既然依据国内冲突规范应该适用某外国法律，就表明我国法律认为适用该国法律解决手头上的更为合适，没有理由也无必要将冲突规范排除。

(四) 国际仲裁裁决的承认和执行与国家豁免

普遍认为国际法（包括 BITs）的权威在于是否存在争端解决机制及其有效性之大小，仲裁已经成为被广泛采用的国际争端解决方法，但仲裁程序规则关于裁决对争议各方具有拘束力和终局性的规定并不必然意味着裁决的承认和执行，从这个意义上说，国际仲裁裁决的承认和执行（尤其是执行）是其中最重要的一个环节，很明显，仅有裁决的作出而无裁决的承认和执行将使国际仲裁变得毫无意义。

目前和将来，BITs（包括中国 BITs）可能有四种国际仲裁裁决需要承认和执行：缔约双方因协定解释和适用引起争议的仲裁裁决、专设仲裁庭对征收补偿额或其他投资争议的裁决、"中心"裁决以及 WTO 争端解决机关（DSB）专家组或上诉机关的裁决，WTO《谅解》第 25 条规定的对于某些"已经明确界定的问题"的仲裁裁决。其中，因协定解释和适用引起的争议的仲裁裁决、WTO 专家组或上诉机构的裁决以及《谅解》第 25 条规定的裁决属于国际义务，通常会得到有关国家的承认和执行，尤其是 WTO 体制下的裁决，不仅规定了执行的期限，而且始终处于 DSB 的监督之下，若被裁决承担义务的国家拒不履行裁决，将承担国际责任或最终遭到对方的报复甚至交叉报复，承担义务的国家也不能主张国家豁免权。

"中心"仲裁区别于其他仲裁的重要特征中，最为重要的恐怕就是裁

---

❶ 如 G. R. 德劳姆就持这种观点，见周成新. 国际投资争议的解决方法 [M]. 北京：中国政法大学出版社，1989：217-218.

❷ 关于对适用东道国国内法中的冲突规则的批评，详见周成新. 国际投资争议的解决方法 [M]. 北京：中国政法大学出版社，1989：217.

❸ 周成新. 国际投资争议的解决方法 [M]. 北京：中国政法大学出版社，1989：215、305.

决的终局性和立即执行的特质。公约第 53 条规定中心裁决为对当事方具有拘束力的终局裁决，不得上诉或者在公约规定外寻求任何其他救济。❶而且，在缔约国国内要求承认和执行的程序比较简单，请求一方只需向被请求承认和执行裁决的缔约国指定的主管法院或其他机构提交经"中心"秘书长核证无误的裁决书副本一份即可，主管法院或其他机构依据其关于执行法院判决的现行法律处理。❷

若不自愿履行"中心"裁决的一方是投资者，对于被申请承认和执行该裁决的法院或其他主管机构而言，该裁决的立即执行性不会遭遇任何障碍；但若是东道国承担裁决义务，问题便变得有些复杂，当然，国内外有学者认为若投资者依据"中心"裁决请求公约其他缔约国法院和请求东道国法院执行东道国政府的财产可能得到不同的结局，前者因东道国主张主权豁免而可能不予执行，而后者根本不存在外国国家财产豁免的最后一道防线，亦即东道国有义务承认和执行"中心"裁决。❸但是，从公约本身的规定来看，做这种区分缺乏依据，认为东道国有执行本国财产的义务的观点显得过于乐观，公约本身并未要求缔约国完全放弃国家豁免权，在其与投资者间的争端解决中，无论其是作为主动的申请方还是作为被申请方，均可认为该国放弃了管辖豁免权，但管辖豁免权的放弃并不等于执行豁免权的放弃，公约第 55 条肯定"中心"关于裁决的承认和执行的规定不得解释为背离缔约国现行的有关免除该国或任何外国予以执行的法律，也就是说，承认任何缔约国得保留执行豁免权。

---

❶ 公约第 52 条（1）规定的救济方式是纠正、修改、解释、撤销。"纠正"是指应任一方要求可对裁决遗漏的问题或者抄写、计算及类似错误；"解释"是指如果当事方对裁决的含义或范围发生争端，由任一方提起；"修改"是指当出现某种在作出裁决时不为仲裁庭和一方所制的事实时，该方可以提出修改请求；"撤销"仲裁裁决的理由：争端任一方可依据下列理由向中心秘书长提出撤销仲裁裁决的申请，①仲裁庭的组成不适当；②仲裁庭明显逾越其权力；③仲裁庭成员存在受贿行为；④严重背离基本程序规则；⑤未陈述裁决依据。

要求纠正裁决的有 2 个案例；还没有要求对裁决进行解释的例子；一个案子要求修改；救济措施中动用得最多的是要求取消裁决，有 6 个案件，一个案件的裁决全部被取消，2 个部分被取消，一个请求被特别委员会驳回，另一个实际上只是要求纠正裁决。在前两个案件中要求取消的理由是仲裁庭明显超越权限而未适用准据法，部分取消的案件请求依据是仲裁庭没有就损害的裁决陈述理由，另一个仲裁庭违背基本程序规则。最早有关全部、部分取消裁决的案件引起了激烈争论，有学者认为这种救济没有和上诉区别开来，有些学者认为这些案件标志着中心仲裁程序的崩溃，此后的仲裁程序可能陷入无休止的裁决和撤销的恶性循环之中。

❷ 见公约第 54 条（2）、（3）。

❸ 陈大刚. 论解决国际投资争议的仲裁 [J]. 中国国际法年刊, 1989: 155; 陈安, 曾华群. 国际投资法学 [M]. 北京: 北京大学出版社, 1999: 620.

如果该国提出执行豁免请求，即能有效地阻止对该国及其财产的执行措施。

但是，这并不能赦免该国的国际义务，公约规定了几种制裁措施。首先，依据公约第27条的规定，该国不遵守裁决将产生投资者母国的外交保护权和提起国际求偿请求；其次，该国不遵守或拒不履行裁决可能导致对公约本身的解释和适用的分歧，依据公约第64条，缔约国间关于本公约的解释和适用若不能通过谈判解决，应任一方请求，可提交国际法院，除非有关国家同意采取其他解决方法（该规定实际上创设了国际法院的强制管辖权，是对国际法院管辖权规则的重大突破）。

关于国家主权豁免，向有绝对豁免和限制豁免两种立法和实践，从绝对豁免转向限制豁免开始成为一种趋势，前述公约看似矛盾的规定实际上表明公约奉行仲裁裁决执行问题上的限制豁免学说，投资者本国的外交保护和国际求偿只能针对不应享受国家豁免权的裁决义务，而缔约国对应享受绝对豁免权的义务的豁免主张，是国家主权独立和平等的正当合法要求，投资者本国不得给予外交保护和提出国际求偿请求。

由绝对豁免转向限制豁免并未完全廓清国家豁免问题上的迷雾，投资者请求有关国家的法院承认和执行以国家为败诉方的外国仲裁裁决时，同样也要考虑管辖豁免和执行豁免问题。[1] 众所周知，所谓限制豁免是建立在对国家的统治权行为和事务权行为（又称主权行为和商业行为）区分的基础之上的，性质标准和目的标准被用来作为鉴别这两种行为的"试金石"，依据性质标准，一国与外国人的行为属于商业行为只需此种行为具有商业性质的外在形式，即为已足；而目的标准尚不能止步于此，仍需继续追问商业外在形式下是否具有主权或公共目的以断定是主权行为还是商业行为，决定是否给予豁免。困难在于所谓主权行为和商业行为之间并无泾渭分明的界限，有关国家对同一行为极有可能给予截然不同的定性。在国际投资领域，容易引起豁免争议的国家与外国人的行为主要有：①自然资源的勘探和开发；②促进经济发展的国家及其代理机构的活动；③政府机构参与的合营企业；④有关经济发展目标的财政交

---

[1] 周成新. 国际投资争议的解决方法［M］. 北京：中国政法大学出版社，1989：154.

易。❶ 欧洲和美国、发展中国家对上述有关经济发展关系的国家参与行为的定性在立法中采用了不同的技巧，《欧洲国家豁免公约》和《英国国家豁免法》对国家参与的交易行为进行了分类，但并未包括上述有关一国经济发展的行为，换句话说，可以给予豁免；而美国《外国主权豁免法》和加拿大《国家豁免法》对国家参与的商事活动做广义解释，是否给予豁免取决于司法机构的自由裁量。以自然资源的勘探、开发活动为例，欧洲法院一致认为，当此类活动是由其代理机构而不是直接由国家本身实施时，具有明显的商业性质，不能享有豁免权；依据《欧洲国家豁免公约》第 27 条 (2)，除非国家实体是以国家的名义或者代表主权国家而行为，否则拒绝给予该实体豁免权。而在美国司法实践中，一国参与其自然资源的勘探、开发的活动毫无疑问是政府行为，理所当然应给予管辖豁免，当然就更不用说执行豁免了，在 International Association of Machinists & Aeroplace Worker v. OPEC 一案很好地体现了这一观点。❷

因此，即便是国家明示或默示放弃国际仲裁庭对于其因与外国投资者之间的包括自然资源勘探和开发在内的经济发展关系产生的争议的管辖权时，仍有可能坚持执行豁免。在强制执行国家财产时，国家之间对可执行的国家财产的范围也有所不同，如依据《美国外国主权豁免法》第 1610 条 (a) 2，如果外国在美国的财产用于或曾用于争议中的商业活动则不得享受豁免，而在英国、加拿大、德国等国家，任何用于商业目的的外国国家财产均可执行豁免，该财产可与争议中的商业活动无任何关系。

为避免仲裁裁决执行上的不确定性，东道国在投资协议中明示放弃执行豁免以满足投资者"豁免避免（immunity avoidence）"的要求，不失为一种最终技巧，但目前这种技巧仅在国际借款协议中运用比较普遍。

在中外 BITs 中几乎都要求缔约双方依据本国法律强制执行专设仲裁庭对于东道国与投资者投资争议的裁决，但我国并无专门的国家或主权豁免法。国内学者建议我国采取执行绝对豁免主义，❸ 反对国内法院

---

❶ See Georges R. Delaume, Economic Development and Sovereign Immuniy [J]. AJIL, 1985 (79): 321.

❷ See Georges R. Delaume. Economic Development and Sovereign Immuniy [J]. AJIL, 1985 (79): 326.

❸ 最高人民法院关于执行我国加入纽约公约的通知未将外国投资者与东道国政府之间的争端作为公约应予适用的属于契约性或非契约性商事法律关系所引起的争议，实际上已经表明我国坚持国家财产的绝对豁免主义立场。

强制执行以我国为败诉方的裁决，主张投资者应该首先到我国法院寻求执行，如果未得到支持，即可视为当地救济用尽，投资者可请求其本国政府通过正常的外交途径同我国交涉解决。❶ 这种方案存在着明显的逻辑混乱，东道国与投资者的争议提交国际仲裁机构解决，均应以用尽当地救济或放弃当地救济为前提，如果认为东道国法院拒绝执行国际仲裁机构的仲裁作为当地救济用尽的证明，违反了该原则的通常含义；而且，东道国法院能不能或者愿不愿意强制执行本国败诉的裁决也是大有问题的。因此，笔者认为最为有效的方法是均衡考虑、兼顾国家主权和投资者权益，由缔约双方在 BITs 中事先明示放弃国际仲裁庭裁决的执行豁免。

在裁决的承认和执行方面，专设仲裁庭和"中心"仲裁一个重要差别在于后者无论在何地仲裁，均与裁决的承认和执行无关，❷ 而前者却可能与仲裁地的选择有很大的关系。目前，除"中心"外，国际法不存在有关投资争议裁决承认和执行的统一规则。因此，通常采取两种方法：第一，依据国内法；第二，参照1958年纽约《关于承认和执行外国仲裁裁决的公约》，尽管投资不同于一般商业交易，也尽管该公约所指是由于自然人或法人间的争执而引起的仲裁裁决，而与国家和外国投资者间的仲裁裁决无关。绝大多数中外 BITs 采取第一种方法，极少数协定提到了纽约公约（如中捷、中—斯洛伐克协定第9条（4）规定，仲裁裁决应由缔约双方根据1958年纽约公约予以承认和执行）。所谓"外国仲裁"，依据该公约第1条的规定，是指裁决作成地为被请求国以外的国家或被请求国认为非该国国内仲裁，因此，即使是在被请求国的国内涉外仲裁机构或仲裁地在该国境内，也可能因种种因素，如仲裁庭适用的准据法是外国法律、争议客体不属于该国法院管辖、争议与该国无充分联系，而

---

❶ 周成新. 国际投资争议的解决方法 [M]. 北京：中国政法大学出版社，1989：158.
❷ 公约规定，除非当事方另有协议，仲裁一般应在"中心"所在地进行（见第62条），在各方同意下也可在其他地点进行，"中心"目前与常设仲裁法院（海牙）、亚非法律咨询委员会的两个地区仲裁地（开罗、科伦坡）、澳大利亚国际商事仲裁中心（墨尔本）、澳大利亚商事争端中心（悉尼）、新加坡国际仲裁中心（新加坡）、海湾合作理事会商事仲裁中心（巴林），因此，中心仲裁也可能在上述地点进行［见第63条（a）］；此外，在各方同意并经批准后，仲裁可在任何其他地点进行。但实际上近半数的仲裁进行地是在"中心"所在地，而且选择"中心"作为仲裁地不是双方未就仲裁地达成一致时，依据公约规定确定的结果，而是由当事方的自主选择；另一个选择较多的仲裁地是巴黎，有4个案件根据当事方的同意仲裁程序轮流在双方首都进行。日益进步的通信技术在仲裁会议的举行方式中发挥着重要作用，最近有几个案件就是通过电话会议和图像联系的方式进行的，根本不在某仲裁地进行。

第六章　中外双边投资条约中的争议解决条款

被该国认为是外国仲裁。

众所周知，外国裁决不具有绝对被外国法院承认和执行的属性，被请求承认和执行的一国法院有权依据国内法对外国仲裁裁决进行司法审查，而且各国对仲裁裁决司法审查的标准和内容不尽一致，因此，外国仲裁裁决极有可能得不到有关国家的承认和执行，纽约公约大大增强了外国仲裁裁决的执行效率。因此，为确保仲裁裁决的承认和执行，在中外 BITs 中规定或争议双方选择纽约公约成员国作为仲裁地较为妥当。

# 结 论

虽然双边投资条约（含双边投资保险或保证协定和换文）的核心条款尚未完全体现自由主义国际投资法律制度的精神，其在投资环境评估指标体系中亦并非最终的决定性因素，而且，其缔结数目与国际资本供给量及流向之间是否存在正相关的函数关系很难检验，但考虑到普适性国际法律制度资源的稀缺，对于国际投资活动较为全面的调整，恐怕在相当长的时期内，仍需主要依恃双边投资条约。实际上，双边投资条约（尤其是双边投资保护协定）中的某些条款充当着联结缔约双方国内法与国际法的枢纽，并将传统上纯粹由国内法管理的事项通过双边合意提升至国际法保护的水平，增强了投资者对于其投资活动所可能导致的法律后果的确定性和可预见性。从这个意义上说，双边投资条约又是国际投资法中颇为重要的法律渊源。

目前，我国对外缔结了 280 多个双边投资条约（包括与美国、加拿大签订的两个投资保险协定和换文），是缔结 BITs 最多的发展中国家。从条约结构形式和主要内容来看，我国 BITs 与其他国家间的同类协定并无实质差异，但近 20 年来我国的经济运行模式、法制建设水平都发生了很大变化，参加的国际条约的数量也越来越多，必将对 BITs 的实施产生影响。

中美、中加投资保险协定未对"投资"进行界定，中外 BITs 中的"代位"条款在该问题上亦未置一词，这种直接承认其他国家国内法或制度中关于"投资"概念的做法，可能导致概念外延之间的错位，容易引发争议。但 BITs 中的"投资"是建立在以"资产"为基础的开放式定义，又在一定程度上减少了争议发生的可能性。

在 BITs 中，"投资"包括有形的所谓"硬投资"，如资金、设备、场地等，又包括"软投资"，如无形的知识产权、某些合同权利以及较为特殊的特许协议，甚至东道国的单方面许可，就投资者和东道国而言，重要的是国内私法契约和单方面行为经由 BITs 而国际化，因此，在西方学者看来，BITs 给予投资者的保护要高于习惯国际法。同时，BITs 中的"投资"概念既包括国际直接投资，又包括国际借贷、债券与股票等国际间接投资。与中外 BITs 的"投资"定义相比，我国外资法中有关外商出资形式的规定过于狭窄，应尽快弥补其中的差距。

关于双边投资条约的属人效力问题，投资保险协定完全遵循美国、加拿大国内法或制度中的规定，范围明显要窄于中外 BITs。探讨 BITs 的属人效力，面临的问题主要是，由于我国宪法仍未确认自然人的生产资料所有权，对企业和其他经济组织的境外投资也存在着一些法律上的障碍，因此，有权在境外进行投资的主体范围比中外 BITs 中"投资者"要小；潜在的问题是如何解决国籍冲突时投资者权益的救济和保护，此时需要区别在投资者国籍积极冲突和消极冲突时求偿国籍的确定和从哪个协定受益的选择问题，求偿国籍应主要依据国际法中有关国家责任制度的原则和规则（如真实有效国籍和国际持续）或"投资争议解决国际中心"的具体规定予以确定，求偿国并不一定与我国订有 BIT；而后者则应以有利于投资者为原则，由投资者自由选择，实质上是在中外 BITs 中选择其一加以适用，不仅可以增强投资者信心，而且一般也不会增加东道国条约义务的总量。

中外 BITs 将投资待遇分为一般待遇和具体待遇标准、绝对待遇和相对待遇标准，国际法学说、国家实践以及司法、仲裁判例均不支持绝对待遇标准等于严格责任归责原则的主张，而且在投资活动的许多具体事项上适用相对待遇标准，淡化了西方学者将绝对待遇标准等同于国际最低标准的自然法色彩，判断东道国为投资者提供的待遇是否满足或达到了绝对待遇标准，应该依据协定本身的规定和要求，如缔约双方国内法及双方均接受和认可的国际法；相对待遇标准以最惠国待遇、国民待遇（少数协定规定在两者之间择优适用）为原则，但同时将某些区域性国际经济组织内部成员间的特殊安排、有关税收的国内法及国际协定、边境贸易措施等作为例外。

逐步实行国民待遇是近年来我国才确立的既定方针，而实际上，直接规定国民待遇标准以及规定在最惠国待遇与国民待遇择优适用且国民待遇高于最惠国待遇的协定，由于大多数协定中最惠国待遇条款的发散效应，实际上表明我国已经接受了国民待遇的条约义务。在给予外国投资者国民待遇时，必须首先逐步消除各种经济成分基于"身份"的国内差别待遇或在国内法及协定中明确"国民"所指，以便国民待遇标准有所参照:渐次废除对外资的次国民待遇和超国民待遇,统一内外资待遇水平,确保其相互间公平竞争的法律地位;不要孤立地给予外资国民待遇,应将其与我国产业政策和区域经济发展战略有机结合。

在中外 BITs 中,对于外资的具体待遇是指外国投资者在投资准入、投资和收益转移等事项上享有的权利和义务状况。我国关于外资准入的规定主要体现在外资法以及《外商投资产业指导目录》中,与发达国家及一些发展中国家相比,我国的投资审批制度仍嫌烦琐,程序复杂,禁止类和限制类投资项目仍较多。不断修订的《外商投资产业指导目录》的总体趋势是逐步减少禁止类和限制类项目的数量,放宽外商投资的股权结构,在今后的修订中,应继续压缩禁止类和限制类项目的数量,并逐步过渡到采取"消极清单"的规定体例。

履行要求为 WTO《TRIMs 协议》所严格禁止,美国缔结的 BITs 仍然在双边场合予以重申,现有的中外 BITs 中,只有中阿(联酋)协定涉及了履行要求,但却是要求投资者必须满足东道国提出的某种履行要求,与《TRIMs 协议》的要求南辕北辙。我国与绝大多数缔约对方都是 WTO 的成员国,可以预见,修订现行 BITs 和与美国等国谈判缔结 BITs 时,禁止履行要求将成为一项重要内容。国内外学者对《TRIMs 协议》严格禁止的投资措施理解不尽一致,笔者认为,我国外资法的修订以及我国为加入 WTO 而作出的废除外汇平衡要求、贸易平衡要求、出口实绩要求、当地成分要求的承诺仍然是不彻底的,除此而外,还应包括制造要求和国内销售要求。

国有化权已经被国际社会普遍承认为一国经济主权之固有内容,但行使国有化权须满足的前提条件并不一致,国有化补偿数额尤其存在争议,国有化补偿额涉及被征收财产的价值估算、利率等,中外 BITs 在该问题上的规定极不统一。将中外 BITs 有关国有化补偿的规定与西方国家的国内法及其他被认为体现了传统公式的同类协定比较。笔者认为,我国实际上已经认可了国有化补偿的"赫尔规则",即须给予"迅速、及时、有效"的补偿。

中外双边投资条约中的投资争议包括两类:缔约双方间因条约解释和适用引起的国际公法争议以及东道国与投资者之间的私法争议。尽可能友好协商和通过专设国际仲裁庭解决是解决两类不同性质争议的共同特点,"投资争议解决国际中心"和 WTO 争端解决机构丰富了投资争议解决的资源和手段。在投资者将争议提交国际程序之前要求其用尽东道国当地救济手段是一项习惯国际法规则,若协定(如中—土耳其协定)对此予以肯定规定,当然不会产生任何问题,但如果协定在这个问题上保持缄默,根据协定上下文来作出正确解释是合理的。同时,我国在接受"中心"管辖时应就是否必须用尽当地救济作出声明,逐步扩大"中心"的受案范围。选择将"中心"调解或仲裁,还应该考虑到协定双方可能退出"中心"公约和投资者国籍变更为非"中心"成员国以及当事方同意提交相互间非直接源于投资的争议,补充利用"附加便利规则"的规定。

协定双方间的公法争议不大可能出现执行豁免的问题,尤其是 WTO《关于争端解决程序和规则的谅解》对专家组和上诉机构的报告的执行规定了严格的时间表和监督程序,迫不得已时,受影响的成员方经授权可以采取报复甚至交叉报复;而东道国同意将其与投资者之间具有私法性质的争议提交国际程序解决,并不意味着该裁决必然会被东道国和其他国家承认和执行,为确保裁决的承认和执行,东道国最好兼顾投资者和本国的利益,明示放弃某些裁决的执行豁免,就专设仲裁庭而言,选择《纽约公约》成员国作为仲裁地,可以增强裁决的可承认和可执行性。

虽然中外协定明示解决缔约双方间公法争议的"准据法"包括国内法,但由于此种争议的公法性质,适用甚至首先适用国际法是没有疑问的。但对于国际法和国内法在解决东道国与投资者间争议时的顺位关系(实际上指国际法在解决此类争议时的功能)上分歧较大,从我国民事诉讼法等的规定来看,国际法在处理涉外民事法律纠纷时起着补充和矫正(甚至替代)国内法的作用,但对于解决我国与外国投资者的投资争议,很难说具有类推价值。从各国国内法的规定来看,均比较重视挖掘本国国内法提供的"分析框架",只是在极个别的情况下,才借重国际法,"中心"的仲裁实践就是最有力的例证。

# 参考文献

## 中文类

### (一) 资料

[1] 对外贸易经济合作部. 国际投资条约汇编 [M]. 北京：警官教育出版社，1998.

[2] 韩德培，李双元. 国际私法教学参考资料选编（上、下）[M]. 武汉：武汉大学出版社，1991.

[3]《中华人民共和国法律法规全集》（光盘）[M]. 北京：北京银冠电子出版有限公司.

### (二) 著作（含译著）

[1] 王铁崖. 国际法引论 [M]. 北京：北京大学出版社，1998.

[2] 詹宁斯，瓦茨修订. 奥本海国际法，第1卷，第2分册 [M]. 王铁崖，等译，北京：中国大百科全书出版社，1998.

[3] 李浩培. 条约法概论 [M]. 北京：法律出版社，1987.

[4] 万鄂湘，等. 国际条约法 [M]. 武汉：武汉大学出版社，1998.

[5] 端木正. 国际法 [M]. 北京：北京大学出版社，1997.

[6] 王铁崖. 国际法 [M]. 北京：法律出版社，1995.

[7] 汉斯·凯尔逊. 国际法原理 [M]. 王铁崖译，北京：华夏出版社，1989.

[8] 孔慈. 变动之国际法（上册）[M]. 王学理译，台北：台湾商务印书馆，1971.

[9] 斯塔克. 国际法导论 [M]. 赵维田译，北京：法律出版社，1984.

[10] 朱晓青，黄列. 国际条约与国内法的关系 [M]. 北京：世界知识出版社，2000.

[11] 姚梅镇. 比较外资法 [M]. 武汉：武汉大学出版社，1993.

[12] 姚梅镇. 国际经济法概论 [M]. 武汉：武汉大学出版社，1989.

[13] 曹建明，陈治东. 国际经济法专论 [M]. 北京：法律出版社，2000.

[14] 慕亚平. 国际投资的法律制度 [M]. 广州：广东人民出版社，1999.

[15] 陈安，曾华群. 国际投资法学 [M]. 北京：北京大学出版社，1999.

[16] 邹立刚. 国际投资法学 [M]. 北京：中国法制出版社，2000.

[17] 陈安. 美国对海外投资的法律保护及典型案例分析 [M]. 厦门：鹭江出版社，1985.

[18] 赵维田. 世贸组织（WTO）的法律制度 [M]. 长春：吉林人民出版社，2000.

[19] 曹建明，贺小勇. 世界贸易组织 [M]. 北京：法律出版社，1999.

[20] 杜厚文. 世贸组织规则与中国战略全书（中卷）[M]. 北京：新华出版社，1999.

[21] 曹均伟，方小芬. 中国近代利用外资活动 [M]. 上海：上海财经大学出版社，1997.

[22] 李岚清. 中国利用外资基础知识 [M]. 北京：中国对外经济贸易出版社，1995.

[23] 徐景和，等. 中国利用外资法律理论与实务（上、中、下）[M]. 北京：人民法院出版社，1999.

[24] 卢进勇. 入世与中国利用外资和海外投资 [M]. 北京：对外经济贸易大学出版社，2001.

[25] 唐民皓. WTO与地方行政管理制度研究 [M]. 上海：上海人民出版社，2000.

[26] 张强，等. 国际投资纠纷与预防案例分析 [M]. 太原：山西经济出版社，1996.

[27] 丁伟. 国际投资的法律管制 [M]. 上海：上海译文出版社，1996.

[28] 梁淑英. 外国人在华待遇 [M]. 北京：中国政法大学出版社，1997.

[29] 郑成思. 知识产权论 [M]. 北京：法律出版社，1998.

[30] 肖蔚云. 一国两制与香港基本法律制度 [M]. 北京：北京大学出版社，1990.

[31] 周成新. 国际投资争议的解决方法 [M]. 北京：中国政法大学出版社，1989.

[32] 黄进. 国家及其财产豁免问题研究 [M]. 北京：中国政法大学出版社，1987.

## （三）文章

[1] 王贵国. 理一分殊——刍论国际经济法 [G] //陈安. 国际经济法论丛. 第2卷. 北京：法律出版社，1999.

[2] 陈大刚. 论解决国际投资争议的仲裁 [J]. 中国国际法年刊，1989.

[3] 江艳冰. TRIMs协定与我国外资立法 [J]. 国际经贸探索，1999（6）.

[4] 刘勇，李志展.《与贸易相关的投资措施协议》与我国外资法的修改建议 [J]. 国际经贸探索，1999（4）.

[5] 单文华. 世界贸易组织协定中的国际投资规范评析 [J]. 法学研究，第18卷第2期.

[6] 卢炯星. 加入WTO与我国外商投资法面临的挑战及对策 [J]. 中国法学，2000（4）.

［7］赵维田. 协调贸易规则与环境需要——评WTO"海龟案"［J］. 国际贸易，2000（11）.

［8］赵维田. 规则与标准——WTO司法机制中的司法解释［J］. 国际贸易，2001（2）.

［9］纪文华，刘团结. GATT/WTO争端解决报告法律效力分析［J］. 国际法，2001（1）.

［10］陈大刚，魏群. 国有化及其赔偿法律与实践的发展［J］. 中国国际法年刊，1983.

［11］曾华群. 国际经济法刍论［G］//陈安. 国际经济法论丛. 第2辑. 北京：法律出版社，2000.

［12］黄进，等. 国家及其财产管辖豁免的几个悬而未决的问题［J］. 中国法学，2001（4）.

［13］韩亮. 20世纪九十年代双边投资保护协定的发展及评价［J］. 法学评论，2001（2）.

［14］李先波. 关于我国外商投资待遇制度的回顾与展望［J］. 浙江社会科学，2000（1）.

# 英文类

## （一）著作

［1］Ramashray. Politics of International Economic Relations［M］. Columbia University Press，1965.

［2］M. Sornarajah. The International Law on Foreign Investment［M］. Cambridge University Press，1994.

［3］Robert Prichard（edited）. Economic Development, Foreign Investment and the Law, Issues of Private Involvement, Foreign Investment and the Rule of Law in a New Era［M］. Kluwer International，1986.

［4］Ibrahim F. I. Shihata. MIGA and Foreign Investment: Origins, Operation, Policies and Documents of the Multilateral Investment Guarantee Agency［M］. Martinus Nijihoff Publishers，1988.

［5］A. A. Fatouros. Government Guarantees to Foreign Investment［M］. Columbia University Press，1962.

［6］Ernst-ulrich Petersmann. Constituional Function and its Problems of International Economic Law［M］. University Press Fribourg Switzalnd，1991.

［7］UNCTD. World Investment Report 1998［M］. 2012.

[8] UNCTC. Bilateral Investment Treaties [M]. London: Graham & Trotman, 1988.

[9] Rudolf Dolzer & Margrete Stevens. Bilateral Investment Treaties [M]. Martinus Nijihoff Publishers, 1995.

[10] Malcolm N. Shaw. International Law (2nd ed.) [M]. Grotius Press, 1986.

[11] A. W. Sijithoff Leider. Nationalism and Multinational enterprises, 1977.

[12] Karol Wolfke. Custom in Present International law [M]. Martinus Nijihoff Publishers, 1993.

[13] Ignaz Seidl Hohenveldern. International Economic Law [M]. Kluwer Law International, 1992. revised 2nd ed.

[14] C. F. Amerasinghe. Local Remedies in International Law [M]. Grotius Publication Ltd., 1990.

[15] E. I. Nwogugu. The Legal Problems of Foreign Investment in Developing Countries [M]. Manchester University, 1965.

[16] Wolfgang Peter. Arbitration and Renegotiation of International Investment Agreements [M]. Kluwer Law International, 1995.

[17] Thomas M. Franck. Fairness in International Law and Institutions [M]. Claredon Press, 1995.

[18] Marco Bronckers & Reinhard Quick. New Direction in International Economic Law [M]. Kluwer Law International, 2000.

[19] R. Rayfuse. ICSID Reports. Vol. 2、3、4 [M]. Cambridge University Press.

[20] Deltev Chr. Dicke. Foreign Investment in The Present and A New International Economic order [M]. University Press Fribourg Switzerland, 1987.

[21] John H. Dunning. Globalization, Trade and Foreign Direct Investment [M]. Elsevier, 1998.

[22] M. Sornarajah. The Settlement of Foreign Investment Disputes [M]. Kluwer Law International, 2000.

[23] M. Sornarajah. The Pursuit of Nationalized Property [M]. Boston Pordrecht, 1986.

## (二) 文章

[1] Nancy Goodman, International Trade. Poland Bilateral Investment Treaty: A Reflection of United States Efforts to shape the Economic Develeopment of Eastern Europe [J]. Harward International Law Journal, 1991 (32).

[2] M. Sornarajah. State Responsibiliy and Bilateral Investment Treaties [J]. JWTL, 1986 (20).

[3] Kenneth J. Vandevelde. The Politics Economy of a Bilateral Investment Treaty [J]. AJIL, 1998 (92).

[4] S. J. Kobrin. Managing Political Risk Management [J]. AJIL, 1982 (76).

[5] Detlev Chr. Dicke. Austrian Foreign Investment And Investment – Protection Agreement, in Foreign Investment In The Present And A New International Economic Order [M]. University Press Fribourg Switzerloand, 1987.

[6] Herbert V. Morais. Emerging Legal Strategies of Host States to Attract Foreign Investments.

[7] Robert Hellawell & Don Wallace. Negociating Foreign Investments—A Manual for the Third World [J]. The International Law Institute, 1982 (1).

[8] Operational Regulations of the Multilateral Investment Guarantee Agency [J]. ICSID Review—FILJ, 1988 (3).

[9] Antonio R. Parra. The scope of new investment laws and international instrument, in Robert Prichard (ed.): Economic Development, Foreign Investment and the law [M], 1996.

[10] "ICSID and Bilateral investment treaties", News from ICSID [R]. Vol. 2, NO. 1, 1985.

[11] Francisco Orrego Vicuna. Changing Approaching to Nationality of Claims in the Context of Diplomatic Protection and International Dispute Settlement [J]. ICSID Review, 1995 (9).

[12] Wilhelm Konl Geck. Diplomatic Protection, in Encyclopedia of Public International Law (Rudolt Bernhardlt, ed. 1992).

[13] F. V. Garcia – Amador. The Changing Law of International Claims [M]. Oceana Publications, 1984.

[14] Francisco Orrego Vicuna. Changing Approaching to the Nationality of Claims in the Context of Diplomatic Protection and International Dispute Settlement [J]. ICSID Review, 2000 (15).

[15] Vaughan Lowe. First Report of the Committee on Diplomatic Protection, 69th Annual Conference of the International Law Association [R]. London, 2000.

[16] Patrick Juillard. Freedom of Establishment, Freedom of Capital Movements, and Freedom of Investment [J]. ICSID Review, 1995 (10).

[17] A. A. Fatouros. Towards an International Agreement on Foreign Direct Investment? [J]. ICSID Review, 1997 (12).

[18] F. A. Mann. British Treaties for the Promotion and Protection of Investment [J]. BYIL, 1982 (52).

[19] M. H. Adler. The exhaustion of Local Remedies Rule after the ICJ's Decision in ELSL case [J]. AJIL, 1984 (78).

[20] Georges R. Delaume. ICSID Arbitration and the Courts [J]. AJIL, 1983 (77).

[21] M. Amadio. The Convention on the Settlement of Investment Disputes between States and

Nationals of Other states. 136 Recueil Cours des l' Académie de Droit International.

［22］ C. F. Amerasinghe. The International Centre for the Settlement of Investment Disputes and Development through the Multinational Corporation ［J］. Journal of Transnational Law, 1976 (9).

［23］ Karl-Heinz Bockstiegel. Settlement of Disputes between Parties from Developing and Industrial Countries ［J］. ICSID Review, 1995 (10).

［24］ Jan Paulsson. Arbitraton Without Privity ［J］. ICSID Review, 1995 (10).

［25］ Broches. Bilateral Investment Treaties and Arbitration of Investment Disputes, in The Art of Arbitration. Liber Amicorum Pieter Sanders 63 (J. C. Schultsz, A. J. vandenBerg edt., 1982).

［26］ Ali Yesilirmak. Jurisdiction of the International Centre for Settlement of Investment Disputes over Turkish Concession contracts ［J］. ICSID Review, 2000 (15).

［27］ Stephence Vasciannie. Bilateral Investment Treaties and Civil Strife: The AAPL/Sri Lanka Arbitration ［J］. NILR, 1992.

［28］ W. Michael Reisman. The Regime for Lacunac in the ICSID Choices of Law Provision and the Question of its Threshold ［J］. ICSID Review, 1995 (10).

［29］ Phillipe Kahn. The Law App. licable to Foreign Investments: the Contribution of the World Bank Convention on the Settlement of Investments Disputes ［J］. International Law Journal, 1968 (44).

［30］ Draft Convention on The Protection of Foreign property and Resolution of the Council of the OECD on the Draft Publication No. 23081 (1967) ［J］. ILM, 1968 (7).

［31］ The Agreement for Protection and Guarantee of investment among Members States of the Islamic Conference, vol. 25 ILM (1986).

［32］ Sax. Takings and the Police Power ［J］. Yale L. J. 1964 (76).

［33］ World Bank. Report and Guidelines ［R］. 1992 (31).

［34］ Oscar Schachter. Compensation for Expropriation ［J］. Am. J. INT'L L., 1984 (78).

［35］ Frederic L. Kirgis. Understanding the Act of State Doctrine's Effect ［J］. AJIL, 1988 (82).

［36］ John Y. Golande. Awarding Interest in International Arbitration ［J］. AJIL, 1996 (90). Yearbook of the International Law Commission, 1989 (2).

［37］ ICSID: Santa Elena v. Costa Rica ［J］. ILM, 2000 (39).

［38］ Georges R. Delaume. Economic Development and Soverieign Immunity ［J］. AJIL, 1985 (79).

［39］ Miquel Montana Mora. 1996 Amendment to The Foreign Sovereign Immunities Act with Respect to Terrorist Activities ［J］. AJIL, 1997 (91).

[40] Eric Stein. International Law In Internal Law: Toward Internationalization of Central–Eastern European Constitutions? [J]. AJIL, 1994 (88).

[41] The Canada–US Free Trade Agreement [J]. AJIL, 1990 (84).

[42] The New Russian Constitution [J]. AJIL, 1994 (88).

[43] Michel Virally. Good Faith in Public International Law [J]. AJIL, 1983 (77).

[44] Juliand Kokott. European Community Law–legal Status of International Agreements Within the Community Legal Order–General Agreement on Tariffs and Trade–Lome Conventions) [J]. AJIL, 1997 (41).

[45] JAR Nafziger General Admission of Aliens the American Journal of International Law [J]. 1983 (77).

[46] Thomas Waelde and Abba Kolo. Environmental Regulation, Investment Protection and Regulatory Taking in International Law [J]. Intemation and Comparative Law Quarterly, 2001 (50).

[47] Richard B. Lillich and David J. Bederman. Jurisprudence of the Foreign Claims Settlement Commission: Iran Claims [J]. AJIL, 1997 (91).

[48] Jorge A. Vargas. Intraductor Note Cuba: Foreign Investment Act of 1995 Cite as 35 [J]. ILM, 1996 (35).

[49] Malvina Halberstam. Sabbation Resurrected: The Act of State Doctrine in the Revised Restatement of U. S. Foreign Relations Law [J]. AJIL, 1986 (80).

[50] Thomas Waelde & Abba Kolo. Environmental Regulation, Investment Protection and Regulatory Taking in International Law [J]. International and Comparative Law Quarterly, 2001 (50).

[51] M. Somarajah. The New International Economic Order Investment Treaties and Foreign Investment Laws in Asean [J]. Mal. L. R., 1985 (27).

[52] Colin Warbrick. Investment Protection Treaties: United Kingdom Experience [J]. International and Comparative Law Quarterly, 1987 (36).

[53] Brice M. Clagett and Daniel B. Poneman. The Treatment of Economic Injury to Aliens in the Revised Restatement of Foreign Relations Law [J]. The International Lawyer, 1986 (21).

[54] M. H. Mendelson. What Price Expropriation? [J]. AJIL, 1985 (79).

[55] Oscar Schachter. Compensation Cases–Leading and Misleading [J]. AJIL, 1985 (79).

[56] James A. R. Nafziger. The General Admission of Aliens Under International Law The American Journal of International Law [J]. AJIL, 1983 (77).

[57] Frederic P. Cantin & Andreas F. Lowenfeld. Rules of Qrigin, The Canada–U. S. FTA, and the Honda Case [J]. AJIL, 1995 (87).

[58] Judith Gail Gardam. Proportionality and Force in International Law [J]. AJIL, 1990 (84).

[59] John H. Jackson. Status of Treaties in Domestic Legal Systems: A Policy Analysis [J]. AJIL, 1992 (86).

[60] F. A. Mann. Foreign Investment in the International Court of Justice: The ELSI Case [J]. AJIL, 1992 (86).

[61] J. G. Castel. The Settlement of Disputes Under the 1998 Canada – United States trade Agreement [J]. 1989 (83).

[62] Piero Bernardini. The Renegotiation of the Investment Contract [J]. ICSID Review, 1995 (10).

[63] Detlev F. Vagts. The Exclusive Treaty Power [J]. AJIL, 1995 (89).

[64] Ramona Martinez. Recognition and Enforcement of International Arbitral Awards under the United Nation Convention of 1958: The "Refusal" Provisions [J]. The International Lawyer, 1990 (25).

[65] Scott Norman Carlson. Foreign Investment Laws and Foreign Direct Investment in Developing Countries: Albania's Experiment [J]. The International Lawyer, 1994 (29).

[66] Jonathan I. Charney. Technology and International Negotiations [J]. AJIL, 1982 (76).

[67] David D. Caron. The Nature of the Iran – United States Claims Tribunal and the Evolving Structure of International Dispute Resolution [J]. AJIL, 1990 (84).

[68] Richard B. Lilich & Burns H. Weston. Lump Sum Agreements: Their Continuing Contribution to the Law of International Claims [J]. AJIL, 1988 (82).

[69] Monroe Leigh. Sabbatino's Silver Anniversary and the Restatement: No Cause for Celebration [J]. The International Lawyer, 1989 (24).

[70] M. Sornarajah. Bilateral Investment Treaties [J]. International Transactions, 1989 (34).

[71] Jonathan I. Charney. Technology and International Negotiations [J]. AJIL, 1982 (76).

[72] James A. R. Nafziger. The General Admission of Aliens Under International Law [J]. AJIL, 1983 (77).

[73] Eileen Denza & Shelagh Brooks. Investment Protection Treaties: United Kingdom Experience [J]. ICLQ, 1987 (36).

[74] Thomas Waelde & Abba Kolo. Environmental Regulation, Investment Protection and Regulatory Taking in International Law [J]. ICLQ, 2001 (50).

[75] Michel Virally. Good Faith in Public International Law [J]. AJIL, 1983 (77).

[76] Detlev F. Vagts. Taking Treaties Less Seriously [J]. AJIL, 1998 (92).

[77] Eric Stein. International Law in Internal Law: Toward Internationalization of Central Eastern European Constitution? [J]. AJIL, 1994 (88).

[78] Jeswald W. Salacuse. Towards a New Treaty Framework For Direct Foreign Investment [J]. Journal of Air Law and Commerce, 1985 (50).

[79] Ibrahim F. l. Shihata & Antonio R. Parra. The Experience of the International Centre for Settlement of Investment Disputes [J]. ICSID Review, 2000 (15).

[80] Adeoye Akinsanya. International Protection of Direct Foreign Investment in The Third World [J]. ICLQ, 1987 (36).

[81] Ewell E. Murphy. The Andean Decisions on Foreign Investment: An International Matrix of National Law [J]. The International Lawyer, 1989 (24).

# 后 记

这是一本迟来的书。

本书是在我同名博士学位论文的基础上进行适当增删和修改而成的，时光荏苒，博士毕业已经十一年有余，由于种种原因，始终未能付梓。聊附多年前的后记如下，以感念过去的人和事。

深夜，在不由自主的一声叹息中，17英寸的电脑显示屏清脆地黑了下去，远处偶尔驶过的汽车轮胎与路面的摩擦声便顽强地透过铝合金窗，在我耳边聒噪起来。想象着凝聚了一年多心血的文字就那样盘踞在我永远无法理解的虚拟空间里，内心却异乎寻常地静而且感性，仿佛能触到窗外爬山虎柔软的枝蔓在墙体上吸附和攀缘。

极度疲惫，甚至几近崩溃，然而全无睡意。于是，所有的感激和感怀便随忽燃忽熄的烟头，在升腾的白雾中奔涌前来。

首先要感激的是我的恩师陶正华教授。对国际法的浓烈兴趣和对法学所的倾慕，竟至让我暂时忘记了无知和浅薄，惶惶然报考了中国社会科学院研究生院国际法专业的博士研究生。有幸成为恩师的弟子之后，自知才疏学浅，恐辱师门，虽不敢稍有懈怠，但苦于根基不实、一时间竟茫然不知所措，正是恩师的耐心和宽容，才使我渐窥国际法之堂奥。恩师对国际法前沿问题的敏锐洞察和对资料、文献的熟悉程度常常令我惊讶。实际上，这篇博士论文就是恩师给我的"命题作文"，从论文的布局谋篇、遣词造句以至标点符号的运用无一不浸透着恩师的心血，让我再一次领略了恩师绝无虚华、朴实谨严的学风，这与时下学术界不断被曝光的浮躁、功利恰成鲜明对照，激励我以师为范。如果说本书的观点有所创新的话，则离不开恩师醍醐灌顶般的点拨和启发。

当然，恩师对我的关心绝不止于传道、授业、解惑，恩师对我生活上无微不至的关心和宽厚仁爱同样让我及我的家人一生感铭于心。由于妻弱子幼，加之小儿若偶感风寒，即数日高烧不退，迫得我几乎每隔两月必往返京汉两地一次，耽搁了不少时间，恩师却不曾稍加责备，反而关怀有加，经常问及小儿康复情况，使我羞惭不已，唯有以勤补拙，希望可以报师恩于万一。

同样一份真诚的感谢还要给予师母王晓晔教授。师母不仅慷慨赠阅其德国友人馈送的宝贵资料，而且在我写作的过程中，不时问及我的论文进展情况。师母作为我国竞争法的著名专家，我在耳提面命中获益不少，本书的某些论点直接获益于她与我的交谈或其著述。不过，也许小儿对师母的印象更为深刻，每每电视播放"牛奶香浓，丝般感受"的广告语时，他都会忆起师母捎给他的原产于莱茵河畔的巧克力。

此外，法学所国际法研究室的刘楠来教授、王可菊教授、赵维田教授、林欣教授、沈涓教授以及其他老师在我三年求学生涯中给予了不少帮助，在此一并致谢，尤其是参加我的论文开题报告会的王可菊教授、赵维田教授和沈涓教授，我希望我的论文尽可能地避免或体现了他们在开题报告会上提出的问题、建议和要求。

同时，友邦同窗韩国师妹梁孝玲小姐的勤奋、谦逊、博学、热情给我留下了深刻印象。百无一用是书生。三年以来，我上未尽人子之孝，中未尽人夫之责，下未尽人父之情，在家人面前，除了满心的感激外，更多的是无法弥补的歉疚和愧意，尤其让我无地自容的是，这篇博士论文仍然很不成熟，内心的虚弱使得我不敢在论文的扉页写上"献给我的家人"的字样。

东方既白，一个少见的潮润的北京春日凌晨，潮润的不只是北京春日凌晨的空气，更有我开始略显沧桑的脸颊。

2002年4月24日凌晨

沧海桑田，人事无常，由于我的个性和懒惰，对恩师、家人和挚友的歉疚和感恩并未随时间的流逝而得以补救和补偿，反而愈加深沉和不安。旧账未偿，新债又积，倒是在那串长长的名单中还要缀上不能省却的名字。

感谢浙江阳光时代律师事务所创始人、全国律师协会能源、资源和环境专业委员会副主任陈臻律师和该所国际部的各位律师，在我参与处理的几个重大涉外能源投资争议中，是你们不断的质询、诘问促使我更为深入地思考和研究双边投资保护协定可能涉及的一些重要问题。

感谢知识产权出版社蔡虹编辑，在我丢失论文word版本无法找回的情况下，如果没有你们认真、细致、高效的工作，本书不可能在如此短的时间内出版。

最后，还要感谢"北京市支持中央在京共建项目基金"，如果没有你们的资助，本书的出版又不知将是何年，或许永远沉寂。

博士论文完成后，国际投资法制发生了一些重大变化，特别是已经实施的一些双边投资协定初始有效期已经或即将届满，面临续展或修订的问题，本书并未涉及已经修订或正在谈判协商的双边投资协定，但并不影响本书阐述的主要问题和得出的基本结论。

当然，由于笔者才疏学浅，本书肯定存在不少谬误，观点也不尽妥当，恳请读者诸君指正。

杨卫东
2013 年 10 月